INSTANTANEOUS
CAPITAL
WISDOM

*

感谢 感激 感恩

这个伟大的资本时代

唐晓康◎著

瞬间的资本智慧

唐晓康教你实现人生三大自由

INSTANTANEOUS CAPITAL WISDOM

四川人民出版社

图书在版编目（CIP）数据

瞬间的资本智慧：唐晓康教你实现人生三大自由 / 唐晓康著. —成都：四川人民出版社，2015.10

ISBN 978－7－220－09641－9

Ⅰ.①瞬…　Ⅱ.①唐…　Ⅲ.①金融投资　Ⅳ.①F830.59

中国版本图书馆 CIP 数据核字（2015）第 197877 号

SHUNJIAN DE ZIBEN ZHIHUI

瞬间的资本智慧

——唐晓康教你实现人生三大自由

唐晓康　著

出 版 人	黄立新
策划组稿	王定宇
责任编辑	王定宇　何秀兰　何佳佳
封面设计	熊猫布克
版式设计	戴雨虹
责任校对	袁晓红
责任印制	王　俊　许　茜
出版发行	四川人民出版社（成都槐树街 2 号）
网　　址	http：//www.scpph.com
E-mail	scrmcbs@sina.com
新浪微博	@四川人民出版社官博
发行部业务电话	（028）86259624　86259453
防盗版举报电话	（028）86259624
照　　排	四川胜翔数码印务设计有限公司
印　　刷	成都国图广告印务有限公司
成品尺寸	170mm×240mm
印　　张	19.5
字　　数	237 千
版　　次	2015 年 10 月第 1 版
印　　次	2015 年 10 月第 1 次印刷
书　　号	ISBN 978－7－220－09641－9
定　　价	68.00 元（平装）

序　这是一个伟大的资本时代

感受资本市场的魅力，树立资产股权化思维；

拥抱资本投资新盛宴，创富于瞬间的智慧中。

出口成章，落笔为书。乙未年，虚岁迈入花甲的我，几经思量，否定，再思量，最终选择用文字记下自己的生命历程以及在几起几落的人生之路上觅得的一点智慧，奉献给有缘看到的你。

在资本市场沉浮数十载，对我这样一个已经实现身体自由、灵魂自由、财务自由的人来说，写书的确是自找苦吃。在许多朋友看来，“写书是件吃力不讨好的事”，远不如与家人好友闲散地喝茶聊天来得舒服安逸，纷纷劝我不要一意孤行，将自己的时间和精力浪费在写作上。

众说纷纭，且都是好意，此刻的我，却想起了 1998 年 6 月 6 日我为一位挚友所写的短诗：

过好每一天

面带微笑，不论春夏和秋冬。
笑得自然，笑得舒心，
笑出美丽与智慧。
心存快乐，不管痛苦和忧愁。
乐得自在，乐得坦然，
乐出个性与风采。
活在当下，不想过去和未来。
善待自己，善待朋友，
善待生命到永远。

当时，我这位挚友处境异常艰难，处于人生低谷，可谓一蹶不振、万念俱灰。我写下这段话送给她，真心希望她过好每一天，尽快走出那种迷茫无助的困境。3年后，她走出来了，简直像换了一个人，心态也随之发生很大变化，现在的她阳光而开朗，充实地过着每一天，事业和生活比较顺利，并攀升到人生的另一个高峰。

这不由得让我深刻感受到，文字是有温度的，也是有力量的。它如同寒夜里的一点薪火、荒漠中的一缕星光，能使得已经处于无助状态的人走出困境，锤炼出非凡的勇气、获得无穷的力量，并一步步去实现看上去遥不可及的梦。

于是，我内心深处的那个“唐晓康”坚定了信念，告诉自己：哪怕落笔千钧，哪怕笔头生涩，也要尽最大努力往前走，努力把自己所经历过的种种过往写出来。回望来路，那个曾经青涩、懵懂、狂放的自己，虽然曾经跌倒、流泪和受伤，但不管遭遇怎样的挫折和磨难，我都咬紧牙关，凭着对生活的热爱和对家人的思念，一路走到了今天。

如今，年近花甲，回头望去，因为一直奔波不止，似乎从未认真去读过自己，即将自己当作一本书，捧在手心，一页一页地读，一页一页地翻，就像读随笔、读杂谈、读人物通讯……

如果要问我是谁、从哪里来、到哪里去，诚实地回答，我不知道。虽然曾经有媒体将我称作“超人”，但我知道自己并不是什么超人，我就是一介布衣，只知道名字叫唐晓康，除却这三个字之外，我真的不知道还有什么值得留下可以帮助那些需要帮助的人。

我自己也未曾停下来好好总结过，当时间进入2015年，我才恍然醒悟：在人世间行走了快60年，我竟然并不认识另一个“唐晓康”。原来在茫茫天地之间，竟然还有另一个“我”，可就是这点并不复杂的道理，我跌跌撞撞半生才懂得！究其客观原因，或许是这个世界太现实、太浮躁，一上路就难以停下来，没有时间和机会让自己彻底静下来。或许，是自己总觉得力有未逮，时机未到。如今，我总算下定决心，来做一件不敢轻易去做但极其有意义的事情，借着写作这本书的简单日子，让自己倾听初心，触摸我微不足道的人生经验与智慧总结，表达我对这个世界的深情与感恩。

亲爱的读者们，在我剖析自己的过程中，我力求让文字真实、自然，只有这样，才对得起那些不曾虚度的岁月以及这个大好的时代。我敢保证，书中涉及的事和所思所想，是自己的真诚总结和顿悟。我将会在字里行间与您轻声交流，将那些您可能不曾听过、不曾参与过的尘封历史告诉您，是否有所裨益，由您自行取舍。

这是我忠于自己灵魂而写作的一本书。经历过59个春夏秋冬，面对过无数次潮起潮落，见证过无数次花开花落，我选择在这一刻，将自己的人生真实呈现出来，期待能和相识或不相识的您，在有温度的文字中相遇、交流。这本书，或许不能让您马上变成亿万富翁，或许不能使您很快功成名就，但它一定能使您得到快乐，并悟出幸福的真谛。既然有了快乐和幸福，那么，其他的又算得了什么？温馨提醒一下，在您阅读过程中，请将书中的“唐晓康”当作一个普通朋友，谢谢您陪伴我，一起走进过往那些挫折和荣耀、悲伤与快乐之中。

再次感谢！

目　录

第一章

当武当山“邂逅”股权投资

听说老唐出山了！他 10 年没在“江湖”上行走，现在快 60 岁的人了，赶什么创业的热闹?

还听说他一创业就玩大的，还搞什么“武当山股权化”项目!

这个老唐，以为自己是姜子牙，白发老翁还打什么江山!

……

当儿时的伙伴们知道唐晓康放着内退后悠闲自在的日子不过，选择在 59 岁创业时，他们惊讶极了，像是发现了什么新大陆，将关于我的“新闻”一传十、十传百，于是，很多旧友很快都知道“老唐要出山”了。

其中，有杞人忧天者打来电话旁敲侧击，绕了半天圈子，我终于明白其用意了：原来是以为老唐财务出现问题，不得不重出江湖啊！我开心地笑了，为了朋友的真挚，也因为此事“根本不会发生”。因为，我不是姜子牙，并没有大半生穷困潦倒，为了等一个协助贤王的机会等到垂垂老矣，为了让贤王发现和重用自己，不惜秀出“直钩钓鱼”的绝技来博得关注。我是已经实现财务自由、身体自由、灵魂自由的唐晓康，而花甲创业，无须贪图名利，只因这逐梦的过程太吸引人，也太美丽。

习近平总书记向中华民族儿女们提出了要敢于拥有“中国梦”，我当然也有十分美丽的梦想与愿景，而且有着坚定信心与不懈努力，会使得这梦想有朝一日照进现实。

第一节　年近花甲挂帅创业

2015年春夏之交，成都大地，迎春花刚刚开过，接着是玉兰花飘香，池里的小荷已争先恐后地露出尖尖角。花香浅，熏人醉，就在这满城的馥郁芬芳中，我终于被“三顾茅庐”的好友罗大威打动，决定在59岁的“高龄”出山，披战袍，骑骏马，笑傲于天地之间。

在我眼中，成都自古便是中国西南地区的金融和商贸重镇，近年来更是成长为中西部地区商业最繁荣的城市之一。如今，越来越时尚的成都不但商业发达，气候宜人，更是美女如云，加上茶馆遍地，各种美食世界闻名，难怪“老谋子”说，成都是一座来了就不想走的城市。

说起我与罗大威的关系，算得上是“竹马之交”，我们的友情绵延了几十年，关于他的趣事，我会在后面和大家分享。说到“三顾茅庐”，可能老罗觉得很委屈，因为他远远不止找了我三次。对于他的盛情邀请，一开始我是拒绝的，因为我已经“自由”了整整10年。这10年，我充分享受着财务自由、身体自由、灵魂自由所带来的闲适与宁静，现在冷不丁地要让我变得不那么“自由”，我打心眼里是不愿的。

可罗大威这人，就是有点特别。平时对谁都笑眯眯，话语未至，先送三分暖，骨子里却流淌着一股子执拗，他认准的事，就算历尽艰难险阻，也要达成预期目标。他一次又一次登门拜访，我一次又一次婉拒，可他不但不知难而退，反而来得更勤了，一副毫不泄气的样子。

一天，不经意间他忽然说道：“老唐，像你这样在资本市场上极具前瞻眼光的‘老经验’，难道看不出中国已经悄悄进入了伟大的资本时代？在这个时代里，无数人想要在资本市场有所作为，但他们缺乏眼光和阅历，你难道不该帮帮这些‘后辈’，让他们少犯错、少走弯路？再说了，你也能再次领略资本市场的奥妙与美丽嘛。”

说真的，老罗那天撂下这些话走了，我却破天荒地失了眠。望着天花板，脑海中再次闪现出多年前自己在资本市场上叱咤风云的那一幕幕，我陷入了沉思。

虽然我知道罗大威采用的是激将法，但他的话就像一枚看上去不起眼的小石子，投进我的心湖，很快荡起了层层涟漪。

回想过往，我在资本市场上摸爬滚打几十年，不管是权证、法人股还是 A 股，它带给我的震颤、惊悸、狂喜，乃至如今的平和，我都毫无遗憾地一一经历过。当年媒体曾称我为“超人归来”，也许，我根本算不上料股如神的超人，但我绝对称得上中国资本市场的“活化石”，我这半生的酸甜苦辣，都与资本市场息息相关。

现在，改革开放 30 多年的中国，已经发展成为世界第二大经济体，高铁、电商、智能手机等多个领域已经领先世界，综合国力大大增强，未来成为全球第一大经济体只是时间问题。

另外，极为重要的一点，李克强总理已经高瞻远瞩地提出“大众创业，万众创新”，并且不断简政放权。这就为亿万国人提出了很多现实问题：面对机遇是无动于衷，还是大胆向前，永立潮头？

对我个人而言，面对大好环境，我能做什么？能否在资本市场上再有一番作为？如何将自己积累几十年的经验、偶然顿悟的智慧发挥出来，去帮助那些需要帮助的人？想到这些，我的心跳开始加速，热血开始沸腾！再说了，既然叫“大众创业，万众创新”，那么，创业就不只是年轻人的专利，年近花甲依然可以奋勇创业。

我决定当那个吃螃蟹的人！

第二节　武当上市并非痴人说梦

几经考量，我正式答应老罗的邀请，出山挂帅。我和他共同“出征”的第一地，是天下闻名的武当山。当然，请允许我简单介绍一下自己和老罗现在的身份。

此时，我是四川亨利鑫投资有限责任公司、四川顺越双生资产管理有限公司董事长、总裁；而罗大威也是个了不得的人物，此前分别担任林凤集团常务副总、四川永竞集团常务副总，现任四川亨利鑫投资有限责任公司常务副总、四川顺越双生资产管理有限公司常务副总。

我和罗大威两个“发小”、现在生意上的搭档，出手的第一个大手笔便是收购两家投资公司，其中一家注册资金2亿元，另一家注册资金4600万元。

近年来，伴随着我国宏观经济步入新常态，只要在百度输入“投资公司倒闭”这个关键词，至少有上百万条相关新闻。不少投资理财公司相继倒闭或是老板跑路，一方面使得投资行业进入“寒冬”，另一方面也使得投资公司成为不少民众眼中的"怪兽"，唯恐避之而不及，要重新找回失去的信任，难度可想而知。

但我却偏偏反其道而行之，在大家最不看好投资公司，行业正处于整顿期时，毅然出山担任投资公司的董事长兼总裁。在身边不少亲戚朋友看来，这岂不是"鸡蛋碰石头"?

事实上，这并不是一种幼稚而冲动的行为，而是我通过对自身和市场等方面的综合考量，深思熟虑之下才做出的决定。

从自身性格来说，我一向是个不走寻常路的人，从不喜欢跟在绝大多数人背后亦步亦趋，当别人的扯线木偶。我对自己的能力、长处也很有信心，相信自己能管理好刚刚收购的两家公司，并且做大做强。

从投资机会的角度来看，越是在行情低迷时入场，成本自然越低。买股票如此，任何收购行为亦是如此。当然，前提是自己必须充分了解要出手的对象和行业，包括提前研判未来的发展方向和构建整体战略思路。只有这样，在别人恐慌时出手，才能抓住发展机遇而不是去接空中下坠的飞刀。

从市场前景出发，我认为，近几年投资公司的涌现，是我国经济发展到一定阶段的必然结果，也是金融市场发展过程中的大趋势。如同 2013 年横空出世的余额宝，站在传统思维角度看，这种创新性极强的产品是不可能出现的，因为金融领域已经有银行、信托、基金、券商等机构提供了不同的产品，但余额宝偏偏出现了，并立即引起轰动。截至 2014 年底，余额宝用户数已增至 1.85 亿人，规模达 5789.36 亿元，较 2013 年底的 1853.42 亿元增长了 2 倍多。这就是创新的威力，更是这个伟大时代造就的产物。

目前，尽管民间投资公司遍地开花使得这个市场出现了一定的混乱，难免泥沙俱下，但我们不能就此否认这些民间投资对实体经济"供血"的实质贡献，更不能因噎废食。更何况国家现在鼓励和引导民间资本进入一些国计民生的重要领域，连银行业都已经引入民资进行混合所有制改革。把这些政策大势研究透彻之后，就会发现，民间投资公司的“跑路潮”，只是在事物发展过程中必须经历的“阵痛”。随着优胜劣汰原则发挥出巨大威力，未来那些违法乱纪的伪投资管理公司必将被无情淘汰，而那些诚实守信、经营合法并能真正为广大投资者带来利益的正规公司，一定能屹立不倒并成长为百年老店。

另外，还有更重要的一点，随着中国的高净值人群，或者说有投资需求的有钱人快速增长，未来，如何帮助这些庞大的客户群实现财富的保值增值，藏富于民，无疑格外重要，这也为市值管理、资产管理、股权投资等带来了前所未有的发展机遇。同时，当外国资本要想进入中国并涉足相关业务时，必须寻求与了解国情的中国本土投资管理公司进行合作，而这种合作通常采取外资出资入股的方式，这就为本土公司的估值增长带来了无限可能。

正是基于以上几点原因，我义无反顾地出山了。至于四川亨利鑫投资有限责任公司和四川顺越双生资产管理有限公司未来能否成为行业明星，目前我暂时不能回答这个问题，但可以确定的是，我们每走一步都是合法合规，并且是坚实有力的。

我和罗大威考察的第一个项目，就是名头响当当的武当山。

谈及武当山，相信读者都不会陌生，它是举世闻名的道教圣地，位于湖北省西北部的十堰市丹江口境内。武当山，又名太和山、谢罗山、参上山、仙室山，古有“太岳”“玄岳”“大岳”之称。武当山以“四大名山皆拱揖，五方仙岳共朝宗”的“五岳之冠”的显赫地位闻名于世。

截至2013年，武当山有古建筑53处，建筑面积2.7万平方米，建筑遗址 9 处，占地面积 20 多万平方米，全山保存各类文物 5035 件。武当山是联合国公布的世界文化遗产地之一，是中国国家重点风景名胜区、国家 AAAAA 级风景区。武当山也是道教名山和武当武术的发源地，被称为“亘古无双胜境，天下第一仙山”。

武当武术，堪称中华武术的重要流派。元末明初的武当道士张三丰集其大成，被尊为武当武术的开山祖师。张三丰将《易经》和《道德经》的精髓与武术巧妙融为一体，创造了具有重要养生健身价值，以太极拳、形意拳、八卦掌为主体的武当武术。

武当武术具有鲜明的道家文化特征，是武功和养生方法的天然结合体，既具有深厚的传统武术文化底蕴，又蕴含一定的科学道理。武当武术理论体系和技术体系较为完整，它以“宇宙整体观”“天人合一观”为宗旨，以“厚德载物”“道法自然”为原则，以“动静结合”“内外兼修”为方法，形成诸多各具特色的拳功剑法，既有功理和功法，也有套路操作和主旨要领。

据说，金庸小说中的人物并非凭空捏造的，“张真人”确有其人，他开创武当派并影响至今，如今，武当山下的儿女们仍有从小习武健身的优良传统。

这是我平生第一次踏足武当山，只见它面临碧波荡漾的丹江口水库，背依苍莽千里的神秘地域——神农架林区，汉江如游龙北绕，巴山似翠屏南立。方圆 30 多平方公里之内竟有 72 峰，峰奇谷险，风景秀丽。主峰天柱峰，海拔 1612 米，全山游程约 60 公里。武当山不仅风景秀美，还是一座文化宝库，山上古代建筑中规模宏伟、工程浩大的道教宫观则更负盛名，称得上是世界古代建筑史上的奇迹。山上人文景观宏伟壮观，唐、宋、元、明、清各代在此均有建筑。唐太宗李世民于贞观年间(627—649 年）在此敕建五龙祠。到宋代，以崇祀真武帝君为根本理义、直接为皇室服务的武当道教基本形成。至明代，成祖朱棣封武当山为“大岳”，明世宗封为“治世玄岳”，这时武当道教达到鼎盛时期，成为至高无上的皇室家庙、全国道教活动中心。

武当山蕴含的文化，是原汁原味的道家文化。说起道家文化，有必要多交代几句。在我国历史上，西周以前学在官府，东周以后，学术逐步走向民间，春秋后期已出现颇有社会影响的儒家、墨家等不同学派，而至战国中期，则出现了诸子百家争鸣的局面，学派纷呈，为中国文化的发展奠定了宽广的基础。根据司马迁在《史记》中引述其父司马谈对学术流派的见解，他把先秦以来的学派归纳为六家，即阴阳、儒、墨、法、名、道。司马谈引用《系辞》“天下同归而殊途，一致而百虑”的说法，认为这六家的学说都是为安邦治国，他们各有所见，也各有所偏。由于当时社会上崇尚黄老之学，司马谈也标榜以道家学说统摄各家。他认为，道家“因阴阳之大顺，采儒墨之善，撮名法之要”，所以能“与时迁移，应物变化，立俗施事，无所不宜”。总之，道家是“指约而易操，事少而功多”（《史记》卷一百三十《太史公自序》）。

汉初统治者针对秦末苛政和战乱造成的社会民生极度凋敝的状况，采用了简政约法、无为而治、与民休养的政策以恢复社会的生机。与此相应，在文化思想上则大力提倡道家黄老之学。此时的道家黄老之学，处于社会文化思想的代表和指导地位，所以它必须处理好与其他各个不同文化思想学派的关系问题。社会对思想文化的需要是多样的、丰富的，而不是单一的，然而诚如许多中国思想家所说的，这种多样性又需要“统之有宗，会之有元”（王弼《周易略例·明象》），即需要有一个主要的指导者。不过，这种“统”和“会”绝不是以一种样式去排斥或替代其他的样式。因为，如果把其他样式都排斥掉了，只剩下了自己一种样式，那也就不存在什么“统”和

“会”的问题了。汉初道家黄老之学，正如司马谈所描述的，它广采了阴阳、儒、墨、名、法各家之长，正是这种容纳、吸收和融合的精神，使得道家学说不仅成为当时社会的指导思想，同时也成为整个中国文化精神的集中代表者之一。

道家思想的核心是无为，主张顺自然、因物性；而儒家思想的核心是有为，强调制名（礼）教、规范人性。这两种思想的不同和对立是显而易见的，而两者在历史上相互补充、相互吸收以构成中国文化的基本格局、中华民族的主要精神，同样也是显而易见的。佛教是在两汉之际由印度传入的外来文化。佛教文化在中国的生根和发展，对于中国传统的儒、道思想又产生了深刻的影响，促使它们在形式和理论上自我调整和发展更新。所以，我们现在经常讲的儒、释、道这三种文化各有特点，但又相互渗透。

简言之，“儒”指的是孔子开创的学派，也称儒教，曾长期作为中国官方意识形态存在，居于主流思想体系地位；“释”是古印度（今尼泊尔境内）乔达摩悉达多创立的佛教，因悉达多为释迦牟尼佛，故又称释教；“道”指的是东周时期黄老道神仙家依据《道德经》（即《老子》）、《南华经》（即《庄子》）而长期演变创立的宗教，是中国本土宗教，在中国境内广泛传播，影响巨大。

此次踏足武当山，看到如画美景、感受道家文化源远流长的同时，却震惊于武当山到现在还在沿用非常传统守旧的经济创收手段，投资大、回收周期长、资金不足、融资难等问题，始终困扰着武当山的更好发展。

作为中国资本市场的最早参与者、见证者，我知道峨眉山、张家界等著名旅游景区早已在 A 股市场上市，并依托资本市场取得长足发展，武当山如何拓展和创新融资渠道成了当务之急。我在实地考察之后，为武当山“把脉”诊断：一定要实现武当山资产证券化，这是旅游企业融资途径的创新性尝试。

我大胆提出这一思路，也是有政策依据的。2014 年 8 月，国务院发布了《关于促进旅游业改革发展的若干意见》，明确提出支持旅游企业上市，通过企业债、公司债、中小企业私募债、短期融资券等融资工具，发展旅游项目资产证券化产品。这也为武当山旅游资产证券化提供了强有力的政策依据和有力支撑。

那么，到底什么是旅游资产证券化？通俗一点来说，旅游资产证券化主要以门票质押的形式出现，除此之外，景区内的参观门票、商业物产、酒店、观光车船票等也可以进行证券化。景区（或其他可以产生稳定现金流的资产或业务）将自己缺乏流动性，但能产生可预见现金流的那部分旅游资产转化为在金融市场上可以出售和流通的证券，以特定资产为支撑发行，从而进行融资活动。

与传统的证券发行以企业为基础不同，资产证券化是以资产池为基础的证券化产品。发起人将地方政府或旅游企业目前虽然缺乏流动性，但具备一定条件能产生未来现金流的资产，出售或委托给特殊目的公司，由特殊目的公司汇集大量的同质资产形成资产池，以之为抵押发行多样化的证券，使之转换为在金融市场上可以自由买卖的证券，从而使其具有流动性。另外，企业资产证券化能有效降低资产负债率和财务费用成本。

我国旅游业的发展已融入国家战略体系，正进入新一轮快速发展时期。在这个黄金时代，我能有幸参与到武当山旅游资产证券化过程之中，是莫大幸事，也是人生一大快事。

武当山历史文化资本积淀了深厚的文化内涵，所以，旅游资源的经济价值除具有一般自然资源具有的特点外，还具有增值性和潜在价值不易衡量性。旅游资产证券化不仅可以解决景区投资的资金来源，更有利于在现有的旅游景区管理体制下实现经营模式创新。

武当山通过旅游资产证券化，还有助于规范景区开发融资中的政府功能，从制度上明晰武当山景区旅游资源的各种产权关系以及旅游管理模式。在此基础上，通过有序构筑旅游资源交易的市场体系(主要包括景区土地所有权市场、景区土地使用权市场、景观利用权市场以及景观开发经营权市场等)，促使旅游资源的各类价值得以资产化。同时，多元的投资主体使得投资动机、偏好也会相应多元化，降低投资风险。

当然，要降低武当山旅游景区资产证券化风险，关键在于通过制定旅游景区发展战略研究，加强顶层设计，通过制定中长期发展规划和战略，引导中长期旅游景区投资方向，把经过科学论证的投资项目和投资主体的资源有机结合起来，并确保资产证券化的风险可控，其核心在于约束旅游景区投资中盲目、随意、开发强度过大的投资行为。

这一具有重要战略意义的项目，将是公司接下来的工作重心，而如何成功使得武当山旅游资产证券化，也是我在花甲之年创业必须要交出的一份答卷。

廉颇老矣，尚能饭否?

我的回答简单又直接：当然能!

第三节　个人资产股权化时代即将到来

如果说呼吁"国有资产股权化"，寄情武当山上市，大家已经看出我以及公司的"雄心"，那么，接下来我还有更为惊人的呼声。

2015 年 6 月底，我受邀来到国际金融中心上海，参加一个总裁精英聚会。在会上，我在全国第一个公开发出了“个人资产股权化”的声音。

在这篇演讲中，我提出，做企业的最高境界是做资本，做资本的最高境界是做人，做人的最高境界就是平常心。平常心就是一颗不经意的心，自然的心。瞬间的就是永恒的，大道的就是自然的，智慧的就是正确的。

在我看来，伟大的中国已经成为世界第二大经济体，未来成为世界第一经济体只是时间问题。伟大的资本时代已经悄无声息地降临，谁也阻拦不了它坚定的步伐，实体经济的接力棒正在向虚拟经济交接、过渡和发展。对比中美个人储蓄中证券占的比例，中国仅为2%，美国已到20%。这说明什么？这意味着中国直接融资的发展空间很大，股权投资的发展空间更大，这是历史发展的必然趋势，也是人类社会进步发展的必然趋势。

为此，我郑重提出“个人资产股权化”，这并不是无中生有，更非“拍脑袋发明”。事实上，股权投资在经济调整发展的中国将被实践证明是最赚钱的商业模式之一。众所周知，营利性是商业企业最基本的属性。也就是说只有盈利的企业才是对股东有回报的企业，只有盈利的企业才是对员工有保障的企业，只有盈利的企业才是对社会有贡献的企业，所以盈利是企业的基础。那为什么说股权投资是当今中国最赚钱的生意呢？我们可以来看一组媒体公布的数据：

阿里巴巴上市前注册资本为1000万元人民币，收益率达百倍以上。相当于当年上市前1元原始股，现在变成161422元。腾讯当年1元原始股，现在变成14400元！百度当年1元原始股，现在变成1780元！

马云的阿里巴巴是一个员工持股比较多的公司，共有4900名员工持有阿里巴巴的股权。阿里巴巴在香港联交所上市后，一夜之间就“创造”了近千位的百万富翁。乘着改革开放的春风，在经济一直保持高速发展的中国，类似的鲜活例子可以说数不胜数。

这不由得让人感叹，资本市场倍增的魅力如此之巨大。在传统行业里需要几十年甚至几代人创造的财富，在资本市场中经常一夜之间美梦成真，这就是资本市场的魅力，这就是在资本市场上进行股权投资的魅力。

经过多年的研究和思考，我认为，个人资产股权化是中国藏富于民、藏富于山水之间、藏富于天地之间的一种必然选择。随着经济的发展，随着社会的进步，个人资金、社会资金需要重新配置，需要合理流动，需要在流动中保值增值。而应李克强总理讲话号召，雨后春笋般涌现出的各种企业，需要股权的重新配置，需要股权市场化的流动，同样需要股权在流动中保值增值。资金和股权两种力量的融通和融合，就需要我们再来一个勇敢而大胆的跳跃：从“资本时代”进入“智慧时代”。用智慧去创造机会，用智慧去把握机会，用智慧去获取无穷无尽的财富就水到渠成，自然而然。

智慧是什么？在我看来，智慧是瞬间对真相的一种顿悟。未来的世界、未来的社会、未来的经济、未来的资本时代，时间是解决一切复杂问题的有效工具和良好办法，把风险交给时间，让时间去化解风险，把机会交给智慧，让智慧去创造财富，将是未来一条必由之路。

有人说，价值决定价格、供求决定价格、预期决定价格，但在本书中，我独创性地提出，神经亦能决定价格、智慧更可以决定价格……决定价格的并非单一因素，影响价格的原因也许会令您大吃一惊，在后面的章节我将详细谈及。但不管如何，充满无限机遇的未来正一步一步向我们走来，不管是企业还是个人，如何跟上时代的节拍，与时俱进，是摆在每个企业与个体面前的严肃命题。

我希望，作为优质资源的企业，一定要尽快实现股份制改造，尽快释放更多的优质股权来对价企业长期发展的资金；作为优质的个人投资者，一定要尽快树立好的信仰和价值观，尽快实现个人资产的股权化，迅速跟上资本时代、智慧时代的步伐，绝不落后于人。

我始终相信并期待，我的“希望”并不完全是“希望”，而是每个人包括我自己的一个目标、一种鞭策。因为，个人资产股权化是任何一个企业、一个投资者能实现身体自由、灵魂自由、财务自由的正确选择之一。

我有一种强烈的预感，个人资产股权化时代即将到来。

第二章

动脑者更能掌控胜局

从小，我就不是传统意义上的乖孩子，我喜欢动脑筋，逆向思维，凡事多问自己几个“为什么”。在家乡宜宾，我度过了十分愉快的童年和少年时光，温柔可亲又善良和蔼的母亲，独立倔强又不苟言笑的父亲，在养育我的同时，也培养了我与众不同的独特个性。如今，回首望去，拂去时光的尘埃，当年那个调皮捣蛋、善于动脑的唐家小儿，已通过自己的艰辛努力，获得了财富、快乐和幸福。

有句话说得很好，不管走多远，你的根始终在故乡。对我而言，不论此生要面对多少个日出日落，经历多少次潮起潮落，我注定永远都是宜宾的孩子，那个父母一辈子疼爱的儿子。

第一节　唐家有儿初长成

59年前，我出生在四川一个有山有水的城市——宜宾。宜宾，是长江上游开发最早、历史最为悠久的城市之一，是南丝绸之路的起点，素有“西南半壁古戎州”之美誉，古称“僰道”“叙州”等，因名酒五粮液产于此地，发达的酿酒工业又使得宜宾成了名副其实的“中国酒都”。

宜宾依山傍水，风光旖旎。宜宾的山，层峦叠嶂，云雾缭绕，秀丽清逸，曲径通幽，有一种神秘的野趣；宜宾的水，共长天一色，奔流不息，一泻千里，就像一条跳动不息的巨人脉搏，奔涌着一腔沸腾滚烫的热血。

在风景如画的宜宾翠屏山上，有一座肃穆庄严的赵一曼纪念馆，这座纪念馆是为纪念我的姑婆、抗日民族英雄赵一曼修建的。

根据宜宾市人民政府网站的资料，自赵一曼纪念馆建成并开放之后，曾收到过各地寄来的许多题词，部分来自党和国家领导人。这些题词，热情讴歌了赵一曼为共产主义事业和民族解放英勇献身的革命精神，赞颂和弘扬了烈士的浩然正气，对后世具有极强的垂范作用。

在众多的题词中，朱德、董必武、宋庆龄的尤其醒目。朱德的题词：“革命英雄赵一曼烈士永垂不朽!”董必武的题诗：“革命潮声杂鼓鼙，宜宾儿女动深闺。焉能照旧营生活？奋起从军弁易笄。北伐旗开胜未终，叛徒决策反工农。招来日寇山东阻，民族危机迫再逢。北去南来党命御，不因负病卸仔肩。工农解放须参与，抗日矛头应在先。抗倭未胜竟成俘，不屈严刑骂寇仇。自是中华好儿女，珠河血迹史千秋。”宋庆龄的题词：“赵一曼烈士为抗日坚贞不屈。”陈毅的题词：“生为人民干部，死为革命英雄。临敌大节不辱，永记人民心中。”

为更好地纪念赵一曼烈士，我姑爷李仲舒着手写作《赵一曼》，他边写，我边抄，我们老少两人通力合作，将姑婆的英勇事迹搬上了电视屏幕。

宜宾的水，极富特色。宜宾是长江第一城，处于金沙江、岷江、长江三江交汇口。金沙江深不可测，水流湍急，冰凉透骨。岷江像千万匹脱缰的怒马，从川西丛林中狂奔而来。江水浩荡，汹涌澎湃，一路上涌起千堆雪。金沙江、岷江汇合为长江后，更是顺流而下，奔流不息，一泻千里。宜宾人都知道，在三江口，有一处清澈的江水，水流到宽阔较深的地方，如镜如泊，水流到畅快飘逸的地方，则又如虹如带。水则动，水则灵，水则智。宜宾的水，家乡的水，养育了我这个地地道道的宜宾孩子。

我是家中的第一个孩子，父母希望我一生都能明晓事理，健健康康，为我取名“唐晓康”。但我上小学后，班上一个要好的小伙伴经常对我说：你不该叫唐晓康，应该叫唐大胆!

这话并不是空穴来风。小时候，我还真策划过一桩特别大胆，过了几十年后还被同伴们津津乐道的事。通过那件事，也扭转了当时大多数同学盲目的“力量崇拜”。

那时，我所就读的小学有一个男同学，他长得又高又壮，往小伙伴面前一站，就像一座铁塔，别说是小学生，就算当时教体育的男老师也对“铁塔”礼让三分，不敢轻易招惹他。因为身高体壮的优势，“铁塔”便有了一种天然的优越感，在同龄小学生面前，也经常表现得骄傲蛮横，不可一世。

我个子不高，力量不强，若让我与“铁塔”硬碰硬直接干仗，无异于鸡蛋碰石头，根本没有胜算。我力气不大，但我有想法啊！我身边有个“死党”，就是我穿开档裤就认识的好朋友、前文提到的罗大威。大威个子也挺高，比我足足高出半个头，最重要的是，他会武术！小时候，每天早上我还躺在被子里赖床，大威就已经在院子里“嘿嘿哈嘿”地练开了，那马步扎的、那拳头挥的，一看就是经过正规师父调教过的“练家子”，一般孩子的“野路子拳法”和他完全不在一个档次。

闲着没事时，我一直在想，怎么才能让他们比画比画，好歹分出个高低来？如果我的想法实现了，便意味着我这个瘦小力弱者，并非真的“力弱”，我的智力同样可贵，而且威力更强大。

为了实现目标，我分别去找了“铁塔”和大威。“铁塔”起初压根儿不将我放在眼里，鼻子哼了哼，一掌把我推开，然后扬长而去。

我几步小跑追上他，说：“你肯定打得赢罗大威！你想嘛，你比他强壮，手臂肌肉隆起来比我小腿还粗，你不赢才怪呢。”

“铁塔”歪着脑袋，一副若有所思的样子，总算没有拒绝比武了。

接下来，我又去找好朋友罗大威。

我说：“大威，不信你连个‘铁塔’都摆不平！你没听过有句老话么？‘高是高，大草包！’别看‘铁塔’比你壮实，但你有武功啊！你想想，现在会武功的有几个嘛？有武功的最厉害了，在战场上能一个人打趴下几个对手呢，区区一个‘铁塔’，算得了什么？估计三个都干不赢你呢。”

用现在的话说，我就是对这两人分别使用了攻心计，让他们各自认为“老子天下第一”，而且胜券在握，如果答应了这场比试，肯定能扬名天下，今后谁还敢不服自己？就这样，两个对手都答应了下来。

我策划的“比武大赛”正式在小学操场拉开帷幕。那天天气晴好，万里无云，微风送来一阵阵的花香，太阳也好奇地探出头来，从树叶间隙漏下万缕金线。围观的小学生们紧张地屏住呼吸，激动得小胸脯一上一下地起伏，大家都瞪圆眼睛，耐心等待腰粗膀圆的“铁塔”和武艺超群的大威进场。那种围观场面，毫不亚于观看世界拳王泰森的比赛。

高年级的同学借来了大鼓助威，咚咚，咚咚咚。漂亮的女同学穿上新崭崭的碎花裙，自发当起了啦啦队：铁塔加油，加油！大威必胜，必胜！更有颇具经济头脑的同学，开了小小的赌局，全场观众都可以参加押宝，于是，有人力主“铁塔”是大赢家，有人豪气干云掏尽荷包最后一个分币，也要买“大威必胜”。在两位主角进场前，赛场已经呈现出一种白热化的紧张状态。

作为这场比赛的策划者，我没有参加任何押宝行动，而是选择一个较高的位置，淡定从容地等待比赛开始。所谓“稳坐钓鱼台，心中无波澜”，大概就是这种状态。

现在看来，当时可能有点对不起大威，但老实说，当年我真的并未百分百认定“大威必胜”，因为“铁塔”毕竟有他的体形以及体能优势。我想看到的比赛，是由聪明人所掌控的一次公平比试，而在头脑与智慧面前，力量再大、体能再强，也要屈居下风。

两位小主角，终于在千呼万唤中出来了。裁判一宣布“比赛正式开始”，“练家子”大威果真名不虚传，他先是使出一招“无敌扫堂腿”，“铁塔”还稀里糊涂着，没意识到发生了什么事，大威已经又用一招蒙古武士常使的“背摔”，将可怜的“铁塔”从头顶甩飞，狠狠掼到脚下！

一秒、两秒、三秒……周围好静，静得掉根针都听得见，大家都不眨眼地盯着两位高手，不知道这静寂到底代表了什么。忽然，一声委屈的大哭撕破了宁静，吓得围观的人心头一颤：天哪，牛高马大的“铁塔”居然被摔哭了。

懵里懵懂的裁判甚至忘记高高举起大威的手，向大家炫耀：武林高手罗大威同学，用他的“巧劲”化解了“铁塔”的刚蛮，简单两个招式便赢得了比赛的最终胜利。此时大家都被“铁塔”的哭声吸引了，好一会儿才想起来——他哭得这么惨，还是赶快送到医院。

“铁塔”住进医院，大威一点都不像得胜英雄，毕竟只是个孩子，他吓坏了，跑来哭兮兮地直问：“晓康，你小子真坏。现在出事了，咋个办嘛？老师肯定要喊家长来。我妈妈肯定要揍死我。”

怎么办？怎么办？我很快冷静下来，所谓大丈夫，能屈亦能伸，既然始作俑者是我，是我策划了这次比赛，还将人家“铁塔”打进了医院，请家长这种事，还得应对。

我信心十足地把手搭在罗大威肩膀上，安慰说：“不要慌，有我在。”

第二节　无为而治与永不表扬

第二天，我的母亲沈蓉华被老师请到了学校单独谈话。从我懂事起，就知道我妈妈在中国人民银行工作，负责管理银行的金库。根据我的理解，能管银行金库，说明我妈妈负责、细心，对工作有高度的责任心，平时处事也可以看出她一丝不苟的性格。

当时，我已经添了两个弟弟——唐晓华和唐劲，加上我，一共“三条小汉子”，虽然只有我生肖属猴，但我们三个调皮捣蛋的那个劲可谓不相上下，犹如“三尊齐天大圣”。左邻右舍有“同情”我妈妈的，都说沈蓉华太不容易了，又要忙工作，又要给这三个皮猴子处理烂摊子。但妈妈总是温婉一笑，轻轻摇头说：“孩子嘛，天性爱动，由他们去吧！”

这次，妈妈被请到了老师办公室。老师很生气，全校闻名的“铁塔”因为我的策划而进了医院，“铁塔”在全校同学面前呜呜大哭，丢了面子，现在“铁塔”父母不依不饶地找来，要让我这个“发动战争”的组织者给出一个明确说法！

至今，我都不知道妈妈是使出了什么“神力”，最终安抚了情绪激动的“铁塔”妈妈，还有眉头紧锁的班主任，事情得到圆满解决。

说实话，从小到大，妈妈为我们兄弟仨处理了太多烂摊子，男孩子嘛，哪有女娃娃那么乖乖巧巧，不在外面生出一点事端？但让我极其佩服的是，不管我们在外面闯了什么祸，妈妈从来不打不骂，而且只要妈妈出马，都能以她的独特方式将棘手的问题解决。有时，她三言两语就能让对方从狂躁的状态到很快安静下来，就像三伏天吃雪糕，灭了胸中之火，没了刁难言辞，肯听她的好言解释。

妈妈出马，一个顶十！当然，每当我闯下的祸被妈妈从容化解，我除了暂时有点惭愧，最后总是在心底深处为妈妈击节点赞，默默表达我作为儿子的感激和崇拜。但作为一个小孩子，心里难免还是七上八下、忐忑不安。我心里很担心妈妈惩罚我，但又期待被惩罚。毕竟我是男孩子，做错了事应该有承担的勇气。但奇怪的是，我的担心从来都没应验过。妈妈对我的教育方式非常简单，总结起来就四个字：无为而治。

现在看来，在受“油盐出好菜，棍棒出好人”这一传统育儿名言影响下的中国母亲中，妈妈独树一帜采取的“无为而治”极其少见，可以看作是对我的最大信任，也给了我最大的尊严。

母亲在“铁塔”妈妈和班主任面前赔了不是，大概也听了一些不入耳的重话，但她迈进家门居然轻轻松松一笑，像是什么事都没发生过，对我一句责骂都没有，更别说巴掌上身。妈妈平平静静回到家，该做饭做饭，该洗衣洗衣，甚至懒得将我的“恶劣行径”在饭桌上绘声绘色地讲一次，以达到全家人声讨教育我的结果。或许，在妈妈看来，事情已经过去了，她处理了，也就结束了，不用再拧着我耳朵，反复告诫我“下次不许再这么干了”。

因为妈妈的“无为而治”，我从小到大都很调皮，到现在快至花甲也“不安分”，别的同龄人都在忙着打门球、上老年大学、追养生秘籍时，我还选择像年轻人一样创业。我注定是一个与众不同的人，但我永远不会做触犯法律违背良心背弃原则的事，哪怕，只是为了妈妈从一开始就对我如此信任，给予我足够的平等、自由和尊重，我也会做一个诚实守信、说到做到的人，一个妈妈永远引以为傲的儿子。

和妈妈的豁达大度、善于应付麻烦事情不同，我的父亲唐熙容像是一枚硬币的另一面。父亲在中国建设银行工作，和母亲同样从事金融业。我们一家住在银行大院，但邻居经常谈起沈蓉华，说她热心、善良、会处世，而较少谈及父亲，就算聊起，也是三言两语就扯到别的话题了。小时候，我并不完全懂得，父亲虽从事过宣传工作，但他个性太过率真耿直，无意中也惹得一些人不高兴。

在我的印象中，父亲是非常典型的“中国式父亲”，换言之，他对儿子的感情属于间接式和内敛式，很多时候，甚至用一种否定的方式来表达情感。比如某次考试，我们兄弟仨都考得比较好，别人都在争先恐后恭喜我们时，父亲会冷不丁地爆出一句：别得意，谁知道下次会不会保持这种水平?

小时候，我一直误以为自己不喜欢父亲，因为他那种不够圆滑的处世个性，在外交际不受欢迎，还会给子女带来一些不必要的困扰。当年，因为父亲无意间得罪过统管我们入团的某位领导，导致我不能如期成为共青团员，让我十分生气。有时，我放学回到家，饭也不吃，直接倒头就瘫在床上，莫名地生气，口中喘着粗气，像一头受伤的小公牛。两个弟弟看着我气呼呼的样子，都跑来用被子把我盖住，我大吼一声，将他们赶出房间。

那时，年少轻狂的我甚至还发过一个幼稚可笑的誓言：绝不成为父亲那样的男人。

但是，随着岁月流逝，直到我慢慢长大成人并且也当了父亲，而且牵着女儿的手，怀着复杂的心情将她送到另一个男人手中时，我才明白，这几十年来，我骨子里就是另一个“唐熙容”的翻版。简单来说，就是在坚持真理和原则时，从不退让和妥协，哪怕被人批评为固执僵化、太过直率硬气，也不曾改变初衷。蹚过岁月的河流，我惊奇地发现，自己与父亲相似的个性，也让我头破血流过、伤痕累累过，由此可见，遗传基因的确无比强大。

父亲是个具有独立思维、比较有个性的人，他也将这种思维特色潜移默化地传给了自己的儿子们。即使在日常的琐碎生活中，他也喜欢“哲学地看待问题”。小时候，当别人悄悄议论父亲哪里又不合群啦，哪里又得罪领导啦，虽然这些“别人”代表了大多数“群众”的朴实想法，我却隐隐觉得，孤军作战的父亲的所作所为、所思所想肯定有他的道理，而他的道理并不是全错。

就这样，我一边抗拒着父亲的孤直，每每父母发生争执时，我都会选择坚定不移地站在母亲那边，以一个孩童的方式维护母亲的利益，挡在母亲身前，大声对着父亲嚷道：“你不准欺负我的妈妈！”但另一方面，我又不知不觉沿袭父亲的思维方式来看待问题，审视这个纷繁复杂的世界。

我以为，只有我这个儿子是活得纠结和矛盾的人，要用几十年时间才能证明自己从身体到灵魂都是“爸爸的儿子”，默默学会了像父亲那样独立思考问题、那样特立独行、那样刚直坚毅。但我万万没想到，父亲竟然也有着专属于他的拧巴。他是个不善于表扬儿子的中国男人，有次搬家，他找到 20 年前一张有些泛黄的《人民日报》，戴上老花镜，反反复复抚摸报纸上“唐晓康”三个字。他非常真诚地说了一句话：“儿子，从那之后，我们都在认真学习你的文章。”

闻听此言，我忍不住眼窝一热，掩饰着退出门。我不敢在父亲面前掉泪，因为我知道，得到他这一句表扬是多么不容易，就像我骨子里遗传了父亲的性格密码，这个从不表扬儿子的男人，内心不知有多疼爱他的孩子们，他只是不习惯流露真情，只是羞于对儿子说爱。可每次当他看到我和妈妈在电话里聊得开心，知心话又稠又密时，他也只会用大声咳嗽来掩饰自己的羡慕。

我爱父亲，就连他热爱音乐的兴趣，也一并融入我的骨血了。父亲是个地道的音乐发烧友，他是那种极具天赋的人，不管是二胡、长笛还是口琴，样样乐器到了他手里，就像凡·高得了画笔、伯乐觅得良驹，瞬间就能精神振奋，将各种乐器把玩得像模像样。

长大离开家之后，不管是参军还是工作，哪怕如今花甲创业，我都一直热爱着音乐艺术。让我三天不吃肉没关系，如果罚我三天不听音乐，我一定千般难受、万般痛苦。现在，当我和父亲聊起音乐话题时，共同的兴趣爱好使得我们越靠越近，老话说“多年父子成兄弟”，好在我这个不太聪明的人总算明白了这点。

第三章

首长秘书永不溜须拍马

曾有数年，我是令人艳羡的部队首长秘书。记得刚刚跨入这个新领域，作为秘书界的菜鸟，我向一位资深的前辈请教，如何才能把秘书工作做好，并且让首长满意。这位时任处长总结了他做了十几年首长秘书的深刻体会，赠我金句：领导说北风吹，你就说北风呼呼呼地吹。

我就这样懵里懵懂地琢磨着“北风吹”，开始了首长秘书之旅。奇怪的是，数年之后，当我告别这个职业时，我却想在当年前辈的金句之后加一个破折号——或者，那也不一定。

第一节 笔杆子玩出大名堂

1974 年，我高中毕业了。大概是生肖属猴的缘故吧，我一直有些小闹腾，不算那种按部就班的乖学生，但我成绩还算不错。虽然不管怎样努力，数理化都很难取得满分成绩，但语文、政治、历史、地理，甚至包括体育和音乐等科目，我都有骄人成绩。特别是语文，向来成绩优异，作文也写得得心应手，常常被作为范文在课堂上朗读。

记得有次，语文老师拿着我写的作文在台上作为范文朗读，后排的一位男同学小声嘀咕了一句："写得很一般嘛，还是范文呢。"

没想到，这句话被老师听到了，为警示全班同学，他停下朗读，大声说："唐晓康同学的作文就是不一般，思维活跃，我敢断言，将来他肯定有一番作为，而且要出版书。大家要向他学习，记住了。"

我知道，老师当时可能只是为了激励大家，将我树立成一个典型而已，并非真的看好我。但人生就是如此有趣，没想到几十年之后，我还真的干过一些所谓的大事，并且正在将这本书呈现给读者朋友。

可在 1974 年，国家尚未恢复高考制度，我只好响应党和国家的号召：上山下乡，接受贫下中农再教育。

于是，18 岁的我到家乡宜宾江安县的一个生产队当了知识青年。在农村短暂的两年时间里，我没有让自己闲着，不但虚心向贫下中农学习，而且真正做到了"将知识带到广大田野去"，肯花心思为农民朋友出好点子。我还作为全县的知识青年先进典型，被任命为园艺场的副场长，并和当地群众打成一片。其间，我还曾在广播电台上讲述自己的成长历程。

1976 年底，发生了一件改变我命运的事，部队来江安县征兵了！那时，到底是走还是留，我在心中作了一番思想斗争。如果留下，我仍旧是有"官职"的副场长，今后说不定还能继续升迁；如果参军，我就要投身陌生部队，当一名默默无闻的军人，一切从头做起。

因为确实很难拿定主意，一次回到住处，我找来两张红纸，用毛笔分别写上“走”和“留”，贴在墙上，然后人背对墙壁站在两米外，将手中的蘸有墨水的乒乓球往身后抛出，连抛 10 次，砸中最多的那张纸就是最终的去向。结果，“走”被砸中 6 次，“留”被砸中 1 次，还有 3 次两张纸都没碰到。

我心中的挣扎，终于有了结果。为了能顺利参军，我写下一份名为《一颗红心两手准备》的决心书，表明强烈响应祖国号召，决心投身军队，保家卫国，以自己的实际行动，尽一个革命青年当兵的义务！我已时刻做好准备，等待祖国的深情召唤。当然，如果祖国认为我暂时还不够条件，我将无怨无悔地扎根农村一辈子，做一个新时代的革命农民！

为了使决心书起到更大的效果，我请书法很好的朋友用毛笔将“决心书”抄在了大红的纸上，贴到了县政府的大门口。

这下，整个县城都沸腾了，不少人看着我的“决心书”议论纷纷，接新兵的人也知道了“唐晓康”这个小伙子还真的敢想敢做。通知我正式入伍后，从长江上游到长江下游，从湖北武汉到东北鞍山，接兵部队沿途这一路都安排我撰写各种各样的感谢信，及时投送给沿途的兵站和军供站。

这下，我还没正式玩枪杆子，就已经要起笔杆子了。让我没想到的是，多年以后，我玩笔杆子还玩出名堂来了。

那时，我就想，被领导叫来写感谢信，至少说明我的语言丰富有趣，词汇量不错。每天数千字下来，竟然不知疲倦，当时并不知道自己阴差阳错已经成为“幸运小兵”。后来才晓得，部队有两种人提拔得很快。一种是所谓的“武将”，枪杆子功夫到家、过硬，无论手枪、冲锋枪、步枪、手榴弹，打得准，投得远，军事干部的苗子，就是这样千锤百炼练出来的。而另一种人，算是“文臣”，就是文章漂亮，笔杆子上有真功夫。特别是有文章在报纸上刊登的人，前途就更好了。那个年代，还没有“上军校才能提拔干部”的程序，而是直接从优秀的战士中选拔干部，这就要比真本事。只有真本事，才能当干部，没有捷径可走。

到了部队之后，领导考虑到我有“文艺细胞”，就将我安排到团部宣传股，具体工作是当团部的放映员，基本上每天晚上都要下部队去放电影。放映员归放映队和宣传股管，所以，因为工作关系，我经常会接触宣传干事，也就是“当官的干部”，包括政治处、组织股、干部股、保卫股的干事们。

许多年后，当一位朋友听说我还当过电影放映员时，他第一反应是“那也太枯燥了吧，同一部电影翻来覆去不知要放多少次”。我承认，朋友说得不错，有时某部影片我连放上百次，连哪里该说哪句台词、放到多少分钟反派会掏枪都一清二楚，用现在的话说，已经放得起腻了。

但我是个奇怪的人，不管将影片放多少次，每一次的放映中，我总能有一点“崭新的与众不同的小发现”。热爱电影，也在那段时间悄悄为我种植下兴趣的种子，直到今天，我还是不折不扣的“电影迷”，在声色光影的世界，我可以尽情陶醉，放空自己，随影片人物的悲喜而放飞。

那时，我年轻，精力充沛，又有写作特长，除了晚上干好放映员的本职工作外，白天也不闲着，还会抽空给这些干事抄材料。他们写的什么工作报告、首长讲话，我都认真地誊抄。一边抄一边学，如果抄得满意，干事们就投桃报李地送些稿笺纸给我，算是给我的小小奖励。

慢慢地，我就用这些稿笺纸做“筏”，开始了在文字海洋的游弋，正式走上写作之路。最开始，我主要是撰写部队的新闻、通讯之类，偶尔也写几篇随笔。不久后，我成了团里的通讯员，在《鞍钢报》《鞍山日报》《辽宁日报》《基建工程兵报》等报刊上发表了越来越多的文章。

因为发表的文章越来越多，我被调到师部当了新闻报道通讯员。师部的宣传干事、新闻干事功底扎实，水平都很高，他们也很喜欢我，一方面，诚意十足地教我写出更好的新闻，另一方面，他们也给了我不少帮助和鼓励。

就是在那个时候，我听到一件对我刺激颇大的事。某个团的战士就因为当新闻通讯员，并在《解放军报》上发表了文章，就被直接提拔为干部，还立了个三等功。当战友告诉我这件事时，还不忘咂咂嘴总结道："你知不知道？现在部队有个不成文的规定，只要战士的名字能在《解放军报》上出现，就能提拔为干部！"

战友一边说，一边用鼓励的眼神望着我，那眼神既有温暖，又有鞭策，我暗暗捏紧拳头下了决心：我又不比谁差，别人能做到的，我也要做到，而且要做得更好！

功夫不负有心人，一分耕耘一分收获。此话一点不假，很快，我就收获了惊喜。

1979 年之后，随着党的十一届三中全会胜利召开，祖国大地发生着很大的变化。出于对新闻的敏感度，也因为想尽早成为干部，我就琢磨开了，在这种时候，党中央肯定想知道，究竟党的政策给下面带来了怎样的具体变化？如果能有这方面的新闻刊登在党报上，当然是最有说服力、最教育人民的事情。

但地方上的新闻，我这个部队上的兵是不能写的，即使写得再好，也见不了报啊。不过，这倒难不了我，我只要能找到写得非常好的新闻，以解放军战士的身份推荐给党报，不就能够更直接、更客观、更真实、更能打动人么？想好以后，马上就行动。

1980 年 12 月 16 日，星期二，中国共产党中央委员会机关报、中国第一大报《人民日报》在第一版报眼的位置，发表了由我推荐的一篇文章。文章标题叫《过去：粮食过"长江"，群众喝菜汤；现在：到处粮满仓，外流争回乡》,《人民日报》还全文刊登了我写的推荐信。

人民日报编辑同志:

我作为一名读者,向党报推荐一篇令人兴奋的报导。当我读了《辽宁日报》12 月 1 日第一版上刊登的《过去:粮食过“长江”,群众喝菜汤;现在:到处粮满仓,外流争回乡》的报导后,情不自禁地为这篇报导拍手叫好。

这篇报导,连标题在内才 700 多字,却令人信服地回答了千千万万群众目前普遍关心的问题,粉碎“四人帮”后,党的政策给农村带来的变化怎样?并且如实地告诉了人们,在“四人帮”横行时期,粮食过“长江”,群众喝菜汤这一真实的情景,使人读后倍感党的政策英明正确,更加痛恨祸国殃民的“四人帮”。希望人民日报能够转载这篇好报导。

解放军某部政治处唐晓康

12 月 5 日

就这样,“唐晓康”三个字上《人民日报》了!简直不可思议!

1980 年 12 月 16 日,我这个 24 岁的战士、共产党员、首长挂在嘴边的“小鬼”,引起了部队领导的重视。师政治部的主任有一天看见我,咧嘴开心地说:“唐晓康,你小子不得了,都上《人民日报》了,有想法,不错!”

师政治部是管干部的,政治部主任是政治部最大的官,他的话让我受宠若惊,我赶紧敬了一个标准的军礼,兴奋得连手都忘记放下来,呆呆地站了好一会儿。

有人说,唐晓康这小鬼真幸运,你看他多会踩准时代鼓点啊。其实,只有我自己知道,那些我废寝忘食写新闻的过往,那些外面飘着飞雪的冬夜,我一个人搓手跺脚地翻找有价值的信息的辛苦。机会,并不会无缘无故降临到某个幸运儿头上，它总是留给有准备的人。

《人民日报》的影响力比《解放军报》更大。而我在特定时间，在特定的历史环境，没有浪费机会，很好地展现出机灵的一面。

因为玩笔杆子，我玩到了《人民日报》的第一版。后来，又通过为期半年的干部培训，我顺理成章地当上了排级职务的政治处秘书。

秘书这份工作，就这样走进了我的人生之中。

记得有一年探亲回家，母亲忽然问我："1980 年 12 月 16 日《人民日报》上的那个唐晓康，是不是你，儿子?"

我说："是我。"

母亲变得认真起来："要说实话!"

我如实回答："那个唐晓康就是我，母亲大人。"

旁边的父亲不相信地将两只眼睛瞪成了铜铃："什么? 你说名字登上《人民日报》的唐晓康是你? 年纪轻轻可不要骗人!"

我急得快跺脚了："爸，我发誓，报纸上的唐晓康就是您的儿子!"

见我红着脸争辩的样子，母亲扑哧一声笑出来。她说银行里组织学习报纸，那天，全行学的恰好就是这一份报纸，在念到解放军某部政治处唐晓康时，同事们都惊奇地问母亲："唐晓康是不是你儿子啊?"

母亲不敢肯定是我，于是摇头说："我也不知道呢，可能不是我儿子。"

现在，母亲握着我的手，含着热泪欣慰地紧紧相握："我就知道是我的儿子，我就知道我儿子是最棒的!"

不知不觉间，父亲已悄悄起身，离开了房间。等我发现时，母亲悄声说："你爸心里可高兴呢，刚刚我看他都快乐哭了，他不好意思在你面前这样。"

看到父亲因为我小小的一点成绩而开心，我心里比吃了蜜还甜，当然，在父亲面前，我什么都不说。只是从那天之后，他对我的训诫越来越少，谈心越来越多。也许，他真正认可这个儿子长大了，已经成长为能与他并肩对话的朋友了。

我母亲当时是银行的秘书股股长，当她知道我也当秘书，成为她的同行时，惊奇得合不拢嘴。那个年代的解放军军官在服装设计上是有明显标志的，战士的服装上衣是两个口袋，军官的服装上衣是四个口袋，走在街上，人们凭借“几个兜”，一眼就能分出谁是战士谁是军官。

我还要如实交代的是，我无论是当军官还是当秘书，都没有送礼，也没有走后门。我对自己的能力有信心，因此全靠自己的踏实、勤奋。就这样，我迈入了自己的秘书生涯。

第二节　杨尚昆主席夸我懂得关心人

游子行千里，梦里回故乡。

我这个人有个弱点，也许是在四川待惯了的人都有的通病吧：不喜太冷，也不喜过热。那时，我所在的部队驻扎在北方，山海关以外的冬天寒风凛冽，冰天雪地，我的脚上也生了冻疮，疼痒难忍。而且，吃惯了美味川菜的我，对北方面食也不适应，本来在四川好端端的肠胃也三天两头闹起“革命”来，一会胃痛，一会拉肚子，弄得我苦不堪言。

后来部队整编，要将我调往广东深圳。我一打听，不行，深圳夏天太热，我没有信心能在那么热的地方还能心平气和，保持敏捷的思考能力。于是，我一门心思想要回到四川，好在运气不错，调到了重庆江津的中国人民解放军十三集团军某师，在师政治部宣传科当宣传干事。当时，川渝尚未分家，调回重庆，相当于回到了四川。

1983年底，成都军区司令部办公室要在重庆十三集团军选两名秘书，充实机关的秘书队伍。这对我来说，又是人生的一个契机。因为之前成都军区的首长秘书，大部分都从成都驻地的部队里产生。

一个集团军只选两名秘书，从这人数一看就知道相当严格。后来我才知道，当时选拔秘书是有标准的，一是比较年轻，最好没有结婚；二是文字功夫要好，最好在报刊上公开发表过文章。我很幸运地属于这个标准内的人选。

在入选之前，领导找到我，半开玩笑地问："唐晓康，愿不愿意找一个温柔美丽的成都媳妇嘛？才子配佳人哦！"

没想到领导突然提起这种事情，我一时没想好如何回答，只好红着脸低头不语。

不过，听领导这么一说，我心里还是挺热乎的。众所周知，成都美女如云，将来能娶到一个多情漂亮的好媳妇，应该是很多未婚青年的愿望吧？我当然也不例外，听说可能找到一个漂亮的成都媳妇，我心里暗暗高兴。那时，我并不知道这次"非正式谈话"时，领导已经明确了人选。

很快，军区的调令下来了，我被选上当秘书，而且是在成都军区司令部。

调到成都军区司令部办公室时，我当了一段时间的外事秘书。外事处长是一位老经验，待人做事有自己的一套，此人是从总参谋部下来的，他在总参外事局见过太多的大官。

有次，我向他请教如何做好首长秘书。

他推心置腹地教导我："当秘书，并不复杂，很简单，就一句话，'领导说北风吹，你就说北风呼呼呼地吹'，很管用。"

最初，我对他的这句话并不太懂，带着几分迷惘和懵懂，就开始了自己的秘书之路。以后的几年，无数次，我的耳边始终有“北风吹”，一开始，我也将处长的教导当金句，恪守不渝。但随着时间推移，我渐渐有了自己的独立思考，去重新审视自己的工作，自我评判，自我修正，这“北风”，就不再有当初的力道了。

我到军区司令部接到的第一个任务，就是接待总参军务装备部的领导，参与我军购买外方直升机的事宜。由于是军购，我们全部换上便装，不引起外界的丝毫注意，不住部队招待所，接待人员和北京来的人员都下榻于四川省成都市锦江宾馆，这个酒店后来成为西南地区首家五星级酒店。

那是我第一次住如此豪华的宾馆，和我一起担任接待任务的战友进房间后，一头倒在软绵绵的床上，口气满足地说：“这辈子，我终于住了一回这样舒服的宾馆了！”

我觉得有点好笑，对他说：“这有什么，今后机会多的是，等你赚了钱，想住就住嘛！”

战友一跟头从床上弹起来，噘着嘴摆摆手说：“算了吧，咱们一个月工资就那么几个钱，如果不是公事，私人来住锦江宾馆，打死我都不干！”

当时我心里挺不服气的，心想未必将来我就赚不到能住锦江宾馆的钱！

这次购买直升机，我见到了总参军务装备部的领导、贺龙元帅的儿子贺鹏飞。贺鹏飞身上既有军人的气质，又有元帅之子的风度。他对比着各国直升机，耐心细致地分析着各种机型的特点。

当时，有美国的、苏联的、法国的、英国的飞机参与竞标。我军希望这些国家的飞机都从成都往西藏飞行一次。因为我们主要是装备西藏边防，这些飞机的性能必须适应高原、高山的地理环境和气候，特别是峡谷中的气流，同时也需要试飞的经历。

一天，看到贺鹏飞围着不同国家的直升机爬上爬下了解各项性能，我好奇地问：“首长，这些飞机长得都差不多，性能应该差别不大吧?”

贺鹏飞转过身，哈哈大笑起来：“唐秘书，你不晓得，直升机要考察机动性、载弹量、防护能力等很多方面，这里面的学问大着呢。”

看着贺鹏飞工作如此认真，我不由得暗暗佩服。

我第二次领到的任务，是接待中央军委副主席、军委秘书长杨尚昆，还有他的爱人李伯钊。李伯钊是一个了不起的女性，一个有着几十年党龄的长征老干部。

在我印象中，杨尚昆副主席丝毫没有首长的大架子。他告诉我，因为都是四川人，大家说四川话就很亲切，还说这一次是私事，主要是陪老伴回一次老家，所以行程不公开。人老了，倍加想念家乡，老伴已经很多年没回四川老家了，这次他特意陪同老伴来“还愿”。

我与杨尚昆副主席一起吃饭，后来军区还安排了文艺节目，我们一起观看。他和他夫人李伯钊都很高兴，看到精彩的节目，都热情鼓掌。

看文艺节目时，为了让李伯钊坐着舒服一点，我找了一个矮凳子，放在她的脚下托着，这样脚就不会酸痛。

节目结束后，杨尚昆副主席走过来，拍拍我的肩称赞说：“年轻人，不错嘛，很懂得关心人！嗯，将来肯定能找个好对象。”

没想到这么一件小事，杨尚昆副主席还专门夸了一番，我一下子就不好意思起来。

杨尚昆和李伯钊是一对特别慈祥恩爱的老人。可事后没多久，李伯钊同志就去世了，这让我难过了好久。虽然我们只是短暂的接触，但李伯钊为人宽厚善良，给我留下了难忘的印象。

杨尚昆副主席后来当了国家主席，在我们短短几天的交流中，他给我的感觉就是一个四川老乡、一个朴实的老人。我们之间的交流很随和，没有高低贵贱之分。在整个行程中，他很尊重他的夫人，就是一个普普通通的好丈夫。

经过和大人物的近距离接触，贴身观察他们的言行举止，我开始修正之前的一些想法：总认为有能力有本事的人都是高高在上、不可一世的，其实这是多么幼稚的想法！真正的伟人，骨子里都有着谦逊和低调，那种到处张扬、咋咋呼呼的，反而难成大器。伟人的言传身教，也让我渐渐明白——如果将来我取得一点成功，我该选择以何种面目示人，坦然行走于天地之间。

第三节　开国少将杨以山趣事

我给开国少将、原成都军区后勤部部长杨以山当秘书的那段时间，现在想起来，其中有很多非常有趣的事情。

杨以山，1915 年出生，安徽省云安县人。1931 年参加红军，参加了鄂豫皖第三次、第四次、第五次反“围剿”斗争和红军长征。抗日战争时期，参加了太行根据地反“扫荡”和林南、温县等战役战斗。解放战争时期，参与组织了洛阳、郑州、渡江等战役的后勤保障工作。新中国成立以后，他长期深入基层，跑遍了大西南各个部队和哨所。杨以山因病于 1995 年 4 月 5 日在成都逝世，享年 80 岁。

我原来在部队坐过军用吉普车，并没有坐过小轿车。当时，真不知道该怎么坐小轿车，换句话说不知道自己的位置在哪里。因为乘坐军用吉普车，只要官比我大的，都坐副驾驶位置。我当时是副连职，在部队军官里面排名倒数第二。所以，之前我每每乘坐吉普车，都坐后排，已养成了习惯。

到军区当秘书后，秘书处处长开始教我们，坐小轿车时，副驾驶的位置却不再属于首长，一般都是警卫员、警卫参谋或首长秘书坐，首长一般都坐小轿车后排，这与部队的军用吉普安排确实不一样。幸好秘书处处长提前给我“传道授业解惑”，这才避免了我闹出笑话来。

当然，如果警卫员和秘书同时与首长坐小车，这时候，秘书才能与首长一起坐后排，副驾驶的位置就由警卫员坐。这就是规矩，秘书坐车的规矩。

除了乘车，当秘书的还有“走路的规矩”。跟首长一起走路，一般都是走在首长后面，落后一步或两步的距离。隔太远了不行，跟太近了也不行。除非首长要求并排走，否则不能并排。当然，首长的公文包都是由秘书负责拿着。

这些烦琐的“秘书规矩”，可能让大家觉得当首长秘书特别枯燥无聊。其实，规矩是死的，人是活的，作为秘书，我们从平时工作生活中不但学到不少“规矩”，更重要的是在照顾好首长的同时，学习到他们身上的可贵精神。

我给杨以山少将当秘书时，还负责管理他的警卫员、驾驶员、炊事员，负责三方面的协调。还有一条不成文的“秘书规矩”很重要——秘书不仅要让首长喜欢自己、信任自己，还要下功夫让首长的夫人也喜欢自己、信任自己，真正被当成首长家的一部分。这方面，我自认为做得不错，与首长夫人也一直都相处得很好。

其实，在和首长夫人打交道的过程中，也锻炼了长期在军营而少有和女性打交道的我去学习、琢磨怎么读懂女人的心理。较之男性，女人是十分感性的，她们情感更加细腻、敏感。女性情绪复杂起来，那真是最聪明的计算机都望尘莫及；但你在和女性打交道时，真正运用女性的思维方式和她们交流，会惊奇于女性心理并非云山雾罩。如果你采取平等尊重的相处态度，会发现她们反而比男性更愿意倾诉真实想法。

在我离开部队很多年后，包括转业到地方以及日常生活中，都不乏和女性打交道的机会，有件事很值得骄傲：和我认识的异性朋友，都不约而同地承认唐晓康是个心思细腻的人，有着感性的一面，所以她们很愿意和我交朋友。这大概也是在当年当秘书的经历中无意间学到的处世绝招之一吧。

我和杨以山将军相处得很好、很愉快。他是一位老红军，与刘伯承元帅的夫人汪荣华是安徽老乡。战争时期，杨以山曾经用一个连的兵力，护送刘伯承元帅的夫人汪荣华突破敌人的重重封锁线，平安到达延安。刘伯承元帅一直都记得并且很感激。

杨以山曾经给我讲过一个小故事，足以说明他与刘伯承元帅的感情很深。

红军长征途中，面对国民党军队的围追堵截，想要找到吃的东西相当困难，基本上能吃的都被吃光了，杨以山连自己的军用皮带都煮来充饥了。

有一次，他非常意外地在河边钓到一条鱼，有巴掌那么大，在当时来说，那可是了不得的“大餐”，比猎到一只老虎还惊喜！他馋得口水直流，可硬是忍住，舍不得吃，用盐抹上，晒干，找机会悄悄地送给了刘伯承元帅，还不让毛泽东主席、周恩来总理知道。

我不解地问：“为什么啊？难道您不知道毛主席和周总理比刘伯承元帅的‘官’更大么？”

他皱着眉头想了一下，郑重地说：“我这一生，从安徽农村出来，就知道一定要对刘伯承元帅好。”

我后来才知道，因为刘伯承元帅的爱人是他老乡，他还是元帅的婚姻见证人。

杨以山就是这样一个“认死理”的将军，他认定的事，九头牛都拉不回来。但只要了解到他这种性格，就能理解他的某些固执了。

后来在工作中，杨以山还托我找刘伯承元帅帮过一点小忙，当我对接刘伯承元帅办公室的工作人员时，对方表现得相当客气。我终于懂了，他们的这种友谊、这种感情，我们这一代人是无法理解的。他们的真诚，可以真诚到骨子里，可以真诚到血液里，是半分都不掺假的，说是“对你好”，就会一生一世巴心巴肝地对你好。

在我眼中，杨以山将军是个天生聪明的人，虽然没有文化，但好些地方比文化人还聪明。他 10 多岁时给地主当长工，地主婆吃鸡肉，刻薄寡恩，连鸡骨头都不给他吃。但杨以山想吃啊，一个小孩，正在长身体，看到油汪汪的鸡，清口水吞个不停，那怎么办呢?

聪明的杨以山想到了一个绝妙的办法。有天半夜，杨以山偷偷把鸡笼子里的鸡弄了一只，到附近的半山上用柴火烧来吃。狼吞虎咽地吃完回来，他打了一个大大的饱嗝，就开始学黄鼠狼的声音，惟妙惟肖地叫了又叫，又学鸡的声音，惊慌失措地叫了又叫。地主婆屋里的灯亮了，她睁开眼睛问外面在干啥，杨以山就大声回答，黄鼠狼吃鸡了！黄鼠狼吃鸡了！他的喊声高亢又凄厉，好像刚刚和黄鼠狼搏斗了一番。既然鸡是被黄鼠狼拖走的，地主婆自然无话好说。

地主经常让杨以山挑一担重重的柴火去小镇上卖。本来杨以山身材矮小，只有 1.65 米左右，但挑的柴火很重，犹如一座小山压在肩上，每走一步都十分吃力。杨以山不想得罪地主，只好先忍着累，大口喘气，慢慢走路。走了一段路，见地主已不在视线范围了，就抽出一些柴火扔掉，然后“轻装上阵”地去赶集。如果返回来地主问他，今天怎么才卖这么一点钱？杨以山就低头回答，今天小镇集市上买柴火的人很少，卖不出去，只能卖这么一点钱。看他矮矮小小战战兢兢的样子，地主也就不再追究。

后来红军来了，但红军没有钱，没有银圆。杨以山知道红军是帮穷苦人的，是他的亲弟兄，他就跑去悄悄告诉红军：“我们东家有银圆呢，银圆罐子就埋在门口的青石板底下，你们来几个人，晚上去挖就行了！”

得到杨以山的报告后，红军就拿走了地主的银圆，杨以山也没有办法再待下去，便跟着红军闹革命了。当时杨以山个子还没有步枪高，就只能背一把大刀走上了长征之路和革命之路。

杨以山是个天生就会动脑子、有着无数“聪明念头”的人。比如下部队吧，有时我们一起下象棋，他下得不好，我比他棋高一着，但因为他又特别喜欢下，我就经常故意输给他，他每次赢了都手舞足蹈地很高兴。但遇到和其他首长下棋时，他就很聪明地不出面，非指派我去下。如果赢了，他就说，我可比晓康还厉害，今天只是派出晓康来，就大赢特赢，如果老将出马，那更加不得了！如果我输了，他又有另外一套说法，说我是他的徒弟，学艺不精，如果换了师傅出马，哪里还有不赢的道理？反正，不管在什么情况下，他都是对的，都能占上风，这点就让我特别佩服，觉得杨以山特别聪明。他的这些小绝招，也开启了我另一种思维方式，让我也学着从不同角度分析问题，竟然真的都能找到强有力的“利己证据”。

到基层检查工作时，杨以山常跟我讲，老红军长征太辛苦了，军委邓小平主席都说过，老红军下部队可以加一个菜。邓小平主席的这一句话，他记得很清楚，走到哪里都要提醒我，但他从来不对别人说，全是由我“幕后”来安排。

加的这一个菜，就成了要操心的一道菜。幸好，每次杨将军都吃得很满意，大赞其可口。每次吃饭结束，他都很客气地去厨房后面看望做菜的大师傅，感谢他们加了这样一个菜。

有时我想啊，当年老红军们打江山有多难、牺牲有多大，但加一个菜都要军委主席发话，而且自己还不敢说、不好说，要叫秘书去办，确实不容易。

第四节　王焕如将军托我买股票

接下来，我给开国少将、原成都军区政治部主任王焕如当秘书。

王焕如，1916 年出生，陕西省长安县（今西安市长安区）人。抗日战争时期参加了临清、邯郸、老庄、南乐等战役，解放战争时期参加过长衡、临汾、冀中等战役，随后参加了太原、宝鸡和成都等大中城市的军事接管工作，并担任军管会副主任。和平时期，担任解放军军政大学政治部主任、成都军区政治部主任等职。2001 年 1 月 26 日，王焕如因病医治无效，在北京逝世，享年 85 岁。

在我给王焕如将军当秘书期间，有一次，按照要求，军队的每位党员干部都要重新填写一份入党的经过说明。王焕如当时叫我帮他填写。

入党证明人一栏，我问他："入党证明人填谁?"

他淡淡地说："填胡耀邦。"

我看了他一眼，有点吃惊，以为听错了。他似乎看出了我的心思，再来一句："你看什么？就填胡耀邦。"

胡耀邦是中共中央的总书记，那么大的官，是咱首长的入党证明人，那时我就想，咱首长可真不简单啊！

王焕如首长身材高大，声音洪亮，陕西师范学校毕业，是个有文化的人。我随他到部队、军校去检查工作，他都非常仔细。战士的床铺、伙食，连早饭吃的什么泡菜他都要看，自己也要亲自尝一尝。王焕如为人处世十分低调，平易近人。他和许多陕西人一样，最喜欢吃豆腐乳，每餐必备。

最让我吃惊的是，王焕如将军也是一个具有超前投资意识的人。当中国开始发行股票时，离休后的他对股票产生了兴趣，那时我还觉得很奇怪，一个老红军、老政工干部，竟然对市场经济、虚拟经济不反感，还托我买1万股股票。当时我已经转业到了银行，但很惭愧，那时我还未真正涉足证券市场，也不是很懂股票，又怕股票亏损了，导致老首长心理承受不了，就没有给他买。其实，我们银行柜台也卖过原始股票。随后，股票又涨了不少，如果当时帮他购买了股票，1万元的股票能赚好几万元呢。

每次想起这些，就深感后悔，觉得对不起老首长，但这件事也给了我很大触动，不禁让我这个从事金融工作的人开始琢磨：股票到底是什么？它究竟有着怎样的魅力和魔力？

现在想来，王焕如将军虽然算不上我投身证券市场的“领路人”，但至少是起了一定的推动作用的。

第五节　张太恒司令的幽默

我接下来被派给成都军区原司令员张太恒中将当秘书。

他们这一代将军，包括总参谋长傅全有、广州军区司令员陶伯钧等，都有各自独特的风采。特别是张太恒、傅全有，都是直接从野战集团军军长提拔到大军区正职的。说到张太恒中将，必须先说说傅全有上将。

这应该是巧合与偶然，我老岳父也姓傅。他们是一个大姓，同是山西人。后来听我老岳父讲，他们竟然还是一个村的。

傅全有当时是成都军区司令员，张太恒是副司令员，张太恒后来才担任成都军区司令员、济南军区司令员。那时，傅全有司令员所在的南京军区第一军刚从云南老山、者阴山打仗胜利而归。首长一路风尘，带着一纸任命匆匆而来。在成都军区大礼堂召开的新老班子交接大会上，傅全有司令员作了热情洋溢的就职发言。

傅全有的就职讲话，大气中有谦虚，言辞中肯，毫无高高在上的自矜感，老班子新班子都接受、都喜欢。作为一个历练多年的秘书，当时我就在想，这个讲话稿写得真好，出于“英雄重英雄”的情结，自然想见见傅全有司令员的秘书。

很快，我认识了沈伟光，原南京军区某军作训处参谋，后任成都军区司令员傅全有的专职秘书。沈伟光身材高大，而且年轻英俊，一表人才。每每沈伟光与傅全有司令员站在一起，那个气场就特别强大，这种说不清道不明的力量，深深地吸引了我。

我和沈伟光很投缘，他转业后担任过浙江省委书记的秘书、国务院特区办主任的秘书。后来，沈伟光成了一个了不起的人物，被尊称为“信息战之父”。

我爱人姓傅，也见过傅全有司令员。由于同姓，又同是山西老乡，傅司令员就称我爱人为“山西小老乡”。司令员每次见到我爱人都很高兴，也会展现其幽默风趣的一面。

傅司令员曾对我说，当时接到军委的命令，时间比较紧，军委同意可带秘书从南京到成都，当时正在犯愁带谁当秘书。因为按规定，军长没有专职秘书，只有大军区副职以上才能配备专职秘书。这时，傅全有司令员看见办公桌上有一份《解放军报》，一看，有一篇第一军作训参谋沈伟光的文章，便决定带沈伟光来成都军区。

所以实际上沈伟光并没有当秘书的经验，因而傅司令员希望我这个年纪不大的“老秘书”多带一下沈伟光。

想当初，我也只有20多岁，只比沈伟光大一两岁，只是我当秘书的时间要长一点，便荣升为沈伟光的“小老师”。

傅司令员让我带一带沈伟光，并不是出于偏爱，而是切实了解我的工作能力，对我放心，才做出的决定。

说起我和张太恒中将第一次见面，直到现在还记忆犹新。我是经由办公室主任安排，派给张太恒副司令员当专职秘书的。张副司令员没有一点架子，他是山东人，好相处，心直口快，有时也很幽默。

那一年，我正好准备结婚，之前我是单身军官，就一间住房，厕所、厨房都是公用。如果要结婚，一间房肯定不行，但军区住房又紧张，怎么办呢？我就把实际情况简单地向张副司令员作了一下汇报。没想到，张副司令员比我还着急，就好像我是他的儿子一样，儿子要结婚，没有房子怎么行？

他马上打电话给军区司令部营房管理局局长。由于当时张副司令员住的是军区招待所，属于临时过渡的性质，他就在电话里故作严肃地对营房管理局局长说：“唐秘书要结婚，没有房子，就结不成。你们如果不给分配房子，就让唐秘书在我这里结婚，就住这个招待所！”

首长虽然说的是一句幽默话，但把营房管理局局长吓坏了。营房管理局局长知道，在招待所结婚是不可能的。第二天，我的结婚住房就奇迹般地解决了，一室一厅。对此我非常感激张太恒中将。

再说一件趣事。

张副司令员准备去云南前线视察，我问首长："带不带枪?"

张副司令员的回答很干脆："不带!"

我带着几分担忧说："带了比较安全，我们好保护您。"

他又玩起了冷幽默："一般外出时，司令员都是走在前面，秘书、警卫员走在后面，如果你们两个小子走在我的后面，一不小心手枪走火，不是先把我打死吗？这才不安全。懂吗，唐秘书?"

一听这话，我差点笑出声来。这个大军区副司令员的冷幽默能让人把肚子都笑疼。

第四章

下海淘金红庙子

年近花甲，回望半生人生路，我开始相信，冥冥之中，是有一种称作“缘”的东西，它不可捉摸、不可预知，又妙不可言。比如，我与证券市场的缘分，绵延数十年。

正如有首歌唱的那样，“只是因为在人群中多看了你一眼，再也没能忘掉你容颜”。说起股票，里面有太多太多的精彩故事。其中，有无尽的辛酸，也有无比的喜悦……

想当初，我对“股票”二字何其陌生，像是初入大观园的刘姥姥，张大嘴巴，屏住呼吸，挤在证券公司大厅一堆股民中间，好奇地望着大大的股票交易显示牌上如游鱼闪现的符号。红色、绿色、白色……当时，我不知道它们都代表什么，股民为何一会尖叫一会捶胸。我只记得那一瞬间，这些奇妙的游鱼，它们划过了黑沉的股海，烙印般划入了我的心底，荡起了美妙的涟漪。

我心底某条沉睡的神经，就这样轻微的咔嗒一声，被它们惊醒。

第一节 人生得意温柔乡

前面说过，我从重庆调往成都军区时，当时领导半开玩笑地问我是否想娶个成都媳妇。说真的，大半个中国我都去过，但来来往往，还是最“中意”成都。此生最幸运的事之一，也是选择在成都安家定居，找了一个美丽的成都媳妇。她身材修长，秀逸有灵气，气质非凡，凡是见过她的人，都说我能娶到她是前世修来的福气。

我也真的觉得自己是全世界最幸福的人。那时，20多岁，年少轻狂，才情逼人，在成都军区司令部办公室工作，给大军区司令员当秘书，找到这样水灵灵的美媳妇，真像一个“英雄配美女，才子配佳人”的动人故事。更动人的是在1987年，我有了此生爱不完爱不尽的小宝贝，我的女儿。她生下来就漂亮可爱，皮肤又白又嫩，一双大眼睛扑闪扑闪望着你，就算钢铸的心都要化作绕指柔。

我觉得老天爷对我实在是太好了，多少个夜晚，当她们母女睡着后，月光透过纱窗洒进屋内，我一遍又一遍看着这两张美丽的脸，她们睡得那么香甜，唇角还微微扬起一弯笑意。我虽不信神佛，但仍旧感谢老天，谢谢老天将如此宝贵的礼物赐给我。但同时，我也倍感身上担子不轻，作为一家之主，我理所当然要好好守护这两个柔弱、纯真的女子，不让她们被世俗伤害，让她们开开心心，享受人世间莫大的幸福和快乐。

1989年，我脱下穿在身上长达13年的中国人民解放军军服，转业到中国银行工作，正式进入金融业。这为我日后成为股票专家，实现财务自由埋下了伏笔。此外，比较有意思的是，我从迈入金融业的那天起，打量成都的目光也有了细微的变化。

当然，成都还是那个成都，那个魅力无穷的城市。悠久的历史，灿烂的文化，天府之国，芙蓉之城。既是美食之都，又是休闲之都。您总能看见一排一排的大小餐馆，一间一间的大小茶铺，坐落在大街小巷。懂得享乐的成都人，尽情享用着成都美食，不管是大快朵颐还是偏爱小吃，成都都是有口福之人的福地。

成都还盛产美女呢，每当春天来了，走在街头的女孩比绚丽轻盈的蝴蝶更加美丽。她们穿着各种流行服饰，轻飘飘走过之后，为大街小巷留下一阵香风、一阵眩晕。此外，随着创业环境改善，世界500强企业纷纷落户入驻，成功机会变得更多，成都给外界的印象也由之前“来了就不想走的城市”演变成现在的“成都，都成”。

我深深爱着成都。这里气候宜人，冬天没有北方的冰天雪地、寒风刺骨，夏天也没有南方的炎热潮湿、风和雨交替袭来弄得全身不舒服。成都就像一双温柔小手，不知抚慰了多少异乡游子的落寞。

改革开放之后的成都，发展更是日新月异。GDP全国靠前，武侯祠、青羊宫等旅游景点名扬中外，每当华灯初上、凉风袭来时，心中哪怕有万千烦恼，也会在不知不觉中悄然放下。在我看来，成都最特别的季节是秋天，刚下过一场小雨，空气清新，氧气充足。秋风拂来，一片片树叶缓慢地旋落下来，落在行人的头发上、衣服上，落在飞驰的汽车上，落在路边的小摊上，落在宽宽的、干净的路面上，就像跳着一支慢步舞曲，飘落的过程是那么诗情画意。夜晚，一轮明月当空照，成都如同人间仙境，美不胜收，令人甘愿在她温柔的怀抱中一醉千年不醒。

成都美景未变，我却从她不断发展的城市面貌中嗅到了财富的味道。成都酒楼茶馆鳞次栉比，但口袋里没有钱，相信没几个人敢直接走进去吃霸王餐。尽管春熙路美女如云，如果始终无力给美丽的女友或老婆添置新衣，作为男人，心里会好受吗？还有那些早早发财的朋友买了私家车，节假日带着孩子吃遍成都、玩遍成都，你却只能哄孩子说，爸爸很忙没时间陪之类的话，想起来自己都觉得苍白无力。

如今，我早已为人夫为人父，我是这个家庭最重要的顶梁柱，家里一大一小两个女人信任我、依赖我，她们的生活也很美满富足。可当时我的工资月收入只有 300 元左右，年收入 3600 元左右，10 年的总收入也不过 3.6 万元左右。如何能合理合法合规地获得财富，是我经常思考又屡屡不得要领的问题。

30 多岁的我，开始陷入对金钱的深度思索。幸运的是，没多久，我就挖到了第一桶金，相当于未来几十年的工资总收入，神奇的是，第一桶金是一夜之间挖到的。

金钱，对我而言并不是什么神秘的东西。因为幼年曾经无意中去过母亲工作的地方，见识过金库一堆又一堆钞票。到银行工作后，也参与过银行的人民币押运，亲手提起过一箱子钞票，甚至能从手感与重量大致算出手中钞票的金额。

冷静想想，其实金钱就是金钱。它很中性，本身的属性没有地狱和天堂的区别。它并不自带罪恶感和幸福感。它就是一个可供交易的工具。生不带来，死不带走。

当然，人人都需要财富，我是普通人，自然也不例外，我必须要为我深爱的家人创造更好的生活。只是，我万万没想到，这个机会，很快就落到我头上了。

第二节 不得不说的红庙子

带我进入股票市场的“启蒙老师”，是我当时在银行的同事杨晓华，他是西南财经大学的研究生，对刚刚兴起的股票等新事物，拥有比一般人更加敏锐的洞察力。全国性股票市场是在1990年末开始交易的，然而，股票权证的交易，是伴随着深圳宝安股票的发行上市后开始的，因此可以这么说——最早的权证应该是宝安权证，而我1992年时之所以知道宝安权证，也全靠启蒙老师杨晓华。

某天正上着班，杨晓华悄悄告诉我：“我要出去一趟，很快回来。”

因为平时我们关系亲密，他也不介意告诉我，他要去证券公司买宝安权证。因为宝安的股票一直往上涨，这时候去买宝安权证，有很大的获利空间。由于我对宝安权证一无所知，连权证为何物都不知道，所以根本就没有把权证放在心上。

当后来得知杨晓华因为买宝安权证而痛快赚了一笔时，我简直不敢相信：他所获得的利润超过了我们好几个月的工资！我开始对证券市场产生了兴趣，也很想弄清楚，它到底存在着怎样的魔力、有着怎样的交易规则？

杨晓华带我去了成都的红庙子街。红庙子街位于成都中心区域，是一条长约200米、宽约10米的中小街道。20世纪90年代，当地股票、企业债券等证券拥有者自发地聚集在这里，采用摆摊的方式进行交易，形成曾经在国内外名噪一时的“红庙子市场”，“红庙子”现象在当年成为中国股份制改革和证券市场发展中的一个特殊场景。这条街，几乎每天都流传着“又有人在红庙子街捡到黄金”之类的传奇故事。

红庙子街并不盛产黄金，它只是股票交易地。因为四川省的体制改革搞得比较早，股份制改革后企业发行股票，成都市也当之无愧地走到了全国前列。

当时的股票，是实实在在能捏到手里的“票证”，是一张印刷精美的纸张，拿着股票，就可以直接跑到红庙子街去售卖。在这个原始的股票交易市场，一买一卖之间，全部现金支付，迎面看去，人山人海，十分壮观。所谓“人不可貌相”，在红庙子街，这边，迎面走来的黑壮汉子，腋窝下夹着一只人造革包包行色匆匆，看上去貌不惊人，却可能刚刚在股票交易上狠赚了一笔，是不折不扣的“大款”；那边，一个中年大婶，守着一个学生用的小课桌，摆出了“练摊”的姿势。她出来得匆忙，连头发上的发卷都忘记摘下来，课桌上一字排开的股票，愿者掏钱，不愿者赶紧走人，她一脸不耐烦，才懒得喜笑颜开应酬无关闲人。

我好奇地问这个大婶，一天到底能赚多少纯利润？她打个呵欠，凶神恶煞地瞪了我一眼：“龟儿子（四川本地骂人的话），你又不买还哪来这么多废话？叽叽歪歪的，烦死了。反正老娘一天赚的，比你上一个月班强！”

我走进了红庙子街，走进了成都最初的股票交易市场，就像爱丽丝走入神秘仙境，看什么都好奇，看什么都有趣。幸好身边有杨晓华这个好老师，他诲人不倦，将他懂得的知识一点儿一点儿地教授给了我。

我所居住的成都军区北校场，离红庙子仅仅一两站的公交车程；我所任职的中国银行，离红庙子更近，连一站路都不到，都说环境最容易改变人，我承认，环境开始以一种飞快的速度改变着我。

我这个懵懵懂懂一头扎进证券市场的菜鸟，到了后来才知道，股票的风险相当大，权证的风险更大。但那时我并不完全懂得这些，耳边每天听到的都是“一夜暴富到我家”的神奇传说。

一位伟人曾讲过，资本这个东西，1倍的利润就要抢人，更何况成都红庙子的原始股会带来5倍、10倍的利润，这下，连伟人都可能变成疯子了！而我不过是一个凡人，有着一个凡人的期望和奢念，也幻想过下一次红庙子街上流传的“一夜暴富”主人公是自己。

从我第一次由杨晓华口中听到“权证”这个词，此后两年时间，我数次踏足红庙子，但都未涉足权证买卖，而是在股票市场上先行试水，拥有了一些股票买卖的经历。随着岁月流逝，我开始思考一些别的问题：炒股到底为了什么？我不能永远只是单纯地炒股啊，应该在中国的股票市场有所作为，而且这作为不能只图赚钱，更为重要的是应该在炒股中学到一点东西，一点金钱以外的东西。我更为看重的是培养自己在股市中的智慧，财富可能会今天来明天去，智慧却是谁也偷不走的，我应该积累真正意义上的智慧财富。

那么，唯有经历，才是最大的人生财富。我告诉自己：必须要有各种炒股经历、各种证券品种的交易感受以及成功和失败的真实感觉。对新鲜事物光有好奇不行，还要有历练。

权证，我慢慢知道了，它是证券的一个品种，比股票风险大，利润也大。它是一种以预期的收益去购买股票的权益的凭证。其实，它也是一种投机性很大的证券品种。

第三节　惊心动魄的权证之旅

经过充分了解之后，我有了炒权证的想法。1995年，我认真研究了深圳股票市场，尚有6只挂牌交易的长期权证，交易时间1年以上。这6只权证分别是厦海发 A2 权证、吉轻工 A2 权证、桂柳工 A2 权证、蜀都 A2 权证、武凤凰 A2 权证、闽闽东 A2 权证。所谓“A2 权证”，由国家股和法人股转配而来，指可以购买能上市交易的国家股和法人股的一种权益。

当时，这些权证等到摘牌时，就会一分钱都不值。而摘牌前，这些 A2 权证价格都在人民币 5 角至 1 元之间，每天都有人买或卖。因此，从风险来看，A2 权证应该是当时中国证券市场所有交易品种中风险最大的一个品种。

如果单从风险来看，我根本不可能有胆量购买这种让人害怕生畏的权证。因为在进行权证交易时，投资人谈不上什么安全感，一不留神就会输得精光。但为了更长远的考量，为了能在中国的证券市场培养自己独特的智慧，我当时暗下决心，一定要真正参与这种特殊品种的交易，一定要切身体会和感受一下对高风险的自我承受能力，也就是对风险极限的挑战。也许，这是我始终存在的一股子傲气使然吧，“纸上得来终觉浅，绝知此事要躬行”，不真正“心跳”一把，哪能从这些特殊经历中得到智慧呢？

我是一个说一不二的人，对自己的承诺也毫不马虎，既然下了决心，就必须付诸行动。经过思考，我选择了一个风险最大的时刻，就是这 6 只权证即将摘牌的前一个交易日。如果按正常日期摘牌，权证的价格等于 0。也就是说买入权证，根本没有任何参与价值，哪怕买 1 手、10 手，都等于白白去送死。

当时的情况就是这样。但也存在着一种非常不确定的渺茫机会，就是如果到期不摘牌，而是将权证交易延期，那么，机会就太大了。

什么叫化腐朽为神奇，什么叫美梦成真？一句话，如果分析正确，就将收获令人难以想象的暴利，相反，如果判断失误，那就是羊入虎口，死无葬身之地。

我暗暗观察四周，到了这个时候，证券公司里敢买权证的人越来越少，到临收盘的前一天下午，基本上没有一个人买权证。对于价格即将可能跌为0的权证，谁不怕砸到手里，变成一张废纸呢？真金白银买来一张废纸，只有傻子或完全不懂的人才有胆量无惧无畏地朝前冲吧？

我当时想得更多的就是，如果不参与，就没有风险，但也永远谈不上机会。如果真是摘牌，我岂不就失去了参与权证买卖的机会了，也就无从得到任何这方面的亲身体验了？这种高风险的亲身经历，也是难得的宝贵财富，哪怕它带来的副作用是血液沸腾、心跳加速。

机会难得，必须参与！

但新的问题来了，如果买少了又不能锻炼自己的判断能力，这种可有可无、不痛不痒的操作是培养不出智慧的。也许和我的星座有关吧，我喜欢“极致”，极致的完美，极致的心跳，极致的投入。我想，如果要买，起码应该是20万以上！可20万元，在1995年是什么概念呢？对一个工薪阶层来说，这应该是一个天文数字，如果一夜之间变为零，将会是多大的打击！20万元，相当于我当时几十年的收入，要真是一夜之间变成废纸，一般人是根本承受不了的。即使不跳楼，恐怕也会疯；即使不疯，恐怕也会从此视证券市场这条“井绳”为“毒蛇”，此生绝对不敢第二次踏足。

我也是普通人，有血有肉，食五谷杂粮，养娇妻幼女，我能承受吗？电光火石间，我为自己下了一道死命令：为了锻炼自己的智慧，我必须出手，必须承受！

于是，即使内心的思想斗争激烈，我终究战胜了自己，第一次战胜了自己的犹疑不定和恐惧。我还对参与交易的那个“唐晓康”提出了要求：一分钱都不能亏，而且要赚大钱。

就这样，我将自己的全部身家，绑到了这辆可能开往毁灭之路，但也可能开向天堂的战车上。事后证明，当时我的分析判断堪称这辈子永难忘记的骄傲之作、经典之作，但在彼时彼刻，后背冷汗涔涔，早已湿透衣裳，我用力两手相握，让它们不要再神经质地颤抖个不停。我努力深呼吸，让自己尽量平静下来，因为只有平静和从容，才能找准最佳交易时机。

我选择了摘牌前下午两点半的时间，开始让脑袋高速运转，飞快分析判断，也就是说，此刻离关市仅有半个小时。从两点半开始，我就一直关注着深圳市场权证盘面的微妙变化。

我目不转睛地盯着交易屏幕，不断对实时数据进行分析。这时，我闻到了一丝不易觉察又气味独特的味道，仿佛巨额财富在向我招手：交易屏幕上显示，6 只权证的交易量都比前一日交易量大，而且价格始终往上涨。这种奇怪的盘面让我很快地开动大脑，此刻谁有这么大的胆子，敢几百万手几百万手地吃进？如果第二天的价格等于零，后果不堪设想。按照正常的情况，应该是根本没人接手，成交量减少，价格向 1 分钱靠近。我的脑海中突然跳出一个大胆的假设，难道权证交易要延期？

若真是延期，权证将迎来暴涨。可谁都不是神，消息是真是假根本无法确定。我唯一能盯牢、唯一能分析的就是盘面。当然，这个时候最考验人，也最检验人，瞬间定乾坤，我的资金是生是死都在此一役，这种时刻，最能培养人的胆量和智慧。

我信任了自己的第一感觉。当时，我的第一感觉就是，权证肯定延期。我暗暗估测，是不是权证要由“死刑”改为“死缓”？那时舆论方面也有这种说法，但谁都不敢相信，怕误听了小道消息，害得自己血本无归。可我随即为自己的推测找到了事实根据。

理由有三条：一是如果不延期，第二天权证就是一张废纸，那么当天买入的所有人都是傻瓜、弱智。但当天的傻瓜和弱智居然比前一天多几倍，成交量显著放大。就算庄家对敲，但对敲也需要筹码啊。对敲的筹码起码有一半也跑不掉，跑不掉的筹码还是废纸，价值为零。庄家也是人，如果明知为零还拼命吃进，那么就是超级大傻瓜。而超级大傻瓜的反面就是大智慧，物极必反，否极泰来。在这个只有一天交易时间的特定时候，拼命卖权证的应该居多才对，哪怕能卖1分钱也好，毕竟还没有沦落到零的地步，但偏偏在这个时候，权证的价格一个劲儿上涨，成交量也一个劲儿地放大。这就不正常了……不正常的现象就有很正常的原因，即权证延期，所言非虚。

理由之二，就是我所在的证券公司敢买权证的人几乎一个都没有。都知道明天一摘牌，6只权证全是废纸。但离收盘还有10分钟时，权证平均价格都在0.8元人民币左右。证券市场有一句至理名言，我一直牢牢记在心里：赚钱的永远只是少数人。大家都不敢买的东西，未必就是坏东西。拥有大智慧的人，永远只是少数或个别。这时，正是赚大钱的时候，一旦延期，暴涨50%肯定没问题！说不定翻倍呢。

理由之三，6只权证的价格随着收盘时间的临近，越来越高升。如果不延期，要卖的早就该处理掉了，只剩最后几分钟了，再不卖就没有时间了。但价格仍在上涨，说明买的比卖的多，这又是一个不正常的现象。但背后隐藏着正常的原因。大部分人不知道，先知先觉的人一定会知道。哪怕只嗅到一点不同寻常的气息，也会洞察这其中“必有原因”。

我一直认为，知道昨天的人是聪明的人，知道今天的人是智慧的人，知道明天的人是大智慧的人。

明天肯定延期！分析在理，判断有据，我准备行动。我选择交易的时间是收盘前5分钟。为什么选择收盘前5分钟，我认为，我必须有最大的把握，而最大的把握就是收盘前几分钟。因为如果这个时候继续放量，价格能创新高，说明超级主力仍在吃货。也就是说，临近收盘他们都是在大量买进，没有一分钟的手软。他们能买几十万、几百万、上千万，真是不怕亏损，不怕死吗？不是。他们怕只怕少赚了钱，所以能买多少就买多少，像是一条巨鳄，只要吞得下，一直在努力往下“吃”。

我脑子里灵光一闪，机不可失时不再来，于是进场扫盘，绝不手软。我用了整整20万元的资金，在离收盘前1分钟都不到的时候下单，以当天的最高价格买入了20万元的A2权证。由于我是在阳光下操作，在我下单买权证时，证券公司的几位大户都吃惊了，简直不敢相信自己的眼睛，明天就是废纸的东西，这个神经病敢吃进20万。

收盘后，几个股民围着我说：“唐晓康，你脑壳是不是坏掉了哦？居然干出了疯子才干的事，你嫌命长不想活了，可是几十万啊。”

令我自己惊诧的是，当时，我已经没有了害怕，没有了后悔，只是淡淡地对大家说了一句话：“疯不疯明天就知道了。”

回到家里，当我脱下被汗水浸湿的衣服时，全身紧绷的神经终于松了下来，然后一阵疲软和空虚袭来，差点让我双腿一软，从椅子上滑到地上。我认真洗了把脸，努力让自己保持常态，然后刷牙、关灯，平躺在床上，没多久就香甜地进入梦乡。

在常人看来，我干了这么一件疯狂的事情，回到家应该辗转难眠才对，我居然睡得很好。所以会这样，肯定有与他人不同的地方。后来时间长了，在证券市场折腾久了，我渐渐发现自己的“长处”，其中最重要的一点就是睡眠质量奇高。我就是这种人，天大的事情都不怕，睡觉就是比天还大的事情。人如果睡不好，休息不好，精神难以集中，又能做多大的事业？所以，在我看来，人生最大的事情并不是当多大官，发多大财，而是把觉睡好，这就是我的生活准则。

我的推理没有任何误差。果然，第二天，三大证券报同时刊登了6只权证延期交易半年的公告。我拿着报纸，兴奋，激动，自豪，高兴得不得了。我第一次面对镜中的自己，对那个一脸傻笑的唐晓康竖起大拇指，我太崇拜自己了，我成功了！

我的眼泪和汗水一样，悄悄流出，只有我自己知道，我曾经历了怎样的心理挣扎和反复煎熬。而我最终战胜了恐惧，顺利下单。这也为我带来了极为可贵的体会：要想战胜恐惧，最好的办法就是忘掉恐惧！

星期一，深圳股市开盘，6 只权证暴涨，最低的大涨 30%，最高的暴涨 100%。随后的日子里，A2 权证继续暴涨，涨幅高得我都不敢相信。待我去卖权证的时候，之前好心劝我的几位老股民围着我，羡慕地指指点点："就是这个唐晓康，眼光真准啊。太厉害了，太有本事了，这回赚惨了！这个人今后必成股市奇才！"

实际上，回想当日，我哪里是什么股市奇才，我只是旁人眼中的同情对象、一个将全部身家投向未知深渊的疯子、一个可能血本无归还义无反顾的傻瓜。

一夜的工夫，准确地讲，是几分钟的工夫，我赚了我未来几十年的工资收入的总和。这是我人生极为宝贵的第一桶金，但我认为，比起金钱，我赚得更多的是智慧，得到的真正财富是我的这种珍贵经历，我十分看重的是这种敢于参与的人生价值。

我与权证惊心动魄的这场"较量"，让我学会了怎样释放内心的恐惧。唯有放开，唯有放下，才获得勇气和自在。

第五章

在天堂与地狱之间游走

1997 年的我，还沉浸在因为 A2 权证赚到人生第一桶金的骄傲与自得中。现在回首望去，那时我大概也是一个十足的疯子。不过，在我的眼中，疯子有两种，一种是手里捏着太多的金钱，想干什么就干什么，身体失去控制，被物欲牵着走，最后越走越远，越来越迷失自己，直至进入物我混乱的地步；另一种是拥有太多的思想，想说什么就说什么，灵魂控制不住“意欲横流”，思想每天在身体里作战，短兵相接，磨刀霍霍，直至意我混乱的境界。

而 1997 年的我，恰好处于两者之间，似有一个看不见的魔鬼，狞笑着，诱惑着，不动声色地将我拉入了 STAQ 法人股的地狱之门。

第一节　法人股成了香饽饽

世界投资大师、股神巴菲特说："我要知道我会死在哪里，就不会去那个地方。"而我并没有预知未来的能力，自然不会知晓自己将在STAQ法人股市场遭遇重大挫折，所以甘愿一步一步走进那个人间的地狱。

1990年12月5日，全国证券交易自动报价系统(STAQ)开始运行。STAQ系统是一个基于计算机网络进行有价证券交易的综合性场外交易市场。这是一帮留学海外，了解美国华尔街和纳斯达克(NASDAQ)股票市场的早期"海龟"回国后筹建的一个交易中心。系统中心设在北京，连接国内证券交易比较活跃的大中城市，为会员公司提供有价证券的买卖价格信息以及结算等方面的服务，使分布在各地的证券机构能高效、安全地开展业务。

STAQ系统本身属于非营利性的会员制组织，全体会员大会是系统的最高权力机构，由全体会员大会选举理事会。STAQ系统的日常事务由执行委员会主持。当时，STAQ系统的建立，推动了全国证券市场的发展，便于异地证券机构间的沟通。STAQ系统在交易机制上普遍采用了做市商制度，在市场组织上采取了严格自律性管理方法。

中国的STAQ系统虽然是模仿美国纳斯达克系统建立的，但内容不一样，国债交易是STAQ的头牌，其中国债回购是大头。之后，法人股又来了。

中国早期的上市公司很有趣，犹如关系复杂的人群一样，讲究论资排辈。上市公司大多是从国企改制而来，于是便有了国家股，国家股和法人股是公股，早期不能上市流通，能流通的是个人股和外资股。而个人股又分为可公开上市股和内部职工股，外资股又分为 H 股和 B 股。其中，国家股是指有权代表国家投资的部门或机构以国有资产向公司投资形成的股份，包括公司现有国有资产折算成的股份。在我国企业的股份制改造中，原来一些全民所有制企业改组为股份公司，从性质上讲，这些全民所有制企业的资产属于国家所有，因此在改组为股份公司时，就折成国家股。另外，国家对新组建的股份公司进行投资，也构成了国家股。国家股由国务院授权的部门或机构持有，或根据国务院决定，由地方人民政府授权的部门或机构持有。

那么，法人股又是什么呢？简单来说，法人股是指企业法人或具有法人资格的事业单位和社会团体以其依法可支配的资产投入公司形成的股份。法人持股所形成的也是一种所有权关系，是法人经营自身财产的一种投资行为。法人股股票以法人记名。作为发起人的企业法人或具有法人资格的事业单位和社会团体，在认购股份时可以用货币出资，也可以用其他形式的资产，如实物、工业产权、非专利技术、土地使用权等作价出资。但对其他形式资产必须进行评估作价，核实财产，不得高估或者低估作价。

公家的东西一分一厘都不能流失。因此当年根据规定，公有制法人股禁止在二级市场流通。

其实，回过头看，我国在股份制试点时期设计国家股和法人股等公有股份，目的是为了逐步推进股份制试点和保持公有经济的控股地位。在计划经济向市场经济转型时期，法人股在股份公司的设立和运作中的功能也是非常重要的。但从某种意义上来说，法人股与国家股之间的划分是不太科学的。法人股是从法律上界定的，而国家股是从政治上和经济所有制的归属上界定的，具体到代表国家股的某个部门和企业，它们又都是法人。

显然，国家股法人化的趋势，既是我国深化经济体制改革的需要，也是从社会主义商品经济向社会主义资本经济转换的重大措施。但在国家股法人化的过程没有完成前，有人提出应暂缓国家股的流动，先进行企业再投资所形成的法人股和产权已清晰的集团公司法人股的流通。

此后，相关部门想要给法人股透透气。国务院批转的《1992 年经济体制改革要点》中提出，法人股内部流通试点于当年 7 月 1 日开始运行。国家体改委批准 STAQ 为法人股流动试点。

1992 年 7 月 6 日，首家试点企业——珠海恒通置业股份有限公司(简称“恒通”）通过分布于国内 10 个省(市）的 17 家 STAQ 会员公司组成的承销团，定向募集恒通法人股 3000 万股获得成功；其法人股每股面值 1 元，募集溢价 3.98 元，共募集资金约 1.2 亿元。7 月 8 日，恒通法人股在 STAQ 内开始流通转让，首日便从开市的 5.8 元跃至 10.25 元，上涨近 1 倍，当日成交量 300 多万股。

在 STAQ 法人股市场运行 9 个月后，由中国人民银行、工行、农行、中行、建行、交行、中国人民保险公司及华夏、国泰、南方三大证券公司共同出资组建的 NET 法人股市场于 1993 年 4 月 28 日正式在北京开通。终于，法人股市场迎来了它 7 年寿命中的唯一一次持续半个月的高潮。

从 1993 年 4 月中旬至月底的半个月时间，在 STAQ 市场开户的法人已由 1400 多家猛增到近 2400 家，到 5 月底突破 6000 家。法人股一下子成为香饽饽。由于 STAQ 市场上市的股票数量少，场内许多金融机构实力强大，稍稍一炒作，股价就容易出现暴涨行情，这自然会吸引全国各地许多不明就里的投资者。1993 年和 1994 年，STAQ 市场有一段时间行情非常火爆，简直能和上海、深圳的股票市场并驾齐驱。当时，全国有三个大城市(杭州、长沙、成都）的股民，热衷于炒作 STAQ 市场的股票。

现在的大多数股民也许对那段历史并不清楚。记得有一篇文章这样描述当时的市况："像从睡梦中惊醒，投资者突然意识到了法人股市场的存在，纷纷涌向了这一风水宝地，大户们开着汽车、提着大哥大不约而同地来到场内大笔买进……"

这篇文章透露出的信息是，投资者构成已非单一的机构法人，众多个人股民也通过法人名义开设账户，涌进了法人股市场。个人取得法人股投资资格的主要途径是：单位出面购买，而后分售给个人；几个自然人自愿联合，到工商部门注册一家法人单位，然后以此法人执照开户；法人单位将所持有的法人股转让给个人。

由于事实上的"限定法人间转让"难以实现，不少营业部干脆网开一面，法人股的概念在不少地方早已形同虚设。人们凭借一纸营业执照复印件，甚至只出示个人身份证即可开户。

当时法人股之所以受到股民青睐，主要有三个原因：一是价格低，市盈率(市盈率又称股份收益比率或本益比，是股票市价与其每股收益的比值）仅五六倍，远低于深沪股市；二是挂牌公司业绩优良，每股税后利润多高于深沪市场的股票；三是深沪股市给人一种半死不活的样子，根本不如法人股市场这般生机勃发。

那时，在成都市信托公司的证券营业部，临街只开了两个窗口，受理买卖法人股。一些和我共同经历过"法人股时代"的老股民应该还记得当年那热血沸腾的景象：买卖法人股，需要自己先填写交易单，再排队递进窗口，再由里面的操作员帮你上系统买卖，程序复杂烦琐，相当费时费力。在行情火爆的那段时间，整条街人山人海、混乱不堪！眼看着那几只股票天天涨，一旦买到就是赚钱啊，所以人们撕破了脸面，争位子抢窗口打架斗殴几乎每天都在这条街上发生。法人股是香饽饽，谁抢到谁"长脸"，金钱面前，人们忘记了理智，更忘记了克制。

对于当时那种让人无法忘怀的行情，《证券市场周刊》记者在一篇文章中写道：“STAQ 市场的涨势更是让人炫目。仅 5 月 7 日一个交易日，就成交 3400 万股，成交金额达到创纪录的 2.7 亿元，指数由 4 月底的 100 点左右，猛升到 5 月 10 日的 241 点。这一天，所有股票都创出了历史最高价位，其中恒通 11.82 元、玉柴 8.5 元、蜀都 8.90 元、大自然 7.93 元、国实 8.16 元、长白 8.75 元、中商 6.35 元。”

面对这种行情，无论对投资者或其他业内人士来说都可谓铭心刻骨。当时，我也如同一叶扁舟，被强大的涡流卷入了 STAQ 法人股的茫茫海洋，犹如远征水手，唯有满满信心，哪管平静洋面之下的潜流。

几年后，当看到两个市场股指和股价几被削尽，投资者屡买屡赔、成本越摊越高之时，几年前创出的所谓“历史纪录”已变成了一个令人难以置信的神话，几乎所有参与者都感觉像是经历了一场噩梦。

第二节　法人股市场遭遇寒冬

涉足法人股市场，现在想来，和我当初的年轻气盛不无关系。因为年轻，所以更加迷信自己的分析，哪怕这种分析多么主观甚至有些偏执。那时，我总认为法人股的实际价值高，但价格很低，根本没有多花心思去研究它们的合法性和非法性。总是抱有天真乐观的想法，心想这既然是政府的行为，又公开运行了这么多年，又不是私人开设的市场，不可能出什么事。退一步说，就算真出什么事，一定也不会是什么大事！

多年后的今天，当我以一颗平常心再回望当初，我必须得承认一些老话真的很有道理，比如“吃一堑，长一智”。智慧是什么呢？往往不是别人硬塞给你的东西，不是从天上掉下刚好落到你衣兜的运气，智慧是需要“吃一堑”的，哪怕这“堑”会摔得你头破血流痛不欲生，但命运让你疼痛流血的同时，你才会真正感悟并把握住智慧。从这层意义上说，我对当年冒险闯进法人股市场并不后悔。相反，我要感谢那些经历，如同感谢此前全仓果断杀入权证市场一样，正是这些或喜或悲的市场行为，使得我的人生更加丰富多彩。

当时，市场有恒通置业、成都蜀都、广西玉柴、华凯实业、长白股份、大自然、海南国实、海南航空、五星三环、中央商场等股票在交易。交易非常热闹，自然人很难开户买卖，必须要有法人的执照才可以开户交易，而且保证金最少5万元人民币。

1993年5月的较高峰时期，恒通置业为8.75元/股，华凯实业为11.10元/股，长白股份为8.75元/股，大自然为8.10元/股，海南国实为8.16元/股，海南航空为8.84元/股，五星三环为4.77元/股，中央商场为6.32元/股。

而在1997年4月3日的低迷时期，恒通置业为3.27元/股，华凯实业为1.27元/股，长白股份为1.69元/股，大自然为2.20元/股，海南国实为1.34元/股，海南航空为3.06元/股，五星三环为1.38元/股，中央商场为4.07元/股。

彼时，我还在享受权证交易成功带来的喜悦时光呢，相信自己的判断和直觉，此前连A2权证那么惊心动魄的旅途都走过了，天底下还有什么能难得了我？而且我不是第一天看到STAQ法人股市场，我已经暗中观察、反复分析了好长一段时间，不动声色地看着身边每天都有人暴富，让手中的资金变成“金母鸡”，下了好多迷人的金蛋。我按兵不动等待这么久，就是为了等待一个绝佳的入场时机。

1997年4月，成都的春天短暂而绚丽，微风开始变暖，翠鸟低飞鸣啼，我的心情既有万物复苏的激动，也有壮士出征的亢奋。此时成都市冻青树二楼证券公司的STAQ法人股市场的股票交易价格十分低，与中国A股市场相比，是最便宜、最有投资价值的，市净率(即每股股价与每股净资产的比率。一般来说市净率较低的股票，投资价值较高，相反则投资价值较低)、市盈率(即股价与每股收益的比率)、市梦率(由市盈率演变而来，即股价根本不需要业绩作为基础，完全否认价值原则，只需要梦幻般的预期就行了)都比较符合我的选择标准。

我就是从这个时候，通过分析、推理、判断，用其他人的法人股账户存入了大量的保证金，并开始买进。其间，我还帮大量的投资者一起运作法人股。当时，尽管这种交易杠杆较大，但压根儿没有去想过这个市场会有非法和合法的争论，也没想过它会关闭。

当我大量买进STAQ法人股以后，1998年4月，国家开始整顿场外非法交易市场。一时间，STAQ和NET竟陷入了自己是非法还是合法的尴尬境地，这种情况让很多人始料未及，这就像孩子出生好几年正在考虑上小学了，突然传说没上户口。STAQ和NET将被列入非法交易清理整顿之列，一时间相关企业和投资者陷入极度恐慌，一些不理性的事情时有发生。

不管是STAQ还是NET，两者都以交易上市的法人股为主，因此，它们一度也被称为“法人股流通市场”。不过，这两个系统内交易的公司，均为定向募集公司。《公司法》于1994年7月1日正式生效，宣布了定向募集公司成为历史遗留品种。但截至1994年6月30日，全国已产生了向社会法人和行业内部职工定向募集的股份公司5984家。由此，NET、STAQ市场步入了漫长的清理整顿时期。1996年7月，国家有关部门对STAQ系统内会员之间的债权债务进行重点清查，标志着STAQ系统已进入生命终点的倒计时。1997 年，NET 营业范围内剔除了“股票交易”这一重要项目。1998 年，NET、STAQ 被国家列为非法交易市场的黑名单中，属整顿对象之一。

我之所以将当年的历史进程详细复原，也是为了提醒自己和有缘读到本书的朋友们，不要再犯类似的错误：冰冻三尺非一日之寒，STAQ 并不是突然进行整顿，之前涌来的各种信息，都在对我敲响一个又一个警钟。遗憾的是，我当时眼中只看到财富在招手，一时忘掉了风险。现在，当我心平气和地梳理自己过往的几次重大交易时，我必须勇敢地承认，在证券交易市场上，最难的便是要战胜“贪婪和恐惧”。说到底，作为交易者，必须随时保持清醒，不要被某种极端思维所绑架和左右。“贪婪”者，一门心思盲目追求利润的最大化；“恐惧”者，常常误判交易时机。但这简单的几个字，我却花了半生来领悟，来战胜，来征服！一条路，从狭窄崎岖走到宽阔平坦，从黑暗走向光明，真的不容易。

继续往下看当年我亲身经历的炼狱吧。由于各种利空的打压，STAQ 法人股的交易逐渐变得清淡，几乎没有买盘，要想卖出十分困难。随后，因为市场开始流传法人股市场将择期关闭的消息，STAQ 股指如同瀑布般垂落狂泻，所有挂牌公司悉数跌破面值、净资产。

我该怎么办？是眼睁睁看着自己身体的血与肉、筋和骨被一丁点一丁点地剥离，然后毫不挣扎，做一个束手就擒、放弃与命运作战的懦夫，还是忍受这凌迟之痛，由自己亲手结束错误的投资，哪怕我身上只剩下一根肋骨，只剩下一滴鲜血，只要还有一丁点属于我的，我就可以再慢慢找到散失的血肉，艰难拼凑出一个新的我来？当然，这比彻底放弃要困难许多，因为我已输得支离破碎，内心唯剩那一点不服输的勇气，支撑我果断做出全抛的决定。

终于，这一天还是到来了！我在关闭STAQ法人股的前一夜将手中的法人股抛售一空。我至今清楚地记得，海南国实0.18元/股是我当时账户卖出的成交价格，创造了一个历史的最低纪录。

今天，人们已很难想象那段经历带来的实际损失有多大。我如实报告，是80%！我辛苦积累的财富，如绚丽无比的肥皂泡，瞬间破碎了。因为法人股是数个自然人自愿联合，开一个共同账户，我和熟人朋友们的资金加起来可称“巨大”，如果各自负担各自的亏损，我还不至于痛苦得如下地狱。然而，后来的结果出人意料，所有损失竟全部推到我身上，要我一个人一肩承担！

试想一下，原本十个人，经协商后一起登上一条小舟出海捕鱼，但海况极其复杂，飓风随时会来，水中还有鲨鱼游弋，谁能保证一定捕鱼满舱？航行途中，船不幸触礁了，眼看船要沉了，为什么就我一个人死掉？另外九个人都被法院出手相救，死里逃生。而我，罪加九等，要将另外九个人的罪责全都加在我一个人身上，哪怕我被压迫得难以喘息、腰如虾米！面对如此离奇的境况，我无可奈何，喊天天不应，叫地地不灵。我只能仰天长叹：下地狱的人，为什么偏偏是我？

被相关部门批准开设的STAQ法人股市场，为什么突然间变成非法的市场，还要关闭？这个问题，我整整想了10年都没有想通。我的委屈和痛苦，能向谁倾诉？我的心酸，有谁愿听？

事后，有人问过我，为什么资金亏了近10倍，还要卖出？

我想了很久，发现很难用一句话完整回答这个问题。也许，还是因为不服气吧，打破头也想不通的问题，让我无法服气。

仔细想来，我虽然是军人出身，是半路出家从事的金融工作，但我自认对股票的学习、对股市的研究，是十分认真刻苦的。我丝毫没有偷懒之心，尽一切可能学习相关知识。股市有风险，入市需谨慎。这个浅显的道理，从踏入证券市场第一天起，我还是懂的。但运行许久的市场何时合法、何时又变成非法，作为普通人，我根本左右不了、改变不了。

当时，面对法人股价值可能变成零的宿命，我只记住了一个朴素的真理：股票不流通，要关闭，就一分钱也不值，就是废纸。所以，我决定在关闭之前全部变现。虽然亏得伤痕累累，但这是没有任何退路的选择，我至今都不后悔。

因为我一直相信一句话：留得青山在，不怕没柴烧。只要有资金，随时可以东山再起。至少，我的及时割肉，为自己保留了最后的“肋骨”；至少，当我做出壮士断臂的艰难行为，接下来还要背负其他九人的债务后，所幸我还有一口热气，能支撑我将最为黑暗的日子苦度过去。

第三节 踏入地狱10年

STAQ法人股市场因金融市场的整顿被关闭了，而我的地狱之门却悄悄打开了。撒旦毛骨悚然地怪笑，伸出的巨手上留着坚硬如喙的长指甲，他一把将我凌空抓起，舌头如毒蛇信子拂在我耳根，他说：地狱欢迎你……

我看不到第二条路可走，唯有一步一步走向地狱，不能回头，不能申诉，不能告饶。这一去啊，竟然就是漫长的10年。

电视剧《巾帼枭雄》中，一代枭雄柴九哥曾无数次感叹：人生能有多少个10年？

我也在痛苦地追问自己！10年，不是一瞬间，不是一刹那，不是花开花谢那一季，不是月圆月缺那一段。10年，3650个日日夜夜，315360000

秒，在地狱里的每一秒，都是刻骨铭心的煎熬。

今天，借由本书，我愿将这痛苦的地狱10年讲出来，再度撕开已经结痂的伤口，露出真实淋漓的血肉。在这件事情中，我真切体会到了什么叫人情冰冷、世态寒凉。不过，我一直对心中的那个“唐晓康”说，在尽情倾诉之后，彻底忘掉它，不再让自己纠缠于那段痛苦的回忆。

现在，请随我的讲述，一起回到当年吧。

STAQ法人股市场很快关闭，我当时还很高兴。如同打牌，愿赌服输，无论大赚大亏都得承受。我自认当时计算得很准确，抛售也很及时。关门前一夜，我抛完了手头全部的STAQ法人股，剩余的资产都睡在账上。

那时，我想的只是自己亏了不少，但并没想到，接下来我会见证人性之冷，冷得令我迷惘，冷得令我差点迷失前路。

STAQ法人股关闭后停止交易的消息一传开，包括非常好的朋友，亦是我的搭档，一夜之间想不开了，跑来厉声质问我：“你为什么卖，为什么那么便宜还卖？你为什么赔本还要卖，你有病啊？”

是我有病还是相关部门有病，我不知道。好好的市场，突然就变成非法，说关就关掉，我不卖，就是废纸一堆，这就是我的看法。什么叫风险？一个市场，关了就是风险。股票最大的风险，不是没有投资价值和投机价值，而是没有交易的机会。换句话说，不能买卖才是最大的风险，不能流通才是最大的风险。俗话说，皮之不存，毛将焉附？没有市场，交易的人没有了，还能奢谈什么价值和机遇？

但这些人不管三七二十一，不知是真不懂还是装不懂，反正亏了钱，什么道理也不讲了，更是将“朋友”两个字轻蔑地踩在脚下，不再顾念往日感情，他们将我告上了法庭。按说，STAQ法人股市场既然被称为非法市场，理应不受法律保护啊，那法院为何还一个一个地受理我昔日朋友的起诉呢？

当时，炒股的账户不是我的名字，而且这些人都曾写下“盈亏自负”四个字，白纸黑字，清清楚楚。但他们单方面遗忘了自己也要承担风险，遗忘了作为同一账户的搭档，在小船触礁时，应该想到我及时果断挽救了最后一块船板，而不是一边推我去死，一边还指天画地地发誓：都是唐晓康凿坏了船板，要他赔，一定要他赔！

怎么立的案、又怎么审理的、怎么判决的，我不知道。我只是感觉一切都是乱糟糟的，不过，就是这么乱的东西，法院还是全部受理了。这团乱麻理到最后，还是乱得找不到头绪，但我面对的对手太强大了，他们心有灵犀地团结起来，合为一体，可能他们只是想到一个结果，只要有唐晓康担着，就能换来他们的利益。

我当时站在法院被告席上，接受反复审判。判决书只有一个理由：我身为银行职工，不能买卖股票，于是判决全赔，一分不少。

从 1999 年至 2009 年，整整 10 年，我被抛到了冷冰黑暗的地狱。

地狱里没有天理，更没有公平公正之说。我曾经最喜欢的成都大地，印象中那片蔚蓝色的天空，光泽慢慢黯淡下来。在人间的地狱里，伸手不见五指，整个思绪经常被无助、无奈、无望笼罩。亏了近 10 倍资金，数量之大，而且是全赔，1 万元就要赔 10 万元，这对于当时的一个工薪阶层和普通家庭，无疑是天文数字！

一审、二审、终审，怎么上诉、怎么申诉都没什么改变。我只有顺从和接受，尽管我不是心甘情愿的。

那段时间，走在路上，有时神思恍惚，半梦半醒间，我会“撞见”一些奇奇怪怪的人。比如祥林嫂和伍子胥。祥林嫂将她的悲苦嚼成了渣，见人就诉说她的儿子怎么被狼叼走，她头发花白，衣衫褴褛，一双无神的眼睛已经渗不出丁点泪水，干涸而漠然地望着我，嘴巴开开合合，我听不到她在说什么，想必也是人间阴间都无法盛装的委屈吧？而伍子胥呢，他一头白发如钢针竖起，眼神怜悯地望向我，他连嘴皮都懒得动，偶尔，他转过头，我随着他的视线，看见清凌凌的长天，一只风筝正在快速栽落。

风筝线断了，再也无力飞翔，失去了线的牵引和保护，它只剩下急速跌落这一条路，哪怕跌下去是四分五裂、骨头尽碎。也许是看天看得太久，当我收回目光时，眼里竟浸出了两滴泪。祥林嫂和伍子胥已经不知所终，而我还站在成都一个小小的街心花园里，周围有小儿尽情地啼哭。

我却连痛哭一场的力气都没有，但那个跌落的风筝，被伍子胥悲悯过的风筝，让我懂得了自己永远不会是被人扯着线飞向天空的风筝。我生来是一只自由自在的鸟，哪怕体形再小，哪怕力量再弱，也要用自己的翅膀，去搏击风雨，去追风逐月！现在，我这只小鸟只是暂时受了伤，无法展翅飞翔，但我不能因为一次挫败，就将自己归类为再也无法飞起来的残破风筝啊！

许多年后，当我无意间看到这样一段话，竟然感动得热泪盈眶：“每一个人，都应该有着相同的‘地狱进行式’。随着心智的成熟背着越来越多的十字架过活会成为习惯。当不享受时，就承受；到不能承受时，就忍受；而不能忍受时，就接受。一旦学会平和地接受人生十字架，就会找到在地狱进行式中享受的方法。”这是蒋介石的曾孙蒋友柏在自己的《第十九层地狱》一书中写下的一段话。他在书中回忆了他离经叛道的少年时期以及创业十年来遇到的种种地狱式的历练。

当时，因为财产不够，法院采取强制执行，最后把我工资都扣了，每月只剩最低生活费 400 元。

400 元是什么概念？自己要吃饭，还要养女儿、养家，1999 年到 2009 年，这10年间，女儿读初中、读高中、上大学都需要钱。面对人生的最低谷，我想到过死，死是最容易的事。跳楼者，两眼一闭，一倒下便不知人事；服毒者，两眼一闭，药丸一吞下便耳根清净；上吊者，两眼一闭，脖子一伸进绳套便不受压迫。我今天诚实地说，那些日子，真是差一步就成鬼了。

可我能轻易去死吗？能将人生的烂摊子丢给我至爱的亲人吗？答案是否定的。地狱虽苦，但我总算拥有一丝希望，如果完成了炼狱过程，还有重生的一天。想死，却不敢死，女儿还在念书，还没有工作；想死，却不能死，父亲母亲都健在，倘若儿子死在父母前面，就是最大的不孝。心底的那个我，传来一个声音，我必须活下去，而且要活得好好的。既然不能“两眼一闭”，脆弱自私地放弃一切，接下来，我只能自己救自己。

当时，我有一位朋友同样也陷入了人生低谷，同样在地狱熬煎受苦，万劫不复。我写下了这段话，与她、与己共勉。

过好每一天

1998年6月6日

面带微笑，不论春夏和秋冬。

笑得自然，笑得舒心，

笑出美丽与智慧。

心存快乐，不管痛苦和忧愁。

乐得自在，乐得坦然，

乐出个性与风采。

活在当下，不想过去和未来。

善待自己，善待朋友，

善待生命到永远。

当时，已经一贫如洗的我还把家里的邮票卖了200元，请四川省一位著名书法家写好上面这段话，装裱好，挂在卧室墙上，每天都能看着它，用心去读去感悟。让我吃惊的是，这招还真管用，随着心灵慢慢得到净化，我也真正从低谷站立起来。

一段看似简单的话，就是一个强有力的伙伴；一段蕴含智慧的话，能给人带来新的希望。

面对纷纷扰扰的大千世界，我的内心世界岂能不乱？我必须交代，在我最迷茫的时候，我还读了《圣经》。我是一个爱读书的人，各种版本的《圣经》我都有，精装的、简装的、中英文对照的。《圣经》里的一句话，深深感动了我：有智慧的人，有幸福。我是这么理解的，走出地狱，走出黑暗，走出痛苦，只能靠自己。靠自己，又只能靠智慧。活着就是一种智慧，是最好的修行。而这智慧，不是谁施舍给你的，更不是从别处抢夺来的。它是在活着的每一天，不断思考，敢于直面自我，才能真正拥有的。

谢谢当年那个“不抛弃，不放弃”的唐晓康，因为尚存希望，我活过来了，而且今天我活得很好。这个世界，不管多大，你只能相信你自己，只要你腔子里那口气不散，就算受再重的伤、流再多的血，都能支撑着走下去，走到流淌着奶与蜜之地。

第四节　到底是谁关闭了法人股市场

从非法市场又到合法市场，STAQ法人股市场演出了一场“惊天反转秀”。

据一篇《法人股：短盛长衰终亡》的公开报道称，在初期，STAQ 和 NET 本身也并不甘心衰颓的命运，挽救市场的行动可谓不遗余力。为了节约交易费用，提高系统效率，减少外界对两网并存的疑虑，昔日的竞争对手甚至坐下来讨论两网合并的可能性，共同等待管理层对禁止扩容的解冻。同时，对能否扩容做了最后一次试探行动。1993 年 10 月，NET 推出 6 家公司上市，但仅交易了一天就遭禁止，令市场哗然。此后，实际上已经失去扩容资格的法人股市场日显委顿，股票纷纷跌破发行价，令越套越深的投资者受到极大的刺激，失望之情无以复加。

1998 年 4 月，国家整顿场外非法交易市场的行动开始。1999 年 2 月，对法人股市场要“择机关闭”的消息见诸媒体，此前的“传闻”一旦变成事实后，投资人的信心终于由失望、无望而至绝望。此时的股指已跌至不堪入目的“历史新低”：29.15 点，指数已跌去近 90%。此时，各地投资者的反应愈发激烈。据说，1993 年 3 月 17 日，中国证监会清理整顿办有关负责人接待了来自全国 4 个城市的 10 位法人股投资者代表，并作出“安抚性”讲话。此事被视作重大利好，隔天便爆发“井喷式行情”。数月之后，“海航”转市方案推出，原法人股股东可参加流通 A 股配售，所持股份 3 年后允许上市流通，而“长白”“大自然”“中商”及 NET 市场的“中兴实业”等公司相继公告申请发行 A 股，几近绝望的投资者终于看见了前方的曙光。

但在 1999 年 9 月 9 日与 10 日，STAQ 和 NET 分别以“国庆彩排交通管制”与“设备检修”为由发布“暂停交易”的公告。业内人士大多认定，这就是“择机关闭”了。度过漫漫熊途的法人股市场，就此走到了尽头。

《法人股：短盛长衰终亡》的作者写道，笔者在采访中发现，就是在决定法人股市场命运的重大问题上，均难见到有关部门的正式书面文件，无论是上市公司摘牌转市也罢，还是两系统“择机关闭”“暂停交易”也罢，大多数的指示据说都是以“口头通知”“电话传达”的形式下达的。这其中奥妙何在?

我清晰地记得，当STAQ法人股市场被宣布为非法市场，关闭两年之后，由于众多的投资者不断上诉，相关部门认真起来了。从成立这个市场的政策依据，到发展变化的各个时期，都进行了广泛论证。结果发现STAQ法人股市场是合法的，不属于清理、整顿金融市场的范围，不应该被强制关闭。

随后，相关部门认识到要尊重市场交易的合法性，并重新开业交易，让买卖双方有一个公平、公正、公开的交易场所。

2000年9月1日，中国证监会办公厅下发《关于答复STAQ、NET系统股民询问口径的通知》(证监会办发［2000］29号文件)，主要内容是“已经或正在采取符合上市条件的推荐上市、暂不符合上市条件但有重组基础的在进行重组后推荐上市、不具备重组基础的将其原流通法人股与已上市或拟上市公司的股份进行置换、组织有实力的企业收购等措施处理两系统原挂牌股票……今后，中国证监会将一如既往，对两系统原挂牌企业的上市申请，在法律、法规允许的范围内，优先考虑，抓紧审核”。

2001年5月25日，中国证券业协会公布，以“非上市公司代办股份转让”方式解决“两网”股流通问题。决定选择部分证券公司试点开展原STAQ、NET系统流通股转让业务，三板市场由此登上历史舞台。

当时，听到法人股市场要恢复交易的消息，很多人沸腾了，有的高兴得敲锣打鼓。可我还正在地狱受苦，天天都在还债。像是那个倒霉的西西弗斯，每天费尽千辛万苦将大石头推到奥林匹克山顶，但却因为神的诅咒，石头刚到山顶就轰隆隆地滚落下来，周而复始，永无休止。

对我而言，法人股市场重开的消息，犹如当头一棒。如果说之前我是在人间的第十八层地狱受苦，现在直接被打入了第十九层地狱，因为没有人知道在第十九层地狱中，等待我的是怎样的新的折磨。

重新交易的 STAQ 法人股股票全部暴涨，有的涨了 10 倍之多。

历史就是如此有趣。关闭法人股市场时，遭遇巨额亏损，不幸被我遇上了。法人股重启交易，能很快斩获 10 倍利润的盛宴，却没有我。接触过股票的人、稍懂经济的人、了解一点心理行为学的人，一定知道这种巨大反差是何种滋味。这种感受，没有任何一种文字能够准确地表达。我犹如赤脚在刀尖行走，犹如裸身在油锅跳舞，连眼泪都成为奢侈。

这种痛苦，只有第十九层地狱里才有。按我当时持有股票的数量，按一个亏损近 10 倍，反过来又盈利 10 倍的利润计算，不夸张地说，所赚的钱按当年最大的 10 元面值，可以装满一卡车。

我甚至想过：还不如不要重开法人股市场！这样一了百了，我的所有还债行为、背负重担行为，至少还有一抹悲壮色彩。现在这一关一开又算什么呢?

我是个固执的人，可以接受自己的失败，可以承认投资的错误，但我想要找到一个答案：到底是谁关了法人股市场？整整 10 年，我都在反复思考这个问题。

令人略感欣慰的是，和我一样迷茫而想知道真相的，并不只有我一个人。股份制和公司问题专家、全国人大《证券法》修改小组专家组成员、有着“企业股改第一人”之称的刘纪鹏教授是 STAQ 推行法人股交易的创始者之一。他说：“到底是谁要关闭法人股市场？理由何在？我愿意与之公开理论一番!”可是，令刘纪鹏“倍感痛苦”的是，他四下打听，却并不知道自己的对手在哪里。

7 年来，和 STAQ 同时上市的深沪两市上市公司，由几只发展到近千只的规模，股指由不足百点升至最高 1700 多点。而每次股指发生较大幅度的变化时，都能觅见政策的踪影，或是“《人民日报》社论”，或是“十二道金牌”……相形之下，法人股市场在“暂停新股上市”后很长一段时期内处于政策真空状态。STAQ、NET与深沪两大交易所当年并称证券市场“两所两网”，但命运却迥异。

2005年，正是为了解决法人股不能流通的问题，股改拉开了序幕。如果当初STAQ和NET不关闭，继续经营下去会怎样？法人股问题会不会早就有了答案？

由于有太多的东西难以理清，我继续思考，平心静气地检索当年法人股市场资料。我也问过自己：法人股市场为何只有半个月的牛市？法人股市场为何出现这么大的波动？到底是缺乏理论依据还是运作不够规范？也许，条块分割的体制，不完善的法制，使得法人股市场从一“出生”就种下了不良的种子。该市场建立之初，《公司法》《证券法》均未出台，甚至连证监会都尚未成立，很多事情都是“摸着石头过河”，而新鲜事物最终能否得到发展，在发展中规范，在规范中发展，很大程度上取决于管理层的成熟程度。如果实在要探究原因，也许要怪时机吧。

可是，理性归理性，轻飘飘的一句自我安慰——“谁也没有错，市场经济科学的管理方法和管理制度只能通过经验的积累逐步成熟”不能使我彻底释怀。法人股市场从合法到非法，又从非法到合法，谁来赔偿我的损失？说关就关，说开就开，仿佛一场游戏，却给了我10年噩梦。这10年的大起大落、大悲大苦，谁受得了！

其实痛苦并不可怕，可怕的是痛苦会不会再次发生，会不会再次发生在同一个人身上。作为市场参与者，我迫切希望市场经济真正由市场说了算。多尊重市场的规律，多保护投资者的合法利益，市场有生命，参与者也有生命，生命经不起反复折腾。

第六章

缘何被封“中国股市坏小子”

1997 年，我发表了 4 篇有关中国股市的文章，股市随即暴跌 4 次。前 3 次暴跌，都是文章发表的当日，后一次是文章发表的次日。

对这件事情，《信息汇报·证券周刊》的主编曾采访过我，并以《中国股市纵横谈——专访中国股市坏小子唐晓康》为题在 1997 年 11 月 8 日发表。《环球市场》杂志的总编辑又以《超人归来——访唐晓康》为题在 2007 年 9 月发表了这类文章。当时，他们分别从报纸和杂志的角度及视野来看待报道了我的相关观点，但在我看来，用“中国股市坏小子”以及“证券超人”来比喻我，都不是很恰当。

发表 4 篇有关股市的文章，股市暴跌 4 次这到底是偶然还是巧合、市场走势与文章到底有什么逻辑关系？现在，我试着原原本本地还原此事的真相。

第一节　我给股市开药方

在回答“中国股市”的相关问题之前，我先回答关于“自我”的问题，我对自己的认知是：我就是一个普通人，一个凡俗之人，没有任何神力，更不会什么法术。若说我发表一篇文章，中国股市就要暴跌，这简直就是天方夜谭，而且是在大白天说梦话，讲出来也没有人相信。

但客观事实就这样吊诡地发生了。

如果说第一篇文章发表后，股市出现暴跌可能属于偶然，那么第二篇、第三篇、第四篇文章发表后，股市也出现暴跌，这就不好理解了。

现在，我换一种角度，换一种思维方式，先讲讲我眼中的中国股市。

20 世纪 90 年代初期成立的中国股市，还是计划经济下的产物。

据媒体公开报道，1986 年 1 月，邓小平的头像第五次登上美国《时代周刊》的封面，这也是他第二次成为《时代周刊》年度风云人物。过去的几年里，在邓小平的领导下，中国波澜壮阔的改革大潮引起了世界的广泛关注。9 月，邓小平接受了美国哥伦比亚广播公司“60 分钟”节目著名主持人迈克·华莱士的采访。

华莱士问：现在中国领导人提出“致富光荣”的口号，资本主义国家很多人对此感到很惊讶。这个口号同共产主义有什么关系？

邓小平答：致富不是罪过，但我们讲的致富不是你们讲的致富。社会主义财富属于人民，社会主义的致富是全民共同致富。社会主义的原则，第一是发展生产，第二是共同富裕。我们的政策是允许一部分人先好起来，一部分地区先好起来，目的是更快地实现共同富裕。

这一年，股票、股份制、证券市场闯进了很多人的视野。

晚清洋务运动时，上海有了第一只股票——轮船招商股票。经过半个世纪的发展，股票在20世纪三四十年代的上海达到鼎盛时期。1949年以后，带有资本主义烙印的股票被新中国废止。而37年后的1986年，邓小平的一个举动又使国人对它有了新的认识。

当年的11月14日，世界上的许多媒体都捕捉到了这样一个细节——在人民大会堂，来北京出席中美金融研讨会的纽约证券交易所董事长约翰·范尔霖给邓小平带来了两件特殊的礼物：纽约证券交易所的证章和证券样本。因为股票、证券作为资本主义的象征长期在中国受到批判，这位美国人多少有点忐忑。出人意料的是，邓小平不仅收下了他的礼物，还回赠他一件更有意义的礼物：新中国刚刚上市的第一种股票，面值50元的上海飞乐公司的股票。邓小平告诉范尔霖，他目前是飞乐公司唯一的外国股东。

中国改革开放的总设计师用这样一个举动向世界宣布：股票市场并非资本主义社会所专有，社会主义国家同样可以利用这一有效方式发展自己的经济。对此，《朝日新闻》以整版的篇幅发表评论，称邓小平的这一举动是中国推行股份制的一个信号。

几天后，范尔霖来到上海，为邓小平送给他的那张飞乐股票办理过户手续。当时的美国报纸评论说，这是世界上最大证券公司和最小证券公司的握手。

同年12月5日，国务院作出《关于深化企业改革增强企业活力的若干规定》。规定提出：全民所有制小型企业可积极试行租赁、承包经营；全民所有制大中型企业要实行多种形式的经营责任制，各地可以选择少数有条件的全民所有制大中型企业进行股份制试点。

股票这一长期被视为资本主义专有的特殊商品冲击着中国人的观念，

而股份制这个同样打着资本主义专利标签的资本构成形式则更是刚一出现就引起了争议。对全民所有制企业进行股份制改造，是否会改变其社会主义性质，一些人对此更是顾虑重重。

1986年，邓小平又提出“金融改革的步子要迈大一些”，同之前的许多新举措一样，股票市场在争论中迈出了第一步。1986年，新中国第一个证券交易柜台在上海诞生。当时，公开交易的股票只有两只，成交价经口头协商后写在黑板上，通过柜台进行买卖。

股票、股份制、证券市场之所以引发争论，根子上是姓“资”姓“社”的问题没有得到彻底解决。具体有两方面原因：第一，国有企业能不能改成股份制企业，会不会私有化？第二，搞股票市场，会不会助长私有化，助长投机，助长贫富差别，甚至引起社会不安定？

对中国来说，改革无疑是一场巨大的试验。针对各种各样的疑虑，邓小平的观点是：证券、股市这些东西究竟好不好，是不是资本主义独有的东西，社会主义能不能用？允许看，但要坚决地试。看对了，搞一两年。对了，放开；错了，纠正、关了就是了。关了，也可以快关，也可以慢关，也可以留一点尾巴。怕什么，坚持这种态度，就不要紧，就不会犯错误。

尽管对于当时的中国资本市场来说，真正的活跃还要再等待若干年，但这些实验性的举措已经预示着中国经济将会迎来新的突破和飞跃。

近年，我在网上看到一篇文章，标题是《中国股民为什么该感谢邓小平》。这篇文章对邓小平就有关股市的看法进行了梳理和总结，很有历史价值。此外，我还注意到，中国股市出现的背景相对特殊一点，大部分国家的股市都是市场经济的产物。

2005年以前，中国所有上市公司的股票都人为地分为国家股、法人股和个人股。而且规定，国家股和法人股不准上市流通，国家股和法人股的非流通股占51%以上，也就是说，大部分的股票不能流通交易。

进行这样的划分，与当时的社会主流思想即社会主义计划经济的思想密切相关；而且，对于当时的中国来说，股市毕竟是舶来品，未来如何发展，实在难以看清楚，因此边摸索边前进，风险也相对较小。因为有人担心一旦全流通，公司的性质就变了，让国家和法人彻底控股51%以上，而且不流通，这样一来，社会主义的公有制经济性质保住了，资本主义的自由经济只占49%以下。

当时，就是这么一个逻辑关系。

如果把当时的中国股市比喻成一个人，那么这个人是有病的，而且病得还不轻。也就是说，中国股市自身是存在问题的，并不是发表文章的我有多大的本事和能耐，我只是恰好比别人研究得深一点，看到了当时中国股市在“生病”，并且试图找到一个治疗股市病症的药方而已。

中国股市的这种病，用比较形象的词汇来形容，就像一个人得了严重的忧郁症和焦虑症，是属于心理方面的疾病。如果只是用常规的医疗机械，哪怕是先进手段都检查不出来，用常规的药物更是难以治疗。

因此，我们必须用一种特别专业、有针对性的药方才行。

我开出的药方有一个很大的特点：短期是利空，长期来说是利好。通俗点说，刚服药的第一个星期，7天左右，人的全身反应很大，周身无力、脚软、手软，走路都很困难，整天昏昏沉沉的。一个人，如果没有坚强的意志和顽强的性格，是贸然不敢服用这种治疗严重忧郁症和焦虑症的药物的。

但7天过后，随着时间的延长，效果越来越好，病情逐步好转，不久又是一个生龙活虎、健康的人了。

前面提到我发表4篇关于股市的文章，股市就暴跌4次，真相是什么，我已经做出了回答。

但还有一个问题，也需要我来说清楚。就是当初我写了那么多有关中国股市法人股的文章，大力宣扬法人股的投资价值和投机价值，可为什么STAQ法人股和NET法人股还是连续暴跌，最低跌至每股1分钱的价格？这又是什么逻辑关系？

这个问题，困扰了我10年之久。刚开始，我并不理解，也弄不懂。只是心里难受，欲哭无泪，甚至被参与法人股而带来的重债压得生不如死。后来一段时间，慢慢地静下心来，用十分平和的心态去面对、去观察、去思考。现在，我想我可以回答这个问题，可以理清这种逻辑关系了。

第一，当年我写的所有关于法人股的文章都没有错，如今的中国股市实践已经证明，国家股和法人股的问题都彻底解决了，而且当时购买国家股和法人股的法人和自然人，都获得了1—10倍甚至更多的利润和回报。

第二，当时法人股之所以暴跌，是计划经济的思想在作怪，是违背市场经济规律的一些力量不明就里地把一个合法的法人股市场定性为非法的交易场所予以关闭。也就是说，一个不受法律保护的证券市场，才是风险最大的地方。这种情况，根本与后来倡导的价值投资完全不沾边。

真是造化弄人。过了两年，中国的法人股市场终于以另外一种形式成为合法市场，继续交易。虽然在此期间，我被命运无情地打击了一回，但现在能清楚地把其中的真相说出来，我的心情显得无比轻松。

第二节　STAQ法人股的八大投资价值

痛苦是磨炼智慧的地方。从1997年我踏入中国STAQ法人股的地狱之门，我并没有服输，因为我确定自己的思维是正常的，1+1=2，2+2=4，这些算术题的答案我很清楚。在参与证券市场的过程中，我一边实践一边思考，开始了人生一个智慧的心路历程。至今，我都不敢相信，很多具有历史意义的重要事件自己竟然都能参与其中。

很有趣的是，我处于悲惨的境地时，有人说我的运气不好，而当我收获财富时，有人说我运气好。难道，人的一生只能全都交给虚无缥缈的运气吗？别人是如何过的，我不知道，但至少我明白，即便有些事情有一定的运气成分，但我更多还是靠自己的智慧去认真、独立思考。比如，我写的几篇关于中国股市的文章，能够产生非同凡响的影响力，成为我一生中的一段传奇和佳话，它们都是我的智慧结晶。

唐晓康，这三个字，连同《STAQ法人股的八大投资价值》《STAQ法人股的春天悄悄来临》《中国股市热点问题的冷静思考》《STAQ春天的步伐》《股市之外论股市》这5篇文章，已经永远镌刻在当时的各种报刊上，哪怕是瞬间的智慧，也已成永恒。

我认为，自己是一个爱进行理性思考的人，而当一个人以适应的思维方式与适当的智力相结合时，就会得出跟很多人不同的判断，乃至相反的结果。此外，我还认为，虚拟经济就是一种脑力劳动，它的劳动力成本就是智慧。

否极则泰来。有些事，得彻底想通，更得彻底悟透。在重债压身的那段时间里，我开始寻找股市的病因。我是一个理性的投资者，我自己没有病。就算亏损了，我认，扣工资也罢，扣50年、100年的工资我都认。这么一想，我有种瞬间顿悟的快感。

我从现有的股票种类开始着手分析。我国的股票，有国家股、法人股、A股、B股、H股，简单一点，分成流通和非流通两大类。功夫不负有心人。经过无数次思考，我找到了中国证券市场的病症，即同股、同权，不同价。

病症找到了，我开了一服大剂量的药方，对症下药，又重又准。我开出的第一服药，即我的第一篇文章《STAQ 法人股的八大投资价值》。我用了一天一夜的时间，终于精心写了出来。

文章写好后，我顿感心情大好，毕竟这是我缜密思考得到的思想结晶，而且具有很重要价值。为此，我特地去附近的菜馆里炒了一盘回锅肉，要了一份玉米炖排骨，外加一碗熬得入口即化的白米粥，一顿饭吃完，心情无比舒畅。我相信，这篇文章一定能刊发，并能给很多看不清方向的股民带去一缕亮光。

我信心满满地将文章寄给《中国证券报》《上海证券报》《证券时报》《股市动态分析》《证券市场周刊》等报刊，但大多没有回音，只有《证券时报》的编辑给我打了一个电话。

编辑客气地说："唐老师，你的文章，我们看了，有深度，见解独特，写得很好，但不宜发表出来。如能写有关股市利好的文章，我们就发表。"

当时，尽管我对自己的文章很有信心，但这种结果还是在我的预料之中，因为国情的原因，报刊也喜欢报喜不报忧。

实事求是地讲，我的文章是达到发表质量的，文章写的内容短期看可能是利空，但长期来看情况刚好相反。但这个社会，愿意关注和投资长期的太少，追求短期效果的太多。在股市具体体现为，股民大多只关心今天的涨和跌，不关心来年或更长时间的涨和跌。因此，这也造就了"投机"盛行而"投资"奇缺的现实窘况，谁都爱听一夜暴富的神话，却很少有人愿意坐下来，平心静气地深入思考。

写了一篇觉得很满意的作品，却不能公开发表，怎么办？其价值又如何体现？我正在为此事烦恼时，幸运之神眷顾了我。一次偶然的机会，我在成都认识了在国内外公开发行的报纸《信息汇报·证券周刊》的主编。

或许，这就是缘分吧。这位主编是从西藏军区转业到成都的，由于都是部队出身，我们很快找到了共同话题，此人不但人缘好，会办报，关键是脑子活，其他报刊的条条框框很多，但他认为，只要文章写得好，有独到观点，有深度，不管是不是出自名人手笔，他都会发表。

看到这位主编个性耿直，依然保持军人作风，我便放心地把《STAQ法人股的八大投资价值》这篇文章交给他。他看后，对我说了句话：老唐，写得真不错啊，同意发表。

1997年6月30日星期一，我的文章《STAQ法人股的八大投资价值》在《信息汇报·证券周刊》第二版全文刊登，4000字左右。在这篇文章中，我第一次公开提出要解决中国股市国家股和法人股的流通问题。

1997年7月1日，香港回归祖国。上海和深圳股市停牌一天，7月2日开盘，上海股市由前日收盘1250.27点下跌到收盘时的1199.06点，其中当日最低跌到1147.33点，下跌103点。深圳股市由前日收盘5081.42点下跌到收盘时的4875.27点，其中当日最低跌至4654.99点，下跌426点。7月3日，上海股市继续下跌50点，同日，深圳股市继续下跌242点。沪深股市几个交易日的暴跌共损失市值300亿元左右。

《STAQ法人股的八大投资价值》公开发表时，中国股市就出现暴跌。这种巧合是我未曾预料到的。当时写这篇文章的时候，只有一个念头，自己怎么想的，就怎么写出来。

由于此文曾在中国证券市场产生较大影响，现全文摘录如下：

STAQ法人股的八大投资价值

（1997年6月30日《信息汇报》）

1997年是中国证券市场有史以来的防范风险年，如何重塑中国证券市场的投资新理念，切实寻求真正具有投资价值的股票，是近期深圳股市5000多点，上海股市1500多点高位退出的几百亿资金和国债到期兑付的几百亿资金以及申购新股的近千亿游资所共同面临的一个大问题。

机会无时不有，它就是STAQ法人股。这是一个长期被人遗忘，很少有人关心，然而却是一片尚未被开垦过的处女地，一个潜在的大金矿，一个真正具有八大投资价值的股票群体。投资STAQ法人股，是一件既防范证券风险，又重塑投资新理念，最后获取惊人利润回报的三全其美的大好事。

1.《证券法》的投资价值

在具有中国特色的社会主义的证券市场，最大的投资价值就是政策的投资价值。投资一种政策，是当今中国股市的最高投资境界。政策和策略是中国股市的生命，同时也是股票价格的生命。前不久中国政府官员和中国证券会官员以及官方的宣传报道，都曾明确提出，盼望已久的《证券法》将于1997年底出台,《证券法》的出台意味着什么？意味着现在的STAQ法人股将从法律的规范中获得新的生命，获得无可估量的政策投资价值。因为即将出台的《证券法》不再使用“国家股、法人股”的提法，而是以“流通股和非流通股”来统称所有的股份。也就是说，中国证券市场的统一，法人股以及国家股名称的消失，以及国家股和法人股并轨融合为公众股而进入二级市场流通的步伐已经离我们越来越近。STAQ法人股进入上海股市和深圳股市的政策问题已经解决。现在对STAQ法人股的八只股票来讲，沉默是金，等待是金，时间是金的概念和含义更加深刻，其投资价值的诱惑力是不言而喻的。

况且，一份由国家证监会、国家统计局、国家经贸委、国务院发展中心、国务院侨办、国务院港澳办、国家海关总署、全国人大法工委、解放军总部等单位共同起草的《1997前后中国政治经济分析与预测报告》，在年初送交国务院领导的有关核心内容中已经提出“在1997年使《证券法》得以审议通过”。并明确指出，“让法人持有的股份流动起来”。同时，报告还建议，“将法人持股放在一个公开的市场环境下，分期、分批地争取解决完毕，为国家持股的流动性与稳定性政策选择提供经验”。

上述内容清楚表明，《证券法》的出台时间和法人股的流通问题已日趋明朗。一个千载难逢的政策投资价值的机会，已经赋予STAQ法人股。谁抓住了这个机会，谁就是1997年甚至是跨世纪的获利最大的投资者。

2.《公司法》的投资价值

《中华人民共和国公司法》（旧版）第130条规定，“股份的发行实行公开、公平和公正的原则，必须同股同权，同股同利，同股同价”。既然《证券法》已经从法律的形式规定了今后的股份不存在国家股、法人股、个人流通股的问题，那么贯彻执行已颁布的《公司法》就更为重要。就目前的STAQ法人股而言，全面贯彻落实《公司法》，实际就是落实股票的价格。按1997年4月30日STAQ八只法人股的收盘价，其最高的中央商场才4.07元，最低的海南国实才1.34元，其他六只股票的价格分别为恒通置业3.27元、华凯实业1.27元、长白山1.69元、大自然2.20元、海南航空3.06元、五星三环1.38元。这八只股票就流通量、市盈率、市净率与同类型的上海股市和深圳股市股票相比，其平均价格的升值空间至少在5倍至10倍以上。现在投资STAQ法人股，实际上已经超出价值的发现，投资于一种价格的发现机会，投资于一种注定成功的希望。

3. 历史遗留问题的投资价值

如今的STAQ法人股是1992年7月1日开始试行运行的。从其诞生到现在，潮起潮落、历经风雨。当前不久，中国证监会宣布最后一批历史遗留问题的个人流通股上市时，中国证券市场的真正历史遗留问题就只剩下

STAQ法人股了。由于历史原因造成的STAQ法人股问题已经到了应该彻底解决的时候了，如果继续让它低迷、冷清、放任自流，会成为加快中国证券市场建设和发展步伐的障碍，同时也与即将出台的《证券法》和已经颁布实施的《公司法》背道而驰，同时也使中国证券市场的国际形象受到影响。因此，笔者认为在1997年彻底解决STAQ法人股这个最后的历史遗留问题已经水到渠成，顺理成章。无论哪一种解决方法，对STAQ的八只股票来说，其潜在的投资价值远远超过32家历史遗留个人流通股股票的问题，甚至从价格的比价空间和机会成本来讲，也远远超过目前所发行的每一只新股的获利空间。因为，现在去购买STAQ法人股是不抽签的，投资多少资金就可以购买多少股票，其机会是公平、公正、公开的了，而且购买成本比发行的任何一只新股都低，是真正意义上的原始股。

4. 收藏绝版的投资价值

STAQ法人股将随着《证券法》的出台和历史遗留问题的彻底解决而成为中国证券市场中的一个绝版。也就是说，今后国家将不再出现法人股，更不会有专门购买已流通法人股的机会。如果我们用历史的眼光去看待STAQ的八只股票，就会十分惊奇地发现，它们的收藏价值将随岁月的流逝而越显珍贵。简单地讲，你今天买入的STAQ法人股，无论是股票还是交割单都是法人股的性质和实物的见证。一旦你手中的法人股变成在二级市场流通的股票，你才会真正体会到什么叫超前购买具有收藏意义和绝版机会的成功感觉和价值实现。而且这种感觉和价值是市场经济中得到的，它将远远超过“文革”期间的邮票和计划经济时期粮票的全部含义。更简单地讲，投资绝版就是投资于一种超人智慧，投资于一种无形财富，投资于一种成功快乐。

5. 低市净率的投资价值

当今的中国证券市场，必须重塑正确的投资新理念。市净率就是衡量一只股票是否真正具有长期投资价值的重要依据。市净率＝股票市价/每股净资产。按照这个公式，以1997年4月30日STAQ法人股的八只股票的收盘价格和其净资产的比率看，基本都在1∶1左右。华凯实业的股票价格甚至还低于净资产，在1∶1以下。按照发达国家和发展中国家证券市场市净率的平均学说，市净率一倍左右极具投资价值（即1元的净资产，其市场价格在2元为1倍），市净率两倍左右属正常投资区域，市净率三倍左右开始进入投机范围，市净率三倍以上属高风险的证券红灯区。也就是说目前的STAQ法人股的八只股票，每只都极具投资价值，起码有两倍以上的利润空间。如果用这种新的投资理念去认识目前的深圳股市和上海股市的每一只股票，我们就会真正体会到1997年是中国证券市场有史以来防范风险年是多么必要和正确。就拿深圳股市的发展股票来说，1996年每股净资产只有2.45元，而目前市场价格为48元，市净率已经近20倍。再拿上海股市的四川长虹来说，1996年度每股净资产只有5.50元，而目前市场价格为60元，市净率已达11倍。就这两只股票来看，如果用新的投资理念市净率去衡量，用极度投机去解释都不行，完全称得上一种超级赌博的游戏。笔者并不想否认深圳发展股票和上海四川长虹股票对两个证券市场走牛所做的贡献。但为了中国证券市场的长期健康发展，为了珍惜和爱护来之不易的中国资本市场，重塑中国证券市场的正确投资理念就非常重要。有比较才有鉴别，有新的投资标准才会破除和战胜旧的投资观念。高位离开深圳股市和上海股市是一种正确的、明智的选择，低位进入STAQ法人股市场也是一种正确的、明智的选择，历史将会做出正确的回答。

6. 长期价格底部的投资价值

STAQ法人股市场从1993年5月的历史高位下跌以来，度过了1994年、1995年、1996年和1997年前四个月的长期价格底部岁月，整整四年是躺在底部运行的，按照1993年5月几只股票的最高价和1997年4月30日的收盘价比较，底部特征十分明显。如下对比：

股票名称	1993年5月最高价格	1997年4月30日收盘价
恒通置业	11.72元	3.27元
华凯实业	11.10元	1.27元
长白股份	8.75元	1.69元
大自然	8.10元	2.20元
海南国实	8.16元	1.34元
海南航空	4.84元	3.06元
五星三环	4.77元	1.38元
中央商场	6.32元	4.07元

因此，底部买入，不动如山，长线投资，获利丰厚将在STAQ法人股市场得到验证，其长期底部价格的投资价值将得到实实在在的体现。

7. 长期交易地量的投资价值

目前，STAQ法人股的八只股票，流通量最小的为几千万股，最大的为1亿多股。而现在每天的交易量，最大的时候一种股票只有100万股左右，最小的时候是当日没有成交量，成交量萎缩已经到了如此极限地步。比如，有时候，1亿多流通股本的海南国实股票一天的成交量才7万多股，成交金额10万元都不到。按照量比价先行，有地量就有地价的一般规律，再加上长期交易地量和长期底部价格相结合的特殊表现，STAQ法人股市场长期地量的投资价值十分明显。而且从成交量的放大空间来讲是相当惊人的，那么，其价格上涨的空间也是相当惊人的。

地量买进，机会难得，把握机会，胜券在握。尽早投资地量的STAQ法人股，将会得到十分满意的投资回报。这就是尊重市场的客观规律，顺应股票市场发展的趋势的大智慧。

8. 交易机制的投资价值

STAQ 法人股是目前中国股票市场唯一不实行涨跌停板限制的品种，这绝不是一种偶然现象。这其中的意义实在太深了，这种没有涨跌停板限制的交易运行机制的市场，就是一种十分难得和可贵的投资价值。这种投资价值投资的是一种交易运行的机会，投资的是一种当日巨大的上涨想象空间，投资的是一种等待特大利好出现从而支持股价进行上涨的快乐。笔者认为，智慧、财富和快乐都很重要，只是在不同的时期，追求的力度不同而已。因此，必须用超人的智慧在证券市场去发现和把握各种投资的机会，才能获得惊人财富。如今，STAQ 法人股市场的交易机制，就是一种全新意义上的投资价值，也是投资高手施展才华的绝好机会。

以上 STAQ 法人股的八大投资价值，归根结底一句话，告诉你一个信息，提供你一次机会，圆你一个实现资本原始积累真实的梦，但能否真正把握住这个机会，只有靠投资者感悟和实践。

文章公开发表后，《信息汇报・证券周刊》发行部热闹开来，投资者打进来的电话响个不停。有关心 A 股的，有关心法人股的，更多的是想询问 STAQ 法人股的相关问题，当然，其中也有不少想认识我的热心读者。

说实话，虽然自己在部队也是玩笔杆子写文章的，发表的东西也不少了，但第一次写股市文章，产生如此大的影响却是我万万没料到的。

因为有了《信息汇报・证券周刊》这个平台，我决定趁热打铁，将积压已久的所思所想尽快写出来，让更多的股民和读者对股市有更清晰的认识。下定决心之后，第二篇文章很快出炉了，而且整个写作过程更顺畅，思路也更放开了。

现在回想起来，那时的干劲和爆发力真是不可思议。仅仅一个晚上，约4000字的《STAQ法人股的春天悄悄来临》就横空出世了。

第三节　STAQ法人股的春天悄悄来临

1997年7月7日，星期一，《STAQ法人股的春天悄悄来临》全文发表在《信息汇报·证券周刊》第二版上。文章再一次提出要解决中国股市国家股和法人股的流通问题。

当日，上海股市由前一个交易日的1159.34点下跌到1096.82点，盘中最低跌至1085.57点，跌幅达73.77点。同日，深圳指数由前一个交易日的4641.88点下跌到4267.70点，盘中最低跌至4233.50点，跌幅达408.33点。次日，上海股市又创下1066.04点新低。同日，深圳市场创下4124.99点新低。上海股市和深圳股市因本轮暴跌共损失市值280亿元。

第一篇文章一发表就遇到股市大跌，或许有偶然成分，但第二篇文章再度遇到大跌，确实有些难以想象，但又是千真万确的。现全文摘录如下：

STAQ法人股的春天悄悄来临

（1997年7月7日《信息汇报·证券周刊》）

坐落在美丽首都北京的STAQ法人股市场将迎来它自1992年7月1日试运行以来的最具历史意义的春天。

一个前所未有的法人股的大牛市，为时不远。这是沉睡了五年的法人股市场的根本复苏，这是压抑了五年的法人股投资者的真正春天。

一个千载难逢的投资机会即将出现，一个跨世纪的投资价值发现日渐清晰，一个考验证券市场超人智慧的时机已经到来。

——STAQ法人股的曙光悄悄来临

1997年的春天，国务院总理李鹏在《政府工作报告》中，对今年的中国证券市场的发展提出了“进一步规范证券市场、期货市场，增强风险意识”的总要求。

1997年4月以来，《中国证券报》多次报道：“证券法草案目前正在加紧进一步协调和修改中，证券法有望在八届人大换届前后通过。”

全国政协委员吴敬琏谈规范证券市场时讲，股票交易中的一些基本准则，如同股、同价等必须得到贯彻。股票市场中法人股、个人股，A股、B股的划分，以及法人股不能流通等情况应当尽早改变。

《金融时报》前不久在发表的《规范是发展的基础》文章中提出，解决历史遗留问题、公股流通问题变得越来越紧迫，这个问题若不及时解决，公有股就会像滚雪球一样越滚越大，今后解决的难度更大，可考虑分散分批地推出国家股、法人股上市。

全国政协委员，东大阿派总经理刘积仁在《中国证券报》上的文章中讲，从长远发展来看，上市公司需要国家能够研究、考虑有计划、有步骤、有条件地安排国家股、法人股上市流通。通过国家股、法人股上市，盘活国有资产存量，去优先发展关系国计民生的产业领域，培育出新的经济增长点。随着国家宏观经济运行状况的好转，国家应该把国家股、法人股流通的问题提上议事日程。

同时，今年以来，国家就证券市场出台了一系列措施、规定、办法和相关政策，如今细细品味，笔者切实感到，这27个所谓的利空，其实都是利好。因为都是在为国家股和法人股的流通打基础，做准备。

笔者认为，在国家股和法人股的流通问题没有解决之前，长期投资目前仅仅是一句空话。如果我们换一种眼光，改变一下思维去看待中国目前的STAQ法人股，就会深深感悟到：这边风景独好，曙光悄悄来临。

——唤醒沉睡的STAQ法人股

在当今具有中国特色的证券市场，有一个鲜为人知的投资领域，她就是STAQ法人股市场。据1997年6月27日最新统计：

股票名称	流通量	1996年净资产	1997年6月27日收盘价
华凯实业	8700万股	1.34元	0.87元
海南国实	16300万股	1.14元	0.91元
五星三环	2200万股	1.34元	0.95元
长白计算机	6500万股	1.49元	1.30元
恒通置业	11500万股	3.09元	2.56元
杭州大自然	5700万股	1.94元	2.15元
中央商场	2200万股	2.29元	2.72元
海南航空	2300万股	1.64元	2.99元

以上数据清楚地表明，仅八只股票中就有五只的价格跌破净资产，其中有三只股票的价格还跌破面值，在1元以下。而且，没有跌破净资产的杭州大自然、中央商场、海南航空三只股票，其1996年的年度税后利润都分别为0.11、0.32、0.33元。

就这八只股票最新的价格、价值、市净率、市盈率来看，在全国已流通的证券品种中，都是当之无愧的最好的投资对象之一。然而，与同在一片蓝天下，同在一条起跑线上的上海股市和深圳股市相比，却如同两个世界。八只股票从1992年7月1日至1997年7月1日，一直十分低迷、十分冷清，绝少宣传，在万般寂寞中苦苦沉睡了整整五年。

这是一个使人痛心的五年，因为它只有漫漫长夜和寒冬，而没有一个属于STAQ法人股自己的真正春天。

这是一个使人流血的价格，是国家的资产、法人的资产、个人的资产在严重打折，严重流失。

这是一个与前进的时代相违的低迷市场，是计划经济对市场经济的严重压制。

这是一个破坏投资理念，严重扭曲投资价值，阻碍证券市场健康发展的错误行为。

唤醒沉睡的STAQ法人股意味着什么？它意味着个人流通股市场即上海股市和深圳股市的地位和作用将重新定位。

上海股市和深圳股市通过这几年来从试点到逐步扩大发展，利用股票市场筹资和锁筹的功能已经得到初步建立和不断完善。就目前而言，不断发行新股的任务和老股的配股任务，完全可以由市场本身承担下来。管理层、企业、机构及股民在上海股市和深圳股市中的地位和作用将随着市场的自我调节、自我完善、自我发展而逐渐减弱。也就是说，如果四者继续把中心放在这两个个人流通股市场，那是一个将来会被历史证明的错误。因为，当前中国股票的特点是国家股、法人股，A股、B股、H股同时存在，而且个人流通股所占的比重较小。因此，从中国股市未来的大局看，中心和重点都应该尽快放在解决国家股和法人股的问题上。要进一步发展证券市场，要进一步加强证券市场的对外开放，首先必须加快证券市场的规范化步伐，并做出实质性的成效。中国的股票市场，如果不尽早彻底解决国家股和法人股的流通问题，根本谈不上真正意义上的大牛市。

国家股、法人股、个人流通股三者的利益将相互依存，国家的利益将高于一切。

目前STAQ法人股的八只股票虽少，但它是几千家定向募集股份公司、几百家已上市已改造的股份公司国家股和法人股的一个缩影。也就是说，这八只股票是十分难得的正在流通着的法人股。她是法人股流通的排头兵，它的一涨一跌举足轻重。很好地解决了 STAQ 法人股的出路和归宿，能够为法人股和国家股的流通提供经验。法人的利益、国家的利益才能得到真正的体现。

解决 STAQ 法人股问题的一系列政策措施需要尽快出台。

沉睡五年的 STAQ 法人股市场需要复苏，低迷五年的 STAQ 法人股价格需要价值回归。这都需要实实在在的阳光和雨露。阳光就是政府的政策扶持，雨露就是相应的各种合规的资金投入。笔者深信，凡是有利于国家的长远建设和发展，有利于广大投资者树立正确的投资理念并培养正确的投资行为，管理层和机构投资者以及各种舆论导向都会作出正确的、明智的决策。唤醒沉睡的 STAQ 法人股是一种历史的责任，是一种现实的选择，是一种既看得见又摸得着的实实在在的大好事情。

——STAQ 法人股的春天悄悄来临意味着什么？

STAQ 法人股的春天已悄悄来临，这是不以人的意志为转移的客观规律，也是不以人的意志为转移的股票市场的客观规律。那么，STAQ 法人股的春天悄悄来临意味着什么呢？意味着一个全新的投资机会已经赋予 STAQ 法人股。

股票市场制胜的一个法宝就是超前做到顺势而为才能有利可图。

如果谁先顺应中国证券市场长远发展的潮流，谁先抢占 STAQ 法人股这个市场，谁就会最先受益。在具有中国特色社会主义的证券市场，政策和策略是股市的生命，机构和股民千万不可粗心大意，投资股票要顺势而为。当初，在深圳股市中响应政府号召第一位买发展股票的股民，现在已是千万富翁。如今谁顺应时代要求，超前买 STAQ 法人股，事后证明又将是一件利国利民又利己的大好事。

一个实现资本原始积累的梦想即将成为现实。

目前的STAQ法人股，是1997年中国股票股市风险最小的市场，同时也是获利空间最大的股票群体。虽然它长期不被人们看好，多数人都对它失去信心，但准确地讲，这恰恰是历史给予1997年中国股票市场投资者一次千载难逢的机会。机会是留给有心人的，赚钱是属于智慧人的专利，美国首富巴菲特的股票投资忠告告诉我们，“当多数人都对股市不抱希望且怨声载道时，就是进场的大好机会”。

笔者认为目前STAQ法人股的八只股票，含金量都非常高，投资价值非常大，特别是低于面值的海南国实，具有多种概念和题材，其发展前景相当广阔，是实现资本原始积累的首选品种。同时，海南国实具备了跨世纪超级大黑马的条件。

第一，海南国实目前的价格非常符合再涨10倍的条件，即从0.91元左右涨到9元，价格是一分一分涨起来的，价格低最容易产生利润，这是一个非常朴素的道理。

第二，海南国实地处中国最大的海南省经济特区，享有更多的优惠政策，从主营的房地产业、工业、交通运输业和兼营的证券投资、贸易、水产养殖营业范围来看，其发展前景十分广阔。

第三，目前海南国实的流通盘1亿多股，非常适合大机构、大资金、大庄家、大运作。

第四，金融概念。在海南国实的年报中，海南国际投资集团有限公司占总股本的61%，交通银行海南分行、中国农业银行海南信托投资公司、海南光大国际租赁股份有限公司也拥有较大比例的股份。

第五，1999年澳门回归概念。从海南国实现有的资源档案看，6年前，海南国实就在澳门等地拥有4000多亩土地。1999年澳门回归祖国，其土地的增值是相当惊人的，同时也是众多上市公司根本不能相比的、独一无二的澳门回归概念首选。

第六，房地产概念。国家已把房地产作为今后国家经济发展的利润增长点。对一个主营房地产业的海南国实来讲，从低谷走到高峰的机会无疑已经到来。

第七，收购概念。海南国实目前的股本结构全为法人股，没有国家股，没有个人股，这就为海内外大机构收购海南国实，充分享受发展中国家快速经济增长利润创造了前所未有的条件。

第八，指标股概念。海南国实在STAQ的指数权重很大，相当于深圳股市的发展股份和上海股市的四川长虹，对法人股市场的上涨具有举足轻重的作用。控制了海南国实就等于控制了STAQ整个市场，从长远来看，就近乎控制了中国法人股的潜在大市场。未来中国股市是靠实力说话，海南国实已经具备了这个实力。

第九，超级低价股概念。在众多的概念中，笔者非常看重这一个含金量最高的概念。中国的低价股群，是跨世纪的赚钱的大金矿。然而翻遍所有的低价股，包括所有的基金，股民们就会十分惊奇地发现，在1997年的证券大市场，居然还有0.91元的海南国实，这只名副其实的超级低价股的存在。这就是机会，一个千载难逢的机会。这个价格留给了1997年，同时也将在1997年告别。

意味着STAQ法人股的投资者的投资生命将增值保值。

STAQ法人股的春天将悄悄来临，它不是一般意义上的春天，它富有极深的、全新的含义，那就是STAQ法人股投资者投资生命的春天将再一次全新地悄悄来临。购入低风险、高收益的STAQ法人股是广大投资者在

1997 年最为明智的投资选择。特别是对上班一族来讲，购入 1 元左右的股票可以使自己达到手中有股、心中无股的全新境界，真正体会到安安心心上班、轻轻松松投资、愉愉快快赚钱的致富乐趣。

笔者认为，购买和拥有低于净资产、低于面值、低于历史价格、低于历史地量、低于历史低潮人气“五低概念”的 STAQ 法人股，可以使投资者切实体会到如同购买和拥有了平静、自然、从容、大度的心境和快乐，可以使投资者切实体会到告别购买和拥有当前沪深股市的高股指、高股价、高交易量、高度投机行为、高潮人气指标“五高概念”的股票而吃不好、睡不好的不安和不断套牢、不断割肉的痛苦，而是实实在在地掌握自己的投资命运。不再为暴涨暴跌所累，不再为利好利空而忙，从而实现真正意义上的投资，让自己的投资生命保值增值。

STAQ 法人股的春天已经悄悄来临，这是笔者的感悟。只要投资者用心地听一听、投入地想一想、实际地动一动，STAQ 法人股的春天就会向你招手、向你微笑，春天的阳光就会照耀着你，给你一个惊人的、满意的投资回报。

第四节　中国股市热点问题的冷静思考

中国股市的再次暴跌，说明股市确实有病，而且病得不轻。事隔多年，当决策层高瞻远瞩，真正解决国家股和法人股的彻底流通问题后，股市走了一波波澜壮阔的大牛市，上涨 5 倍乃至 10 倍的股票遍地都是，上证指数更是从 2005 年 6 月 6 日的 998 点上涨到 2007 年 10 月 16 日的 6124 点。当时，在我看来，解决国家股和法人股的流通问题，短期属于利空，但从长期来看，却属利好。

更有趣的是，当时的我像一位急于给病人诊断病情的医生，“为股市把脉”居然上瘾了，还想继续发表文章，把我对股市的一系列思考成果转化成文字。之前两篇文章的成功，使得我的信心大增，思维也放得更开。这次，我又开出了一剂药方。

对这篇《中国股市热点问题的冷静思考》的文章，我可是下足了功夫，并打印了很多份，我决定将我的观点与业内的更多专业人士进行交流、碰撞。随后，我将打印稿带到北京，参加了中国股份制改革座谈会，向与会代表每人发了一份。接着，又带着文章参加了北戴河一个全国性的市场经济与科学发展座谈会，也向与会代表每人发了一份。

这两次会议，收获很大。一些参会代表看完文章后，纷纷在会场内或我住的宾馆找到我，进行热烈交流。其中，一位来自北京的代表告诉我：“唐老师，你的观点好多都是我想说的，很多地方比我想得更远更透彻，但我就是写不出来!”

当时，中国共产党的党代表大会准备召开，全国股民都盼望股市有利好，进而推动股市上涨。但我清醒地认识到，尽管股民的愿望是朴素的，但会使本来就有很大泡沫的股市增加更大的风险。

我必须要让大家冷静下来，但怎么办好呢？我想到了自己擅长的事情，写文章。从北戴河开完会，我立即飞回成都。最新写就的这篇文章，比前两篇更精彩，更让我满意。

1997 年 9 月 22 日，星期一，《信息汇报·证券周刊》破例在第一版，用最醒目的大标题和引人注目的导语，全文刊发了《中国股市热点问题的冷静思考》这篇非常有分量的文章。全文长达 5000 字左右，更全面、更深刻地提出了中国股市的几个重大问题，并提出了一些可行的办法。

这篇文章此后还在《中国改革报》上发表，引起了北京高层的关注。

文章见报当天，也就是9月22日，上海股市由前一个交易日的1184.52点下跌到1103.97点，下跌80.55点，基本以全天最低点收盘；深圳市场由前一交易日的4238.94点下跌至3953.87点，暴跌285.07点，同样以接近当天最低点收盘。次日，上海股市继续下跌到1041.97点收盘，最低下跌至1025.13点，下跌60点；深圳市场下跌至3698.91点收盘，盘中最低跌至3661.40点，大跌297.47点。短短两个交易日，上海股市和深圳股市市值损失近300亿元。

虽然时间已经过去多年，但如今重新研读当年这篇《中国股市热点问题的冷静思考》，仍有不少参考意义。

中国股市热点问题的冷静思考

（1997年9月22日《信息汇报·证券周刊》）

——国家股和法人股不准上市流通，是试行股份制改造初期由意识形态的误区造成的一个历史的妥协。

——中共十五大召开和《中国证券法》出台，为国家股和法人股流通提供了思想、理论、政策基础和法律保障。

——当前迫切需要解决的问题是规范新股股本结构，实行同股的同权、同价。

——过高的股价、股指和交易量，并不符合中国国情。

——培养正确的大智慧比赚钱更重要，树立正确的投资理念比炒作技巧更重要。

当20世纪即将过去，21世纪正悄悄走来时，中国股市将如何发展？特别是股市的一些热点问题和难点问题，需要我们从战略的高度冷静地思考、理性地探索，真正走出一条适合中国国情的、健康的、可持续发展的股市道路。

第一，国家股和法人股的流通问题事关重大，必须引起足够的重视。

当今的中国股权结构，分为国家股、法人股和个人股，同时还有H股、B股。目前个人股、H股、B股都可以上市流通，国家股和法人股不准上市流通。

国家股和法人股不准上市流通，既没有法律依据，也没有科学的政策定论。只是当时搞股份制改革，搞股票市场试点时，姓“资”姓“社”、是“公”是“私”争论不休，由意识形态的争论造成的一个历史的妥协。而如今，股份制改革已经成为社会主义市场经济的重要组成部分，股权市场已经成为国家经济建设的重要资本市场。如果国家股和法人股再不准上市流通，不仅违背了市场经济的客观规律，违背了股票市场同股、同权、同价和公平、公正、公开的原则，而且将严重阻碍中国股份制改革向纵深推进，严重影响中国股票市场的良性发展。

正确的股份制道路，国家股和法人股是必须流通的，哪怕是有条件的、限额的流通。只有这样，国家股和法人股才能在流通中保值、增值，国家的利益、法人的利益、人民的利益才能在充满生机和活力的社会主义证券市场中得到真正体现，从而也才能最有效地调动工人阶级的积极性和创造性。否则，企业的亏损将越来越严重，工人的就业问题将越来越突出，工人阶级的信念将面临严峻的考验。

第二，党的十五大召开和《中国证券法》的出台，是解决国家股和法人股流通的最佳时机。

国家股和法人股的流通问题，一直困扰着中国股市，既是热点也是难点。但随着中国股份制改革的深入，随着中国股市的进步，管理者和投资者的观念都在发生变化，应当尽快着手解决国家股和法人股流通问题的呼声越来越高。党的十五大召开,《中国证券法》的出台，是解决国家股和法人股流通问题的非常适宜的良好机会。

为什么这样说呢？因为党的十五大是中国共产党和中华人民共和国发展史上的又一个新的里程碑。十五大的召开，将全面加快社会主义市场经济建设和发展的步伐，将全面推进股份制改革向纵深发展，并为全国搞活国有大中型企业制定新的宏伟蓝图，这就是国家股和法人股流通的思想基础、理论基础和政策基础。《中国证券法》不再提国家股和法人股，而是统称流通股和非流通股，这就为国家股和法人股的流通又提供了法律保障。因此，现在解决国家股和法人股流通问题的条件已经成熟。

第三，不规范的新股发行和上市应当立即停止，今后一律发行和上市全流通股票。

当前，新股发行和上市有许多不规范、不尽如人意的地方，如发行价格的定位问题、盈利预测问题、上市辅导问题、缩股问题，等等。但最大的问题，最不利于股市长远建设的问题，就是新股股本结构的不规范。

中国的股市要健康发展，要长远发展，不能把眼光盯在新股发行与上市的热闹劲上，只看到筹资的一面，而忘掉了对后人的负责上。同样的股票，强行地分为国家股、法人股和个人股，这本身就是一个错误。而且，与国家股和法人股相比，过高的个人流通股价格是极为不平等的，有违市场经济的基本规律。这样发展下去，中国的股票市场也将面临严峻的考验。

停止不规范的新股发行和上市，改为发行和上市全流通的股票，一点也不影响筹集资金的问题。而上海股市的爱使股份、延中实业、申华实业、飞乐音响、兴业房产等上市公司，目前就是全流通的股票。这五只股票上市至今，运行了这么多年，也没有出什么大问题，也没有人去讨论姓"资"姓"社"、是"公"是"私"的问题。

既然是市场经济，既然是股票市场，就要公平、公开、公正，就要同股、同权、同价，不能再搞几不像的事情了。人类在前进，社会在进步。“一国两制”的问题都能圆满解决，“一股多价”的问题、全流通股票发行与上市的问题，更应该得到圆满解决。

第四，中国股市保持低位运行和平稳发展，才符合中国国情，才有利于对外开放。

股票指数保持在历史新低和历史新高的三分之二区域运行，股票价格保持在资产一倍至两倍的附近波动，换手率保持在10%以内才比较适宜。过高的股票价格，过高的股票交易量，过高的股票指数，并不符合中国国情，也不是具有中国特色的证券市场的发展方向。

而且，长期在高股价、高换手率和高股指区域波动，还将引起许多不安定的因素，所产生的负面影响也是不可低估的。

另外，中国当前的上海股市和深圳股市还没有对外开放。要加快中国证券市场的对外开放，除了其他应具备的条件和因素外，保持低价位运行和平稳发展，具有一定的投资价值是十分重要的条件和因素，这样才能吸引外资。中国证券市场的对外开放是一定要实现的，应该为这个目标的实现多做一些有利的工作。国外投资大师是很聪明的，他们追求的是机会而不是风险，追求的是最大的利润而不是亏损。

因此，中国股市应当立足于自己这片土壤、自己的特色、自己应有的国情平稳地向前发展，并以极大的投资价值更好地面向世界，面向未来。

第五，中国股市的良性发展呼唤理性的投资大师，培养证券市场的大智慧比赚钱更重要。

笔者认为，世界上最重要的东西并不是金钱，而是智慧，特别是超人的大智慧。智慧并不等于知识，它比知识更重要，是对知识的精度提炼；

智慧也并不等于经验，它比经验更可贵，是对经验的彻底感悟。

什么是股票市场的大智慧呢？仁者见仁，智者见智，但以下几点必须具备。

一是理性投资。投资者对股票的本性了解得越深，对股票市场的感悟越彻底，投资智慧也就越高，相应的表现形式就是投资理性越强。因而，就不会为股票的某些外在的东西，如题材、概念、成交量和画线指标，甚至包括人为的报表、数据、消息而左右，而是十分重视国家经济发展的趋势、股市运行发展的趋势以及股票和上市公司的发展趋势，注重对一只股票内在的市净率、市盈率、行业特点、价格和价值的发现。

同时，理性投资还包括投资者对人性弱点的战胜和自身性格的把握。笔者认为，投资股票实际上是投资自己。只有首先战胜了自己，才能去战胜别人，才能以理性的心态去面对风风雨雨、潮起潮落的股票市场。因此，要留一份精力去了解自己，留一份热情去关注自己，不断地充实，不断地完善，先学会做人，然后才去做股票。这就是理性投资的最高境界，也是在股票市场中赚取大钱的大智慧。

二是悲悯投资。也就是说，要对极度低迷的市场，要对严重超跌的股票，要对套牢惨重的投资者深表同情。做到在冷清的市场中保持一份热情，在不正常的情况下，拥有一份正常的投资理念。

实际上，悲悯投资也是一种投资爱心的表现，同时也是一种投资美德的体现。当股票市场没有人去关心它的时候，你能去关心它；当股票价格跌无可跌，没有人敢去买它的时候，你能去购买它；当股票“割肉”十分难受之时，你不仅能理解，同时还富有一份善心去购买股票。凡是能以这种超然的心境去投资股票，胜算的概率在90%。目前中国证券市场中就有这样一个市场具备了这种机会，它就是北京的STAQ法人股市场。

三是信念投资。影响股票价格的因素是供求关系，但影响股票持股信心的因素却是个人信念。中国的股票市场，无论上海股市、深圳股市还是北京STAQ法人股市场，最大的问题就是信念问题。说实际一点，就是投资者持股和持币的信心都不足，也就是说做多和做空都不坚定。在一个只能做多才有赚钱机会的股票市场，持股的信念问题就尤为重要。

中国股市严格地讲才刚刚起步，股份制改革才从试点到全面展开，中国股市的大统一、大开放、大发展的机会正在向投资者微笑，正在向投资者招手。只是投资者的投资视野要更宽广一些，要有做长线的勇气，要有持股迈进21世纪的信念。中国的经济向前发展是历史的必然，买股票是买企业，买企业是买希望。希望是与信念相伴相随的。具有坚强的信念，投资股市才会成功，美好的希望才能变为具体的现实。

四是平和投资。要能以平和的心态、平静的心情面对股市，无论何时何地，无论利好利空，都能保持内心的一种和平安详的境界。无论是持币还是持股，都能做到平心、平静、随心、随缘，这些就是中国证券大市场中大智慧的奥妙所在。

中国股市由不规范走向规范，将产生阵痛，但阵痛之后是健康发展。中国股市由不成熟走向成熟，成熟之后将充满希望。中国股市的明天将更加美好，美得丰富多彩，好得光辉灿烂。

第五节　与报纸主编纵论“买历史卖未来”

三篇文章发表后，股市三次暴跌，人们对我的看法和讨论更多了。因为反响大，《信息汇报·证券周刊》的主编赵仕平找到我。

赵仕平说：“唐老师，你的文章影响巨大，报社每天接到大量电话和来信，我必须对你做一个采访，请你来回答一下投资者们的提问。出于对读者负责的态度，应该给读者一个交代。”

听了赵主编的话，我感叹于思想的威力，同时也正想将之前没有讲透彻的东西好好剖析一番。于是，我答应做一次专访。

经过精心准备，便有了刊发于 1997 年 11 月 8 日的《中国股市纵横谈——本刊主编赵仕平访中国股市坏小子唐晓康》这篇专访。

中国股市纵横谈

——本刊主编赵仕平访中国股市坏小子唐晓康

（1997 年 11 月 8 日《信息汇报·证券周刊》）

编者的话：唐晓康，本刊读者非常熟悉的作者，尤其是他对我国 STAQ 法人股的独到见解，令众多股友称赞，他提出的“买历史卖未来”的观点，可以说是字字值千金；而他介绍的世纪之交的三大机会，又是给本刊读者的一份厚礼。

赵：自从您在本刊发表文章以来，引起了读者强烈反响，我们收到大量读者的来信，提出了不少关于法人股的问题。很早我就想就股民关心的一些问题同您交换一些看法，但由于您工作太忙，我们也是只见稿未见人，我们到处打电话对您追踪，找您真难啊！

唐：我最近确实非常忙，主要是工作，另外想在业余时间为中小股民写本书。一是赵主编多次邀约，也是我们有缘相见，你们转来的大量股民来信，使我仿佛看到了在茫茫股海寻求希望的一双双眼睛，我非常感谢贵刊、您及股民朋友对我的信任和鼓励。看到了你们为中小股民服务的赤诚之心，我决定同贵刊一起融于股民之中，我不忍心再看到广大中小股民在每次暴跌中都犯同样的错误而深套，我再也不能只管自己了，也不能只管自己身边的朋友了。愿通过贵刊和《中国股市坏小子》一书，把暴跌是为了暴涨的哲理，告诉中小股民。中国有长虹、发展等绩优股，但还有比它们更具投资价值的法人股。

赵：请谈谈你对中国股市前景问题的看法。

唐：我个人认为，中国股市的发展前景是十分美好的，这是历史的必然，这是经济发展的规律。谁也改变不了这个趋势，只能顺势而为。目前中国股市不规范、不成熟、不健康的问题和现象还是存在的，应该引起方方面面足够的重视。这样，中国股市才会少走弯路，美好的前景才会离广大投资者越来越近。

这里，我认为要注意发现和培养懂经济、懂市场、懂股票，有知识、有经验、有智慧的股市精英，并大胆地、超前地、创造性地发挥他们的聪明才智，去为中国股市的长远建设和发展服务，这是当务之急。股票市场是市场经济的前沿，用最计划的人和最计划的思想和方法，去管理最市场的人和最市场的思想和方法，最终将是一个历史性的错误。只有真正尊重知识、尊重人才，尊重经济的客观规律，彻底地解放思想，彻底地解决中国股市不规范、不成熟、不健康的历史遗留问题，中国股市发展的黄金时代才会微笑地向我们走来，中国股市发展的春天才真正来临。

赵：你在本刊发表文章之时，中国股市都在暴跌，这是偶然、巧合，还是其他什么原因？

唐：说来话长，1996 年 12 月 12 日，我和我的很多朋友都离开了沪深股市，我含着泪告诫另一些朋友，“逃一次顶比抄十次底更重要”；1997 年 6 月 30 日在贵刊发表的《STAQ 法人股的八大投资价值》和 1997 年 7 月 7 日刊出的《STAQ 法人股的春天悄悄来临》均是在股指炒作过高的背景下发出的呼唤，9 月 13 日给贵刊的《中国股市热点问题的冷静思考》是针对党的十五大后股民对股指期望太高而作的。如果说我对 1996 年 12 月暴跌的预测是一种巧合，那么 1997 年对股市三次暴跌的预测就是经验、知识和智慧的产物。我在北京期间，朋友们开玩笑地说我是“中国股市坏小子”，我确实不敢当。

赵：请您具体谈谈法人股的有关情况！

唐：关于这个问题，我认为应该重点从三个方面来分析。首先，法人股是一个历史遗留问题。国家股、法人股是随着中国股份制改革及证券市场的诞生而产生的，是中国改革的一种尝试，是在当时历史条件下姓“公”、姓“私”、姓“资”、姓“社”的意识形态的争论而造成的历史的妥协，非市场经济的产物。随着市场经济和改革开放的发展，从国家的角度、金融的角度探讨研究国家股、法人股的流通问题已经开始。党的十五大的召开，使我有机会能够大胆地同中小股民一起对法人股进行探讨、研究和参与。

其次，解决这一问题符合市场经济发展的客观规律。在北戴河召开的“市场经济和科学决策高级研讨会”和在北京召开的“中国股份制改革和经济发展战略研讨会”上，我同众多金融官员、专家、券商就此问题进行了一些探讨。我认为：国家股、法人股的流通问题必须解决。因为它符合历史发展方向，符合经济发展规律，它不仅只是针对证券市场和股份制改革，而且是针对市场经济，是把国家、法人和个人利益高度统一的问题，也是落实党的十五大精神的具体行动。当然，这或许只是我个人的“哥德巴赫猜想”。

再次，解决方法，应从以下方面考虑：一是把未流通的国家股、法人股在 NET 和 STAQ 市场上进行上市流通；二是在选择法人股上市的时机上，应随 A 股股价而定，即当 A 股股价在某一时间段内低于某一极限值，某法人股无上市流通权，当A股股价高于某一极限值，其法人股即可上市流通；三是按法人股发行时间分期分批上市；四是进一步修改《公司法》，使企业法人股能真正同股、同权、同价。这只是我对法人股的一些粗浅看法。

最后投资证券市场最前沿的流通的法人股，是历史留给我们的机遇，它将随着我国证券市场的发展而消失。买法人股也不是立刻就能赚钱，您应抱着学习的、参与的心态，去开拓自己的生活空间。您一旦拥有法人股，便会领悟到证券市场的天地里充满着智慧、勇气和耐力，是它造就了一批市场经济的精英。您投资法人股就是在播种希望，也是在提高自己的生活质量，延长自己的投资生命，使自己的生活增值保值，青春常在，生命常在，把美好的投资理念带入21世纪，留给下一代。

赵：您想给广大读者朋友说点什么？

唐：首先感谢赵主编对我的信任，感谢中小股民的鼓励和支持。由于我工作忙，没有时间对众多来信进行回复，在此借贵报向广大读者致歉。我也是《信息汇报》的忠实读者，我认为《信息汇报·证券周刊》完全是为中小股民服务的，是值得我们广大中小股民信赖的报纸。为回报广大读者的厚爱，我愿通过贵报把我在证券市场上摸爬滚打八年多的经验教训陆续介绍给广大中小股民，解决广大中小投资者迫切关心的问题，希望有一天中小股民买到《信息汇报·证券周刊》就能自豪地说：我就是机构！我就是大户!! 同时把我多年来认为在世纪之交证券市场的三大机会介绍给广大读者。

当21世纪悄然向中国投资者走来的时候，世纪之交的中国股市有三个大的机会也悄悄地向中国投资者走来。

第一个机会，就是目前正在流通着的STAQ和NET市场。这是由于历史原因留下的两个条件很好的股票投资市场，也是历史留给中国股市世纪之交的两座鲜为人知的大金矿。笔者为此发表了《STAQ一个跨世纪的股市金矿》《STAQ法人股的八大投资价值》《STAQ法人股的春天悄悄来临》等文章。虽然目前这两个市场还很冷清，价格还很低迷，但金子最终是要闪光的。

第二个机会，就是国家股和法人股流通问题的全面解决。这个问题究竟是利空还是利多，根本用不着争论，也不必过度操心。笔者斗胆认为，解决国家股和法人股的流通问题，是中国股市最大的利好，也是中国经济发展的最大利多。它的解决，将宣告中国股市一个崭新的、真正的、长期的投资时代的到来。因为它解决了中国股市最大的不规范问题，因为它搬掉了长期压在中国股市投资者头上的一座沉重的人造大山，是尊重经济规律、尊重市场规律、尊重股市规律的成熟表现。只有国家股和法人股流通问题真正解决，才能把一个充满希望、充满机会的中国股市带入美好的21世纪。因此，解决国家股和法人股流通问题之时，就是长线投资中国股市之机。把握这样的机会，除了智慧之外，还应有足够的勇气。两者具备就将成为跨世纪的投资大赢家。

第三个机会，就是中国股市的对外开放。面向世界，走向未来，是中国股市发展的必由之路。培养自己的投资智慧，在中国股市对外开放的大机会中不打败仗而大胜来自美国华尔街及世界资本市场上的投资高手，到那时，能赚钱才是真正意义上的赚钱。

综上所述，三个机会汇成一句话："买历史卖未来"，这样才能获得成功。

赵：人们都说买股票就是买未来，您却认为投资STAQ法人股是买历史卖未来，如何解释？

唐：什么叫买历史？即1997年以0.95元的价格去买1993年1元多的价格发行的海南国实股票，用比原始股还低的价格把近5年的时间买回来，这就叫买历史。

什么叫卖未来？即1997年以0.95元的价格购买海南国实股票，随着国家经济的进一步向好，股市的不断发展向上，把价格卖到下个世纪的机会和空间，即5～9元（5倍和10倍的利润）的价格是完全可能的。如果真正卖到这个价，这等于自己提前进入了21世纪。这就叫卖未来。"买历史卖未来"，是我对广大读者的一点回报。

第六节　股市之外论股市

当时，证券市场上的许多人都说唐晓康这人坏，老希望中国股市下跌，不希望股市上涨，真是一个十足的坏小子。难道写点利好的文章不行吗？我正在反思检讨自己到底是不是一个坏小子时，《信息汇报·证券周刊》的主编又找到我。他手上有一份报纸《西南城乡金融报·证券周刊》要创刊，需要一篇好文章，而且要有分量。

我对主编说："这段时间，我看了一些读者的来信，我在思考，我不是坏小子，我是一个很善良的人，一个和大家一样的普通投资者。如果中国股市的一些问题不解决，受伤的不仅是我们这一代股民，连下一代股民都要受影响。我受了中国股市的苦，不能有更多的人受苦。"

当时，我没有从股市上赚一分钱，之前赚的钱包括所有积蓄全赔光了，还欠了一大笔债。我希望股市变得更加规范、更加公平合理。如果全流通的问题彻底解决了，我相信，有一天我会回来。我只有回来，才能翻身。

1998 年 1 月 11 日，《西南城乡金融报·证券周刊》转发了我的《STAQ 春天的脚步》一文，全文 5000 字。编辑在“编者按”中写道：“《STAQ 法人股的春天悄悄来临》是中国证券市场难得的佳作。它是投资向投机的挑战，也是长线向短线的挑战，更是机会向风险的挑战。该文在《信息汇报·证券周刊》上发表后，引起了读者的强烈反响，特别是理性投资者。我也收到了大量中小股民的来信。为使全国更多的股市投资者看到这篇文章，我们于此摘登在这一期的优秀文摘刊号上，让 STAQ 法人股春天的阳光照耀着新一年的股市投资者。并祝愿理性的 STAQ 法人股投资者在 1998 年有一个满意的投资回报。”

然而，这篇文章转发后，中国股市再次暴跌。1998 年 1 月 12 日，上海、深圳股市没有下跌。1 月 13 日，上海、深圳股市开始暴跌，最低时，盘中两市分别下跌 9.7%和 9.6%，如此大的跌幅实属罕见。

4 篇文章发表后，股市 4 次暴跌，不知是巧合还是天意。这么多年过去了，中国股市继续往前发展并日趋成熟，感谢这个时代，让我有幸参与其中并发出了自己的声音。

2005 年的 6 月，沪指下探至 998 点，这是一个最具标志性的点位，结束了漫漫 5 年熊市，同时开启了 A 股市场的超级大牛市。当时，尽管管理层不断发布利好消息，如 1 月份财政部宣布印花税减半、2 月份保资直接入市启动、3 月下调超额准备金率……但这些都没有让 A 股的人气提升。尤其 4 月管理层发布股改宣言，市场更是如惊弓之鸟，认为股改只是以较小的对价实现“大小非”的市价全流通，引起 A 股的进一步杀跌。6 月 6 日，管理层发布上市公司回购办法，也在这一天沪指跌破千点大关——998.23 点，这是自 1997 年 2 月以来第一次破千点。到 6 月中旬，管理层再发利好，宣布红利税减半……在重重利好下，使沪综指艰难重回 1000 点，市场心态也仍然很忐忑。

对于998点之后的大牛行情，不少人认为，股改和汇改是最重要的推动因素。但在我看来，在那轮A股市场的超级牛市中，股改才是最大的根基。

此后，我还写了一篇文章——《股市之外论股市》，先后发表在《信息汇报·证券周刊》和《中国金融报》上。我在1997年底去深圳参加全国资本市场、全国货币市场高级研讨会时，将此文给与会代表一人发了一份。

中国证监会主席、上海证券交易所所长、深圳证券交易所所长以及国务院相关部委、金融界与证券界的精英都参加了这次会议。

时过境迁，回望过去几十年我所写的各种各样的文章，虽然得意之作不少，但留给我印象最深、自己最满意的还是《股市之外论股市》。因为，当时写这篇文章时，心情非常轻松，心中没有任何杂念和羁绊。我只是轻松地把文章当作一盘家常菜，充分考虑到了色、香、味几大特征，如今再品，依旧可称经典之作。

股市之外论股市

（1997年11月22日《信息汇报·证券周刊》）

编者的话：中国证监会对八家未完成预测任务且差距较大的上市公司进行了通报批评，把股市投资者的风险暴露得淋漓尽致。作为中小股民，媒体披露的信息是获取数据的唯一来源，招股说明书也好，业绩报告也罢，中小股民只能通过它寻找蛛丝马迹，但其真实性应由谁负责，中小股民的投资风险难道仅仅是在指定报刊上公开解释并致歉就能解决吗？归根到底一句话——没得“法”。中国证券市场要发展，需要《中国证券法》；证券市场要规范，需要《中国证券法》；中小股民更需要《中国证券法》。法制！法制！！这是三千多万股民内心的呐喊。

《证券投资基金管理暂行办法》的出台，使现有沪深基金连连大跌，它们成了最佳的牺牲品，这是不公平的。现有基金和将来的开放基金，都是投资理财的工具，如此对待现有基金，不能不使投资者对将来开放式基金想而生畏，它将重蹈法人股与个人股的覆辙，重演一场历史的悲剧。唐晓康先生对股市的看法，有其独特的见解，深受广大读者的喜欢，下面是他在《中国股市坏小子》一书中的部分内容摘要，希望能对广大读者有所启示。

（一）

计划经济就是级别经济，市场经济就是数字经济。股票就是数字，一种计算机里面的数字。股票市场是一种数字市场，而且是开户的数字、成交量的数字、上市公司的数字、股票市值的数字、股票指数的数字、股票价格的数字等综合的数字市场。

功夫在股市之外，胜算在股市之内。买股票，手中有股，心中无股；卖股票，手中无股，心中有股。买历史、卖未来，谈股市、论投资，潮起潮落，个人掌舵。战胜贪婪和恐惧，就是股市大赢家。

管理股市是一门艺术，一种管理的艺术；投资股市也是一门艺术，一种投资的艺术；谈论股市还是一门艺术，一种谈的艺术、论的悟性，一种谈论的智慧。

（二）

中国股市有没有问题，需不需要深刻反思，答案是肯定的。

一是不规范。所谓不规范，分三个层次。

第一个层次，即深层次的问题，就是股本结构的不规范。由于历史的原因和人为的因素，中国的股票分为国家股、法人股和个人股，同时还有B股、H股。法人股由于历史的原因和人为的因素，又分为流通的法人股

（即北京的STAQ市场和NET市场）与非流通的法人股（即定向发行和上市公司中的法人股）。

由于股本结构的不规范，使得市场经济和股票市场的基本原则和基本条件，即公平、公正、公开，同股、同权、同价得不到有效的和正确的贯彻落实，造成中国股市A股的价格失真和股票投资理念的虚拟。同时，也是中国上海股市和深圳股市暴涨暴跌、大起大落、极度投机的根本原因。

股本结构不规范问题拖的时间越长，积累的包袱就越重，引发股市风潮的危机的力度也就越大。也就是说，中国股市一种潜在的崩盘危险还在暗地涌动。

第二个层次，就是股市投资主体的结构不规范。现在中国股市的投资者，很难讲得清楚是一个什么样的主体结构。个人可以购买个人股，法人也可以购买个人股，其他资金绕道也可以购买个人股。而个人又不能购买法人股，有些时候，名义上是个人投资者，实际上又是国家、法人和集体的资金。特别是国家限制银行的资金和企业的资金进入中国股市以后，投资银行的发展和商业银行新的业务没有跟上，中国股市的投资主体的结构就更为不合理。因而目前中国股市的投资主体的基础非常脆弱，投资者的素质和数量都很难适应中国股市大规范、大统一、大发展的需要。

第三个层次，就是股市信息的披露和舆论宣传不规范。中国股市运行这么多年了，可以说是一个消息市。信息遍地传，消息满天飞，五花八门，真真假假。在假资产、假数字、假合资、假收购、假业绩一假到底的变化莫测的股票世界里，作为一个成熟的投资者，很难对股票作出正确的、属于自己的意愿的投资选择。只能以投机的眼光、投机的心态去面对披露的各种各样的股市信息，包括一些不规范的股评。结果不仅套住了资金，也套住了思想，而且很长一段时间内，中国股市的舆论宣传都喜欢一边倒、顺风吹。股市涨了，多数宣传和股评都看涨，股市跌了，多数宣传和股评又马上都看跌，一点也不负良心上的责任。

二是不成熟。所谓不成熟，分三个方面。第一个方面，就是股市的某些管理层不成熟。目前中国股市管理层的有些部门和领导，仍然热衷于计划经济的那一套。可以说，这几年股市发生的一些问题，与他们太浓厚的计划经济思想、方法有直接的联系。他们习惯于用最计划的思想和方法去管理最市场的思想和方法，使市场行为更加扭曲。也就是说，中国股票市场指数的高低和股票价格的高低，不是由供求关系来决定，不是由买卖双方来决定，而是由管理层的计划意志来决定。什么政策底、政策顶，简直不可思议。而且，这个意志的体现，也不是资金和筹码的概念，而是讲一些空洞的话、写一些空洞的文章，用人为的因素使股票市场变形、扭曲和失真。股票市场本身没有错，是股票市场以外的东西错了。第二个方面，就是股市的某些机构投资者不成熟。目前中国股市的所谓主力，实际上就是一些凭借资金实力、信息实力和人才实力的优势，掌握着某只股票，控制着某个板块，左右着某个市场，甚至影响着某些报刊的一些人。他们的对手就是中小股民，他们的手段和目的，除了获利还是获利。因而，投机是他们的最佳选择。如果说，发展中国股市的手段和目的，就是让一些不成熟的机构用不成熟的方法去赚不成熟的股民的血汗钱，那么，这样的股市注定要失败，苦果迟早会摆在大家面前。因为它违背了人民的意愿，违背了社会进步的发展趋势。第三个方面，就是某些新股民的投资层不成熟。新股民老股民最大的区别，就在于新股民有强烈的投资股票的冲动，有买股票的欲望。然而，在中国目前的股票市场，会买股票是徒弟，会卖股票才是师傅。一个成熟的股民必须学会买股票，又要学会卖股票。这就需要具备一定的股票知识，需要属于自己的经验和教训，需要对市场经济的深刻了解，需要对股票市场正确的、理性的认识和感悟。

在中国股市，赚钱分为五个层次。一是凭经验，二是凭知识，三是凭智慧，四是凭大智慧，五是凭超人大智慧。从发展的眼光看，仅凭经验和知识在中国股市已经不够用了，凭智慧赚钱的时代正悄然来到。

三是不健康。所谓不健康，主要指两个意思。第一个意思，指股市的一些思想不健康。中国股市都搞了这么多年了，还有一些人，还有一些习惯势力，总是认为要走向私有制了，要产生两极分化了，股票不是社会主义市场经济的产物啊，等等。因而，对股票市场不理解、不支持，对参与股市投资的行为总是说三道四。自己不读书、不看报、不关心经济、不了解市场，对价格的波动没有反应，思想迟缓，对股市不懂，却说股市不对。还有一些人自认为懂股市，理论一套一套的，但实践经验相当贫乏，老是马后炮、事后诸葛亮。这些思想，严重阻碍了中国股市的健康发展。第二个意思，指股市的一些行为不健康。中国股市运行了这么多年，实践先行，但理论滞后，法规更是滞后。到目前，《中国证券法》千呼万唤就是不出台。中国股市没有一个根本大法，不健康的行为就有了市场。因此，内幕交易、机构坐庄、假收购真害人，违规交易、违法操纵一个接一个，难以做到有章可循，有法必依。好像中国股市不违规就赚不了大钱。上海股市的长虹、深圳股市的发展，近几年来股价涨了十倍，但都有违规的历史，都有不健康的行为。

因此，股市的管理层确实很累，既要维护旧的游戏规则，又要制定新的游戏规则。既要当裁判员，又要当教练员，甚至某些时候还要当评论员和运动员。同时，股市的中小股民们也确实很累，经常在股市忙进忙出，精神十分紧张。卖了股票又怕出利好，买了股票又怕出利空。政策市、消息市、行政市、投机市，弄得股市一场游戏一场梦。真是身在股市，心不由己。

（三）

中国股市的暴涨暴跌怎么看，仁者见仁，智者见智。

中国股市的暴涨暴跌都是对立统一的两个方面，既有区别，也有联系。暴涨的时候，伴随着风险和机会；暴跌的时候，也伴随着风险和机会。涨和跌，快和慢，深和浅，参差不一，很难表现得那么均等、那么明显、那么随心。作为投资者，最好的选择是尽自己所能，来实现最好的投资命运。

暴涨与暴跌，大起与大落，并不是什么坏事，它恰恰是市场经济特别是股票市场应有的产物。股票市场波动幅度的大小，与市场本身以及市场之外的检验成正比。什么波动都没有的股市是一个没有希望、没有机会也没有发展的股市。

计划经济追求平稳和平衡，市场经济追求波动和起伏。就如同计划经济是级别经济，市场经济是数字经济一样，它自身的固有的规律和属性是什么力量也无法改变的，只有顺应它、适应它才会生存得更好。

暴涨与暴跌本身并不重要，重要的是为什么暴涨、为什么暴跌。甚至更为重要的是在暴涨中应该干什么、不应该干什么，在暴跌中应该干什么、不应该干什么。笔者认为，作为一个成熟的股票投资者，首先应该学会在暴涨中去防范风险而不是去追求机会，在暴跌中去追求机会而不是去防范风险。也就是说，要在低迷的时候去发现机会，勇敢地把握它；在高潮的时候去发现风险，冷静地离开它。

能预测股市的暴涨与暴跌，特别是能把握暴涨与暴跌带来的风险和机会，是一件十分艰难的事情。根本用不着刻意地、执着地去追求这种概率极小的事情。只能不断地学习，不断地实践，不断地上升到智慧、大智慧和超人大智慧。以平静的心情、平常的心态，理性地投资于中国股市，就一定会有满意的投资回报。

（四）

中国股市里赚钱与赔钱、快乐与痛苦，并不是对立的和绝对的，它是随着各方面的条件的转换而变化的。也就是说，股市中赚钱的快乐和赔钱的痛苦是可以相互转化的。

股市中有两种快乐和两种痛苦。两种快乐，一是当投资者买了股票后，小涨小快乐，大涨大快乐；二是当投资者卖了股票后，小跌小快乐，大跌大快乐。两种痛苦，一是卖了股票后，小涨小痛苦，大涨大痛苦；二是买了股票后，小跌小痛苦，大跌大痛苦。

其实，一个具有中国特色的个人投资者不能把主要精力都放在追求买了股票就大涨大快乐上，因为这样的机会不是天天都有的，也不是每个人都能把握的。而应该在一个不规范、不成熟、不健康的股市上，多学学卖了股票就跌的这个独特的快乐。股市中买是学生，卖是老师，讲的也是这个道理。

在大涨的时候敢于卖股票，在大跌的时候敢于买股票，这是一件很难很难的事情。因为人性的弱点就是好的时候贪婪，坏的时候恐惧。股市上的贪婪和恐惧，是由股市运行的好和坏造成的。而过度的贪婪和恐惧，则是由股市投资者的心理好和坏造成的。

因此，什么时候战胜了贪婪和恐惧，什么时候就是最大的赢家，什么时候就是最快乐的自我。追求成功比取得成功更成功，追求快乐比享受快乐更快乐。

在中国股市，“套牢”是最具影响的两个字。套牢也有三个层次，一是股票套牢，二是股票思想套牢，三是股票投资人生套牢。股票套牢并不可怕，也容易战胜。可怕的就是投资意识、投资观念、投资智慧被套住了，人生的乐趣、人生的快乐、人生的其他意义和追求被套住了。

快乐的精神是解决套牢问题智慧的源泉。快乐的投资精神比快乐的投资智慧更重要。投资是财富的需要，同时也是智慧的需要，而更高境界还是精神的需要。只有精神清爽、富有智慧的人才明白股市涨跌和投资盈亏的道理和个中奥妙。

（五）

中国股市是经济的晴雨表，又是政治的晴雨表，同时又是社会和文化的晴雨表。但它的基础是经济，表现形式是市场。因此，任何时候都要顺应经济发展的客观规律，任何时候都不能违背股票市场的客观规律。

1. 要全面地、正确地认清中国股市的基本规律。

辩证唯物主义认为，规律是客观的不以人的意志为转移的。认清中国股市的规律性，就可以了解推动中国股市发展完善的动力、动机和原因，就可以超前地、自觉地利用这些因素，顺规律而不逆规律，全力发展中国股市好的趋势，预见并顺利地克服中国股市中的一些问题和困难。

当前，一是要正确处理好股市与经济发展的关系、股市的供给与需求的关系、股市的历史遗留问题和现实问题的关系、股市的管理者与参与者的关系、股市的涨与跌的关系、股市的理论和实践的关系，特别要处理好中国股市的规范和发展的关系。二是要全面地认识中国股市的地位和作用，全面地认识中国股市投资者的地位和作用。切切实实地把中国股市定位在社会主义市场经济上，而绝不是变形了的、扭曲了的、失真了的市场经济上。切切实实地发挥和调动广大股市投资者的积极性和创造性，把国家的利益、法人的利益和人民的利益完美地结合在一起，同甘苦共患难，手挽手、心连心地去迎接中国股市光辉灿烂的明天。

2. 要不断增强管理股市和投资股市的艺术性。

管理股市和投资股市都是一门伟大的艺术。其内涵深刻，外延也丰富。它包括管理股市和投资股市内容的艺术、方法的艺术和方式的艺术。既然管理股市、投资股市是一门艺术，它就具有形象的特点、典型的特点、创造的特点、美感的特点和快感的特点。所以股市更具感染力和吸引力，确实是挡不住的诱惑。股市的风风雨雨、潮起潮落，也使投资者乐于接受。特别是机会与风险同在，快乐与痛苦相伴，贪婪与恐惧并存，将战胜风险、战胜痛苦、战胜贪婪和恐惧的艺术境界引向了一个更高、更大、更深刻的领域，使得发现机会、把握机会，追求快乐、拥抱快乐的理想变为现实，美梦可以成真。因此，要不断完善和不断丰富管理股市和投资股市的艺术性。

当前，一是要注意管理股市和投资股市内容的创新、方法的创新，加深股市投资艺术的内涵，丰富股市投资艺术的外延。二是要在管理股市和投资股市的“艺术”二字上下工夫，做文章。增强管理股市艺术的活动，永葆投资股市的艺术青春。三是要加大股市管理艺术和投资艺术方面的宣传，增强方方面面的理解和认识，使股市的管理艺术和投资艺术在投资的事业里、在投资的生活中、在投资的心灵内开花结果，永放光彩。

3. 要大胆地、超前地、创造性地培养和使用经过实践检验并具有理论思想的股市精英。

中国股市说千道万，最重要的不是资金、不是股票筹码，而是股市人才。人是决定股市胜败的首要因素。中国股市即将告别 20 世纪，21 世纪正悄然地走向中国股市。要大胆地解放思想，大胆地使用懂经济、懂市场、懂股票，有经验、有知识、有智慧的股市人才，去为中国股市的长远建设和发展服务，这是世纪之交中国股市的当务之急。培养和使用中国股市跨世纪的人才，是中国股市走向美好的 21 世纪的需要，是中国股市的投资事业充满希望、充满机会的需要，是一件利国、利民、利股市的大好事情，功在当代，利在千秋。

中国股市需要创造理论，中国股市需要发明规则，中国股市需要跳跃发展，中国股市更需要股市精英。

一句话，中国股市要走出一条中国式的股市道路。过去的股民、现在的股民、未来的股民都在等待，都在期盼。

等待是一种美德，期盼是一种爱心。让美充满希望，让爱得到回报，让股民成为真正的股民。

第七章

资产重组成就神来之笔

经济学被称为最古老的艺术、最新颖的科学，而资产的重新组合，特别是上市公司债务的重新组合，更是化腐朽为神奇，丑小鸭变白天鹅的现代故事。资产重组，就像一座深埋在地狱和天堂之间的金矿，稍有不慎，要么升入天堂，要么深陷地狱，喜与悲都太过猛烈。

目前，资产重组的概念比较宽泛，包括上市公司重组和非上市公司重组两大类别。其中，上市公司的资产重组包括收购兼并、股权转让、资产剥离或所拥有股权出售、资产置换及其他。

资产重组的成功与否，需要智慧去寻找，需要勇气去尝试，需要资本去开发，需要耐心去坚守，更需要胆量去实施。在整个过程中，上市公司、银行、投资方或曰第三方三者之间的关系是十分微妙而又极其重要的，度的把握，发挥至极致才算完美。

资产重组，风险极大，成功概率极小，一旦成功，获利的空间也十分巨大。参与重组，天堂的大门敞开着，地狱的大门同样也敞开着。

要么成功，要么失败，绝没有第三条路可走。

第一节　清收坏账悟出资产翻倍秘诀

我在银行工作的最后几年，被调去清收银行的不良资产。所谓不良资产，就是银行逾期难以收回的不良贷款。不少银行内部员工都不愿意去干这个工作，他们不但不爱干这事，还给干这项工作的同事取了个名字：收烂账的。

大家可能在一些老电影里看过“收烂账的”，他们的形象大同小异。经常歪戴帽子，敞开衣襟，露出几根肋骨或者大肚皮，吊儿郎当走出来，流里流气先吐出嘴里叼着的牙签，有的手里还操着家伙，然后晃晃抖抖地开口：“我说，你的账要到期了！一句话，痛快点，打算还不？如果要还，一切好说，如果不还，嘿嘿，可别怪我不客气了！”

遇到这种场景，欠账的人大多吓得腿肚直哆嗦，连连求饶，生怕哪句话没对惹恼对方，吃不了兜着走。

可在现实生活中，尤其在文明社会，电影里的这种场景是极少的。对于正规的银行来说，总不能像民间借贷那样，随便使用下三烂的手段，因此遇上那些有心赖账的企业和个人只能叫苦不迭，可用的有效办法不多。

总之，听说我被派去收烂账，同事看我的眼神一下子变得怜悯起来，好像我被降职发配一样。

对于这份人人嫌弃的差事，我个人的态度却没那么悲观。在我看来，无论在哪个部门，既然领导让你去干，只管干好就行了，而不是挑肥拣瘦，三十六行，行行出状元嘛。就像买股，大家都不看好的股票，或许里面恰恰蕴含机会呢。果然，我这一头扎进去，还真有意外收获。

在我们银行内部，有个部门就叫“资产保全部”，我在资产保全部工作这几年的核心任务就是收烂账。

事实上，资产保全部对化解银行金融风险所起的作用很大。比如，有美国人就在《参考消息》上发表文章，说中国的不良资产是一座金矿。正如“一千个读者，就有一千个哈姆雷特”，同样的事情，在不同的人看来，就有不同的说法，而且由于思维方式不一样，看问题的角度不一样，其结果可能相差十万八千里，甚至完全相反。

我之所以提到“烂账”，它的分类还是有些道理的。1998 年以后，我国将资产分为“正常”“关注”“次级”“可疑”“损失”五级，即“五级分类”。1999 年 7 月，中国人民银行下发了《关于全面推行贷款五级分类工作的通知》及《贷款风险分类指导原则(试行)》。按照人民银行的规定，现在通常提取的专项准备金比例为：关注 2%、次级 25%、可疑 50%、损失 100%，其中后三类一般称为不良资产。

由于众多历史原因，银行信用贷款、重复抵押贷款、计划经济模式下的贷款、工作失职到期没有清收的贷款、过了法律诉讼期限两年的时限没有收回来的贷款，等等，都被划为坏账或烂账。

银行要想收回这些债务，难度是很大的。可能很多人对银行催收坏账的流程并不清楚，我举个实际例子，比如：一位客户的 100 万元借款已经逾期未还，担保方式为个人保证，保证人是借款人的一个朋友。当银行领导决定要收回这笔款项时，银行的客户经理或资产保全部的人直接上门，或提前进行各种实地调查，要调查客户有无资产可以变现、是否是有钱故意赖账不还。如果查到借款人有房产、汽车、厂房什么的，还得想办法防止客户转移财产。紧接着，联系逾期贷款的担保人，问清楚担保人有没有代偿还款意向。当然，大部分担保人是不会代偿的，当初担保也不过是说说而已，真出问题了，没几个人愿意真正替别人还钱。如果运气好点，几次上门，借款人有的会归还借款，但也有人不会轻易就范，甚至还有撒泼上吊的。那么，最终的解决之道就是起诉借款人，逾期期间，经办人还得不断做各种报表，配合银行内部相关部门多次协商。

对于催收烂账，各家银行内部也有各种各样的奖励，奖励也很诱人，但普遍成效不大。说得高雅一点，收烂账不是一门科学，而一门艺术，是债权人与债务人双方斗智斗勇的一门大学问。

当时，我分管了一些公司和个人的坏账，其中，有很多是以亿元来计算的烂账。从前面的案例中，大家应该可以看出其中的难度，但既然是我的工作，我无法逃避，还得一天一天地去清收。

当时，我连做梦都没有想到，正是这些在别人看来异常难做的工作，对于我内退以后所产生的作用是巨大的，所收获的东西也是难以想象的。现在，我甚至可以说，如果继续在银行工作，一直干到60岁退休，按部就班领工资，根本不可能实现所谓的财务自由、身体自由、灵魂自由。

那几年，为了催收坏账，我几乎想尽了各种办法。

比如，有一次，我对接的一位逾期借款人从银行贷款之后，部分钱直接买了辆小车给上大学的儿子享乐，另外一部分自己用于花天酒地。我马上打电话给担保人，想让他帮着向借款人施加压力。

电话打过去，担保人倒也没有推脱。他说：“这家伙，竟然借款不还。这样吧，你们该咋办咋办。起诉他!”

可想而知，这笔账最后迟迟没有收回。

虽然我做出了最大努力，但收回的烂账很少很少。久而久之，在实际工作中，我开始慢慢理解了不良资产是一座金矿的说法。悟到一些东西之后，我决定反其道而行之，逆向思维，认真弄清楚不良资产的另一面。为此，我把工作之外的全部精力都用上了，不断地去图书馆借书来读，研究实际案例。

在我将思考重心从“当债主”转变为“当搭档”的过程中，我重点学习和研究了国外对不良资产的处理措施，具体有如下几种方法。

1. 强化呆账准备金制度，注销坏账，优化资产。如美国对不同不良资产(五级贷款分类中的后三类）分别增加20%、50%、100%贷款损失准备金，并明确而严格地规定损失准备金要冲销损失账户，促使银行尽快解决不良资产。

2. 分离不良资产，由专门机构来处理。在充分清理不良资产后，把银行的不良资产剥离出来，交给专门的机构来运作。美国、瑞典和日本都曾这样操作过，而且效果明显。

3. 培育资产重组的中介机构和中介专家。培育合格的、适应市场经济要求的、具有丰富资本运营经验的中介机构，在其内部建立市场化的公司治理结构和合理的监督、激励机制，防止行政因素对市场化资产重组行为的不合理干预。通过专业机构和人员，往往能使成功概率大增。

4. 利用金融市场尤其是证券市场将银行资产打折出售或部分证券化。当不良资产发生后，将其直接打折出售给高素质银行经营，虽然会承受一定的利益损失，但大部分资产却可以得到保全，贷款风险得到化解或转移。

5. 债权全部或部分转股权。早在1929年的股市崩盘、金融危机和经济萧条之际，为了避免企业无法归还银行贷款而导致银行倒闭，意大利就曾将企业无力归还的贷款转化为银行对企业的股权。之后，意大利政府成立了伊利亚控股公司，由其购买银行持有的企业股权，对这些企业进行重组，重组成功后，再把企业卖给私人。

6. 直接进行资本注入。资本注入包括政府注资和私人投资者注资。事实上，除了政府直接注资外，鼓励银行进行合并也是一种资本注入方法。韩国、印尼、印度等国家都采用过这种手段。

7. 利用信贷资产衍生产品降低风险。如采用信贷资产违约期权、金融利息掉期、信贷资产相关债券等方式，减少特定项目的信贷风险。近年来，西方商业银行的信贷资产衍生产品交易发展迅猛，美国该业务领域1997年度的交易额为800亿美元左右。不过，这种方法与其说是对不良资产的一种处置方法，不如说是商业银行对不良资产的事先规避与防范。

8. 破产清算。这是解决不良资产的最后形式。对于那些已经资不抵债且前途无望的企业，采用破产清偿债务手段。

通过研读大量资料，我发现各国的银行在处置不良资产时，要想有效解决银行不良资产问题，最终还是离不开市场这只无形的手，市场机制在其中所起的作用是无可替代的。发达国家在处置银行不良资产过程中主要是利用市场机制来筹集资金、分散风险，最大限度地减少损失，利用市场化方式解决银行不良资产问题。

当时的情况很清楚，银行的不良资产如果收回来，就是纯利润，对银行、对国家的贡献很大；如果收不回来，无疑将造成银行巨额资产损失。银行当然不希望不良资产的债务人人间蒸发。如果最终走到“破产”那一步，债务人和银行其实都会蒙受巨大损失。

催收烂账过程中，按照正常思维和传统办法，不管是文质彬彬软磨硬缠，还是气急败坏破口大骂，我往往使出了吃奶的劲，成效依然不佳。既然如此，我何不试试逆向思维和行为呢？说不定作用和效果更好呢！

方法我也找到了，就是学习国外的成功经验，最好的办法就是重组。特别是资产证券化以后，以股抵债、以物权抵债，将无形资产转化为有形资产，再转化为证券资产以后，清收的空间打开了。

这期间，债权人(银行)、债务人(公司或个人)、投资方(或叫第三方)成为利益共同体，坐在同一条船上，都不想把船搞沉，由此，双赢或者说三赢的局面形成。

美国人做这个比较内行，特别是高盛这种投资银行，把这些业务做得顺风顺水，他们手上有钱，也有丰富的经验，但他们想赚更多的钱，因而各种金融衍生品应运而生。

现在回想起来，虽然当年那段清收坏账的工作很不好干，但却在无意间让我找到了如何使资产翻倍的秘诀。

第二节　教“猴精”用奇招还债

在我所管辖的不良资产所涉及的公司中，有一家成都的房地产公司。这家公司很有名，董事长的两个子女都在英国剑桥大学留学，光这一项，每年要支出的费用合计上百万元人民币。公司董事长平日代步的工具都是奔驰、宝马等豪车。

这个人属猴，很精明的一个商人。他的公司在成都市中心一栋十分气派的办公楼里，带一个漂亮的空中花园，里面种满花花草草，还摆放着古色古香的实木茶桌，旁边的水池里养着不同品种的金鱼，属于典型的成功人士。

但就是这么一个大老板，10多年前，用他的一个子公司从我们银行贷了大量的款。虽然还款时间早就到了，可他就是不还钱。更让人觉得奇怪的是，他的贷款没有担保，也没有抵押，子公司破产后，人间蒸发了。

接到这个棘手的任务后，我查阅了大量的历史资料和手续，并直接与这个老板深谈了多次。按照银行相关规定，见这样的客户时，银行必须有两个以上的人在场，防止催款人和借款人之间出现道德风险，多一人的话可以相互制约、相互监督。

但令人遗憾的是，每次“三人及三人以上的谈话”效果都不好。这位董事长总是避实就虚，不讲实话，双方都无法进入彼此的内心世界，而且这种谈话都是在办公室里公事公办地进行，每次谈判都无疾而终。

眼看“城堡”久攻不下，领导也急了。后来，银行办公会议经研究决定，同意我可以单独与这位老总见面甚至喝茶，这是对我的最大信任。

于是我们相约在一个茶园见了面，离开城市的钢筋水泥，短暂回归大自然，周围的环境氛围一下子轻松了许多。聊开以后才知道，这位董事长和我同岁，都属猴，他比我大几个月。

刚开始，我们东拉西扯，彼此说些客套话，其实两人各自都在心里打着小算盘。一个在想，无论你怎么说，反正我一分钱都不会还；另一个在想，既然已经盯上你了，不管你咋个赖账，我就是要一分不少把钱收回来，而且还要连本带息。

几个回合下来，我开始直奔主题：“你当时贷款的想法是什么？是不是贷了就没打算还？是不是一门心思想骗银行的钱？”

话一出口，我有点担心，自己是不是太直接了点，搞不好会刺激到他，万一对方甩手走人，怎么办？

但话已出口，我也顾不得太多了。而且，我敢这么说，直指问题核心，也是考虑到我们交锋过几次，对他有所了解。从之前的几次接触中，他可能也慢慢觉得我这人还不错，曾提出来要单独与我谈。记得之前我的同事找他，他可是毫不客气，直接骂人："你们银行也想搞创收，收那么高的利息，你们也有好处，我现在就是还不起，你们想怎么做就怎么做。这样吧，尽快去起诉我、告我去!"

看看，天下还真有这种人！俗话说，欠账还钱，天经地义。他不但欠账不还钱，还变得有理了。

不过，这次他总算认真回答了我的问题："我没有想骗钱，说实话，我也不知道怎么去骗。"

两个男人真正的较量开始了。

由于我提前做了很多功课，调阅了许多相关资料，心里有底。我一边帮他往茶杯里续水，一边静静地听他继续说。

他推心置腹地告诉我："当时，我的公司，包括子公司，与你们银行相处得很好、很愉快。正式签订贷款手续的那个晚上，由于你们原来的行长、信贷处长、信贷员，包括我们公司的一些高管在一起喝酒，喝得很高兴，我也喝多了。我的口袋里放了两个公章，一个是集团公司的章，就是准备担保的那个章，另一是子公司的章，准备贷款的公司的章。因为大家都喝得头昏脑涨，结果盖章的时候，拿的都是子公司用来贷款的那个章，也就是说贷款方和担保方盖的都是子公司的章，集团公司的章压根就没有盖。"

这位董事长长叹一声气，继续说："最后成了自己贷款自己担保，搞得这么多年以后，我们一直纠缠不清。后来，由于工作关系，我去找原来的当事人，他们一个个都离开了银行，有些处置责任书需要本人签字，却遭到不约而同的拒绝，说这是集体决定的，应该由集体来负责。'集体'该找谁，我也不知道'集体'到底在哪里。"

我大吃一惊，敞开心扉才知道，原来里面还有这么多内情。

成都市的某些银行，一会儿又成立，一会儿又取消，集体都在不停地换，公章也在不停地换，债务的承担问题就这样陷入“历史原因”，弄不清楚了。

他说，这笔借款绕来绕去，搞得烦不胜烦。他一直希望我把他的子公司这笔旧账告上法庭，按呆账核销算了。但我没有这样做，为什么？我不想告他。因为银行的制度很严，上法庭的费用，打官司、请律师的开支都要列入自己的利润支出。而且，这种情况可能一分钱都收不回来，还要增加费用支出，还不能冲账。

一时间，我陷入两难境地。

当时，我分管的不良资产中还有大量不能流通的法人股，是一些上市公司的。根据当时的相关规定，这些法人股不能流通，因此很多人不看好，只好和上市公司的其他股权一起抵押给银行。

银行一直想尽快处置这些股权。抵押处置时，每元1股的价格，哪怕按照每股0.5元售卖都没有人敢接手。

由于提前看了不少书籍，我预判，只要有眼光和耐心，大量持有这些每股几毛钱的法人股，等到有一天政策宣布可以流通时，那将成为一个升值幅度惊人的大金矿，要实现10倍乃至100倍的利润都没问题。

当时，我国的市场经济刚刚起步，股市也还不成熟，但我坚信市场是有生命的，股票也是有生命的。流通，就是股票的生命所在、价值所在；如果不流通，就是废纸一张。古人说“流水不腐，户枢不蠹”，因此，如果把法人股从不流通变成流通，必将化腐朽为神奇。不过，其中隐含的奥秘，那时没有几个人能搞懂。

但我也清醒地认识到，我是银行在职职工，我得严格遵守规定，即使先于别人发现了一座金矿，就像养了一只金母鸡，将来会生下令人欣喜的“小金蛋”，而法律和规矩摆在那儿，我只能割爱放弃。

但我完全可以利用自己的知识和智慧，去帮助这家房地产公司的老总啊！目的只有两个，一是让他尽快赚钱，二是他赚钱后尽快偿还银行的债务。如此一来，岂不是两全其美?

我就是这样一个人，敢想、敢说、敢做!

一天，我告诉这位董事长："你不用费心找那么多理由要赖了，我不告你，也不会走银行核销呆账这条路，这对银行没有什么好处。但我可以告诉你一条从来没走过的路，条件很简单，你赚了钱一定要连本带息还给银行，我好交差。要不然，我就把这个方法和你的事情告诉别人。"

他立即来了兴趣，仿佛落水的人抓到一块漂浮的木板，赶紧说："行，你帮我。你就说咋个干吧。"

具体的方法，我不能给他讲得太复杂了，否则，他不但听不懂，甚至可能被弄糊涂了，最后什么事都做不成。我决定化繁为简，直截了当地告诉他："现在我们银行手上有十几家上市公司的法人股，原来的市值很大，现在不能变现，就是不能流通，但价格很便宜，可以打5折，我全部打包卖给你，你放上几年，不会超过10年，这些法人股就会增值10倍以上。你是商人，最懂得回报率，在商言商，我把回报率都告诉你了，你干不干?"

就这么几句话，他完全听懂了、听明白了。

毕竟是精明人，他的反应很快，说："我干，但我有一个条件，就一个。"

我说："什么条件，你尽管大胆地提出来。"

他激动地说："实不相瞒，法人股的政策我一窍不通，什么时候能在股市流通我更不知道。我只提一个要求，这么大的资金投入，要放这么长的时间，你必须亲自帮我运作。"

"你来操作，我出钱。"他一边说，一边用两只大眼睛瞪着我。

我根本没有任何的犹豫，立即回答他："不行，必须你自己来干。我今天能和你见面，能单独和你喝茶，那是经过行长办公会议同意的，我只能走到这里，不能往前多走一步了。"

"我如果多走一步，对你来说是天堂，但对我来说就是地狱。"我解释道。

这位董事长很快就琢磨明白了，毕竟在商海浸淫多年，有的是眼光和经验，他冲我微微点头，答应了！我吁出了一口长气。

后来，凡是听我讲述过法人股创富故事的老板们，个个都开了窍，他们感叹说："老唐啊，还是你脑子好使，这么难办的事情你都办妥了，还不违规。"

很快，手里这部分不良资产以最快的速度、最大的效益，完成了它的使命，结局让相关各方都十分满意。

2005年，监管部门宣布实施股改，上市公司原来不能流通的法人股和国家股可以全部流通，A股进入全流通时代，困扰中国资本市场多年的老大难问题终于得到解决。

当时，我曾对那位房地产公司老总说，法人股只需要放几年，不超过10年，事实证明，我的判断完全正确，持有时间并未超过10年。当年，确有一些有眼光、有魄力的人挖到金矿，成为富豪。

第三节　甘当马良，操刀上市公司重组

2005年4月20日的成都，与往常一样，天还是那个天，地还是那个地，太阳照常从东边升起，城市依然在按照自己的节奏变化着，上班的人

群按部就班地做着自己的事，并没有什么特别的地方。但对我来说，意义却非同凡响。我记住了这个平凡而特殊的一天，因为从这天开始，我自由了，身体自由了，我正式办理了银行职工内部退养的一切手续。

内部退养，大意就是在单位内部休养，由单位继续发工资，但没有年终奖、季度奖等，只有协议规定的每月固定工资。我内退的时候49岁，根本不可能交社保局，不够退休年龄，只能在单位内部解决。

可能很多人觉得难以理解，当时为什么有这个政策而现在没有了呢?说起来，这还是有一定原因的。即中国银行当时在搞股份制改革，争取上市，30年工龄或50岁，只要达到其中一条，就可以申请内退，没有人强迫，完全自愿。

“一觉睡到自然醒，两耳不闻窗外事。三餐过后百步走，四季清淡度余生。”这是我当时的人生愿景之一，至少实现了身体自由。身体自由带来的最大变化是，每天不像原来那样，大清早起床，吃罢早餐就急吼吼地往单位赶。有时，甚至连极其重要的早餐都来不及吃。而办理内退后，睡到自然醒成为常态。每天9点起床，形成了自己的生物钟。说实话，这个社会，期待身体自由的人有很多，但真正能够实现的太少，我足足等了49年才做到，着实不容易。

身体自由了，没有人打考勤，没有人安排工作，没有领导在耳边吩咐这吩咐那，那段时间，我确实感到生活是如此的惬意。但一段时间后，我发现仅仅身体自由还不够，没法让自己灵魂彻底得到自由。因为办理内退时，过去欠的钱还没还完，所以还得想办法做点事情，只有把债务问题解决了，心才能尽早安定。

那么，接下来又该做什么呢?说实话，凭着之前在工作和生活中认识的一帮朋友，当时我有几个选择，但我最终选择了一个从小就认识的老乡。

当时，这位老乡已是亿万富翁，他负责一个国际房地产开发公司，办了一个很有名的酒厂，还有两艘很大的游轮在长江上来回穿梭。

两人见面，一拍即合。我答应出任公司副总经理兼管财务，他是董事长兼总经理，典型的私营企业，一切事务由公司最高领导说了算。

加入老乡的公司后，我的收入有了保障，还旧债的速度明显加快了。

第一年，平稳地过去了，没有起伏，更没有惊喜。无论工作还是生活，犹如死水一潭。

突然有一天，这位老乡告诉我："老唐，有个事你判断下。有家深圳的上市公司，因为经营不善，董事长侵占上市公司的大量资产，涉及金额几个亿，发现情况不对，董事长跑到加拿大去了。证监会正会同有关单位处理这件事情，新任董事长问我愿不愿意搞重组，你看看能不能做?"

我这位老乡不懂这方面的事，也没有涉足过证券行业，他选择先咨询我的意见，说明他还保持清醒的，至少没有不懂装懂。

我回答他，我先了解一下情况再说。我以最快的速度找来资料，详细翻阅了这家ST公司的财报，已连续两年半亏损，如果连续三年亏损，将面临暂停上市的命运。当时这个公司的股价仅为每股1.2元左右，负债几亿元。

经过仔细研判之后，我很快做出回答："董事长，可以做。机会比风险大，成功的概率有80%，盈利至少100%以上，最大可达到10倍的利润。"

我一直认为，只要你懂，真懂，你就无所畏惧，所谓艺高人胆大就是这个道理。这个世界上有两种人胆子最大：一种人是根本不懂，犯了法出了大错都还没察觉，只管蛮干，最后的结果只能是为鲁莽买单；另一种人是懂到极致，了解透彻，但这种人从不犯法，懂得在快要越线时立刻止步。我应该属于后一种。

话说回来，10倍的利润，不疯的人都会发疯，当时我很冷静，但我的老乡疯了。

有了前面那么多苦辣辛酸的人生历练，别说10倍的利润，就算给我一个银行金库，我都不会疯。我当时只有一个小小的想法，等我把欠的钱还完了，就退隐江湖，自由自在地活在深山老林。

但我那个老乡不是，他激动得睡不着觉，连连说："干，大干一场！"

于是，我进入了深圳这家上市公司董事会，我向中国证监会写出书面保证，自己不买卖重组公司的股票，所有亲戚朋友也不能买卖重组公司的股票，更不能透露任何一点重组公司的消息。

事情敲定下来后，我去了深圳，我只带了一本《圣经》。

第一件事情是把近10亿元的债务摆平，把外逃加拿大的前任公司董事长救出来，使其不受刑法的制裁，这也是当年证监会、公安部等多个部门联合制定的政策——在2006年12月31日以前还清侵占上市公司资金的，可免于刑事责任。

问题是，如何筹集这近10亿的资金？而且时间不到半年，又要救董事长，又要救上市公司，还要救持有这家上市公司股票的近10万股民。

由于是我建议做这件事的，又是我来负责此事，我感觉压力很大。我深深知道，无数人的希望、幸福或不幸，都沉甸甸地压在了我肩上，稍有不慎，或棋差一着，就会满盘皆输。在那段特殊的日子，面对美味佳肴我毫无胃口，再美的风景亦无心欣赏。

这家重组上市公司的新任董事长原来是中国人民解放军某海军舰队的一个军官，我的老乡兼老板，那位国际房地产开发公司兼酒厂董事长，也曾是中国人民解放军某野战集团军的战士，而我曾是原成都军区司令员的秘书。

三个军人居然在资本市场上走到了一起。所不同的是，他们两人对中国证券市场知之甚少，更没有什么亲身经历。对于股票为何物、如何买卖、上市公司如何重组……两眼一抹黑。我毕竟在金融行业工作过几十年，加上常年出入资本市场，确实比另外两位更有底气。

“没有钱必须把它变出来，虚拟经济的理论必须变成现实，10个亿也必须得变出来。”

听了我的豪言壮语，两位军人大感惊讶，他们没有听过“虚拟经济”一词，更不知如何“变出10个亿来”。也许，他们在心里嘀咕：老唐莫不是把自己当神笔马良了？随手一挥，就能变画为宝！

我没有太多时间和他们解释，很快开始紧张而有序的重组工作。

第一步，我把老乡的所有公司、所有资产变成股份，然后请评估公司进行资产评估，评估后的资产还得请当地的证监部门认可。

由于老乡手里的酒厂很有名，品牌、商标很值钱，最后评估下来有10多个亿。

我那个老乡享有绝对控股权，占股51%，永远持有。他心里的石头也就落了地。

第二步，拿出近10个亿的股份，帮上市公司还债，以股抵债。由于我此前在银行的相关部门干过几年，这可是我的强项。

第三步，上市公司不流通的那部分股权，近4000万股，全部转到老乡控股的公司名下。

置换股权也在同一时间进行。2007年底，所有步骤在最后期限之前完成，也向社会公开了这个信息。

“置换股权”，如今看来似乎很容易，但事实上，我不知为此操了多少心，这里面的风险实在太大，一旦出事，就是大事。

第四节　保密，是重组成功的关键

在参与上市公司重组的日子里，我还在上海见过某大名鼎鼎的犹太人，并与其有过一段有趣的谈话。

某ST上市公司的董事长，为寻求更好的战略合作者，说白了，就是想找更有实力的有钱人，以确保重组成功的概率最大化。

ST，就是特别处理。根据规定，三年亏损就面临退市的命运。上市公司的股票，如果经营出现问题就可能成为废纸，但也可能是一座金矿。

其中的奥秘，国际知名投行高盛比我了解得更多更深。乌鸦变凤凰，一直是他们的拿手好戏。

一次，在上海一家很著名的餐厅里举行了个交流会，一个非常大的包间被分隔成会客厅、洗手间、衣帽间、休息间，中间是长条形的一大排饭桌。参与交流的有来自北京、上海等地的投资公司董事长，还有上海当地的一些社会名流，ST上市公司董事长和我，以及国际投行高盛在上海的老总。

据说在美国，所谓正规的银行，是由正统的美国血统的人把持，而所谓非正规的银行，则由犹太血统的人把持。非正规的银行的人，思想活跃，行为也异常大胆，犹太人把控的银行，就是一只脚在天堂、一只脚在地狱。

大家边吃边谈，气氛很轻松愉快。

根据名气大小和职位高低的顺序人们一个个说了自己的看法。等他们都讲完了，高盛的人见只有我还没发言，说："你还没有讲，你讲一下。"

这时，那家ST上市公司的董事长才介绍我，说我是银行的人，现在帮助公司进行重组。

“你说说，重组怎么才会成功?”高盛的人中文很标准，如果不是当面交谈，光听声音肯定以为是中国人。

我淡淡一笑，说:“简单，就两个字，保密!”

犹太人饶有兴致地盯着我:“继续讲。”

我说:“重组这家 ST 上市公司，具有很大的杠杆效益，比如投入 1000 万元人民币，可以净赚 1 个亿，有 10 倍的利润回报。但希望这件事成功的人很多，想吃这颗糖的人自然不少，而担心它不会成功的人很少，甚至没有人去认真想过，如果做得不好，它就是一颗致命的毒药。”

犹太人一脸不解的表情。

我继续说:“最后是吃毒药还是吃糖，决定事情成败的，不是金钱的多少、权力的大小，这些虽然重要，但不是核心的因素。我要告诉在座的每一位，决定这件事成功的关键，就是‘保密’两个字。”

犹太人觉得我的说法比较新奇，赶紧说:“请再往下说。”

我说:“世界上最吸引人的事情，要想获得成功，都离不开保密。我出身金融世家，父亲、母亲、两个兄弟都在银行工作。公司重组，实际上首先要考虑怎么先还银行的债务。这家公司欠银行近 10 亿元，如果三年连续亏损，股票退市清盘，受伤最重的是银行。所以，从银行的角度来看，欠账能还多少就还多少，不能让 ST 公司直接退市，不能一死了之，必须救活，但不能告诉任何人。”

我继续分析解释:“如果重组，1 个亿只还 1 千万，也不能告诉任何人。银行在资产处置方面有一个委员会，10 个人左右，成员经常变换，通常采取无记名投票，而且是一票否决制，只要有一名委员认为钱还少了，不同意方案，那么整个重组就会失败；再说上市公司，有流通的股份，也有不流通的股份，这与美国的情况不一样，美国的上市公司是全流通，完全是市场化行为。在中国，如果重组的消息保密工作做得不好，很容易导致流通股的股价大涨，涨几倍甚至10倍都很平常，不流通的法人股也水涨船高。如此一来，重组的成本就高得吓人，吓都会吓死人，自然也不用谈什么重组了。至于会吓住什么人，我不想多说，各位心里明白。”

犹太人的脸色都有点变了。

我说：“最后，站在投资者的角度来看，不是指在座的各位，是指包间以外的人。他们一旦知道这个消息，结果更坏，希望分一杯羹的人，不，应该说抢钱的人就来了。因此，重组的结果，这次不会成功，下次可以成功。”

犹太人好奇地问：“为什么?”

我说：“这种情况只能一个人知道，就能百分之百成功。但一个人又做不了这件事，最少应该有三个人。上市公司董事长、法人代表、总经理一个人身兼三职，这是第一个人；第二个是银行的人，这个人必须是能影响银行资产处置委员会每个委员思维的人，或者叫特别有智慧的人；第三个人就是在座的其中一个人，但现在包间里超过了三个人。我个人认为，这是当今中国ST上市公司重组成功的根本条件，做不到这一点，不成功的概率就是100%。”

犹太人想了想，然后伸出大拇指，说：“我明白了。”

老实说，当时我是屋子里最不起眼的一个人，或者说最不重要的一个人。但这个最有话语权的犹太人对我说：“你把姓名、电话留给我，这个屋子里，只有你是资产重组的明白人。”

这次对话，一问一答，时间不短，其间没有任何一个人干扰或插话。全场静得掉针可闻，每个人都在细心倾听。

“你是一个明白人”，这句来自世界上最会做生意的犹太人对我的评价，我很喜欢。这不仅是对我的尊重，也是对资产重组的尊重。

那家在深圳上市的 ST 公司，后来经过几年的潮起潮落，最后重组成功。

现在看来，在中国证券市场上，重组的故事随时都在发生。其中，成功或失败的案例都有不少，一些故事被人添油加醋之后，很快流传开来，成为人们称颂和羡慕的对象。

作为亲身的经历者，我有几句话要与大家分享：未参与其中的人，最好不要轻易相信重组一定会成功，避免走进地狱般的生活。能有幸投资上市公司重组的股票，除了运气还是运气，因为没人敢违规告诉你所谓的内幕。对于普通人来说，人的一生能碰到一次重组成功的机会，应该很知足了。10 倍的利润，一生只能拥有一次，下一次可能就是灾难。而我，只是多了一点点幸运，当了一回神笔马良，完美地将“重组蓝图”变为了现实。

第八章

我给宜宾市国资委当参谋

2008年，由美国次贷危机引发的全球金融危机迅速席卷世界每个角落。以前有句话，美国打喷嚏，全世界感冒；美国感冒，全世界生病；美国生病，全世界受罪。

这场金融危机，来势凶猛，全球股市很快出现连环暴跌，虚拟经济和实体经济一同大幅下滑。一时间，金融的“忧虑症”和经济的“焦虑症”四下蔓延，多因素共振。亚马孙雨林一只蝴蝶翅膀偶尔振动，两周后就会引起美国得克萨斯州的一场龙卷风，在这种蝴蝶效应下，全世界似乎都出现了“神经紊乱综合征”。“得病”的企业、投资者越来越多，恐惧、慌乱、绝望的情绪迅速弥漫开来。

我家乡宜宾的一家著名企业，很不幸也被这场金融危机所带来的蝴蝶效应影响……

第一节　为防恐惧，将股票钉在床板上

一场声势浩大的金融危机波及全球，像我这般敏感细腻的人若说毫无所触、毫无所想，那是不真实的。恐惧，谁都会有，我从不讳言自己也曾因为恐惧而误判良机。

还记得那是遥远的“红庙子交易时代”的旧事了。那时股票交易还没有电子化，一买一卖，都有一张印刷精美的股票纸当载体。对于当年红庙子进行股票交易的盛况，一家成都本地媒体曾这样报道：自行车一进红庙子，休想推得出来。此后再也没见过那么热闹的市场，板凳上搁一块写着票种的纸板，沿街道两边一字排开，中间全是人，男女老少背着一捆捆的钱，如同一支蚁队摩肩接踵在这条米把宽的小巷中来回蠕动。另一个人则回忆说：鼎盛时期的红庙子，只有疯狂，没有理性；只听消息，没有道理。股份有限公司的股权证、法人股，拟发行的认购证，有限责任公司的出资凭证、交款收据，无论本地的还是外地的，红庙子一概都炒。什么公司的盈利能力、资产情况、发展趋势，什么市盈率、市净率、分红情况都不管，也都不懂，有钱赚就行。

当时，我大胆购买了一些原始股。可那是20世纪90年代初，全国恐怕没几个人能真正弄清原始股的价值，先下股海扑腾的股民大多是跟风，看着谁谁谁买了股票，亲戚朋友也一窝蜂跟在这人屁股后面追买。那些一夜暴富的神话刺激着大家，谁要是靠股票赚了钱，他当之无愧就会成为一群股民心中的“股神”，大家都看他怎么操作，后面全都复制其行为。

因为在几次交易中都赚了一些钱，我也一不小心成了别人眼中的“股

神”，我买了大量的原始股后，认识我的熟人跟着抢购了不少。

我知道，我是一个凡人，凡人有的缺点，我身上也会有。比如，初涉股海，我知道炒股者最难战胜的情绪，便是贪婪和恐惧。人总是贪婪的，赚了还想赚，赚了一倍还想赚三倍五倍。人总是有恐惧的，跌了更怕跌，跌了一分怕跌一毛。那么，怎么才能战胜人人都有的贪婪和恐惧呢？我想到了一个非常笨、现在看来有些好笑的土办法：我和妻子同心协力翻过床来，用一枚大号的长铁钉，将我购买的原始股票统统钉在上面。

这样做的目的，不是为了防小偷、防强盗，我纯粹是防自己，因为这样一钉，我想要再交易就需费心费力地搬床拆钉，难度系数增加不少，任何事，人为地变得困难了，便会在做决定前“三思而后行”，绝不会冒冒失失，拍拍脑门就做出一项重要决定。

就是靠这个土办法，平静地度过了一段时间。可在一个晚上，熟人们不知从哪里听到了小道消息，说他们一窝蜂跟着我抢买的原始股要关停，不能再上市交易！也就是说我手上的股票纸将变成废纸！他们不干了，急得要命，十几个人像疯了一般，直接将我家房门拍得山响。

我和妻子都已入睡，被人从被窝里拉出来，脑子还在梦游着，听他们七嘴八舌地如此这般一说，我简直吓得魂魄都抖了三抖。这些人很生气，闹闹嚷嚷好一阵才离去。他们人多势众，我吓得不轻。待他们离开，我心里也开始七上八下：我手里捏的股票纸，到底会不会变成废纸？如果真的关掉，怎么办？虽说暂时只是小道消息，但万一是真的呢？

那是90年代初，电脑是十分稀罕的东西，不像现在家家有电脑，人人有手机，信息的获取，包括股票的交易，随时可在智能手机上瞬间完成。当时我被这莫名其妙的小道消息折腾得再也没有了睡意，我承受着内心的恐惧，最初像雾，越来越重，渐渐成了霾。

不行，宁可信其有，不可信其无！我请妻子帮忙，将床翻过来，小心翼翼地将原始股的股票纸取了下来。第二天，红庙子街一开市，赶紧去处理掉这让人一夜心惊胆跳的“小瘟神”。

又过了两天，发生了一件让我肠子都悔青的事：我匆匆贱价处理掉的股票，现在嗖嗖嗖地坐上小火箭，一个劲儿地往上涨了！我不想去红庙子街，又管不住自己的双脚，这些卖掉的股票，仿佛有魔力一样，硬是带着我往红庙子街走，让我亲眼看到摆在桌上售卖的股票纸，中间还留着一个圆圆的钉子孔，它们标着令我悔之莫及的价格，似乎在嘲笑我的不坚定。

时隔多年，时间已经进入 21 世纪，经过岁月的历练，我不再像毛头小子一般一惊一乍、容易被外界影响，但金融危机的可怕，多多少少我有所感知。这场金融危机最初只是金融界的地震和风暴，但很快就拷问人们脆弱的心灵，心灵遭受危机、感受恐惧，才是最可怕的事。在这次危机中，抚慰我心灵、拯救我信仰的，是书籍。

那期间，我埋头书海，拼命读书，阅读了大量金融方面的书籍和有关抚慰心灵的书籍。一是想尽快了解金融危机的由来及本质，二是想尽快让自己的心灵深处不再恐惧。

美国总统富兰克林·罗斯福著的《炉边谈话》这本书的封面，有这样几句话，“两场危机，一代领袖，三十次倾心谈话，共渡大危机的精神桥梁，走出大萧条的智慧引领”。罗斯福是美国第 32 任总统，履职于危难之际，被誉为与华盛顿、林肯齐名的最杰出的美国总统之一。

20 世纪 30 年代的那场世界性经济大危机，使美国陷入了历史上最为严重的经济萧条之中：股市暴跌，许多投资者倾家荡产；银行大量倒闭，很多人的存款一夜之间化为乌有；几十万家企业倒闭，成千上万的工人被赶出工厂，失业者饱受饥寒之苦，靠少得可怜的救济金活命；农产品的卖价还抵不上生产成本。于是最令人吃惊的事情发生了，有些农场主干脆把成桶成桶的牛奶倒入河中，或者用枪屠杀成群成群的牛羊，或者把成吨成吨的粮食、棉花替代煤炭做燃料……

面对如此严峻的经济形势，罗斯福总统并不畏惧，他决心领导美国人民走出经济大萧条的死亡谷。

1933 年 3 月 12 日，是罗斯福就职总统后的第 8 天，也是美国银行重新开业的前夜，罗斯福坐在白宫外宾接待室内壁炉前的一张沙发上，他点着香烟，对着话筒，亲切而热情地说道："朋友们，我想告诉大家，过去这几天我们干了些什么，为什么要这样干，下一步又打算怎么干。"

接着，他用亲切诚挚的声调、质朴实用的语句，向全国人民就银行暂停营业的问题做了耐心的解释，他说："我要指出一个简单的事实，你们把钱存入银行，银行并不是把它锁在保险库里了事，而是通过各种不同的信贷方式进行投资，比如买公债、做押款。换句话说，银行让你们的钱发挥作用，好使整个机构转动起来……我可以向大家保证，把钱放在经过整顿、重新开业的银行里，要比放在褥子下面更安全。"他用人人都听得懂的词语和比喻，把银行如何运作这一复杂的问题讲得一清二楚。他进一步强调："在我们调整金融体制时，有一个因素要比货币更重要，比黄金更宝贵，这就是人民的信心。"

这是罗斯福总统在接受美国广播公司、哥伦比亚广播公司和共同广播公司采访时的录音片断。他希望谈话亲切一些，免去官场上的那套排场，就像坐在自己家里同邻居或朋友聊天那样，双方随意交谈。哥伦比亚广播公司华盛顿办事处的经理哈里·布彻顺口说："既然这样，那就叫'炉边谈话'好了。"从此，这个节目的名称就被确定下来了。

从 1933 年 3 月 9 日制定《紧急银行法》，到 6 月 16 日出台《全国工业复兴法》，在3个月之中，罗斯福的智慧和魅力得到很好的展示。他通过“炉边谈话”，不仅鼓舞了美国人民，坚定了人民的信心，而且也宣传了他的货币政策及社会改革主张，并赢得了人们的理解和支持。

“炉边谈话”是罗斯福首倡的领袖与民众沟通的途径，它以拉家常式的广播谈话，向各界民众分析局势、解释政策、提出吁请，沟通了人心，提振了信心，凝聚了力量。罗斯福在当年的“炉边谈话”中有许多至理名言，十分亲切而感人肺腑。

我虽没有机会亲耳听过罗斯福总统的广播，但依然从一些书中汲取了巨大的力量，书中有一句话，让人非常赞赏：“恐惧比恐惧本身更恐惧。”这10个字，意义非凡，闪烁着智慧的光芒。

的确，恐惧的念头，是比所谓“恐惧的事实”更让人恐惧的东西，因为人容易将自己困在思绪的牢笼之中。

我在金融危机前后读过不少金融书籍，如果开设书单，会很长很长，这里我只节选出部分个人认为不错的书籍，诚心向大家推荐：

《炉边谈话》，富兰克林·罗斯福著，中国社会科学出版社出版

《次贷危机》，辛乔利、孙兆东著，中国经济出版社出版

《华尔街风暴》，肖金泉、艾学曼、邱达著，北京出版社出版

《中国经济大趋势》，郎咸平著，东方出版社出版

《索罗斯带你走出金融危机》，乔治·索罗斯著，机械工业出版社出版

《华尔街23号》，杜大可著，清华大学出版社出版

《时寒冰说：经济大棋局，我们怎么办》，时寒冰著，上海财经大学出版社出版

《金融危机经济学》，科林·里德著，东方出版社出版

《郎咸平说：谁都逃不掉的金融危机》，郎咸平著，东方出版社出版

《谁来拯救美国》，陈彼得、魏昕著，九州出版社出版

《金融风暴危机与转机》，吴振兴、袁野著，新世界出版社出版

《水晶球——吉姆·罗杰斯和他的投资语言》，杨青著，机械工业出版社出版

《看不懂的中国经济》，韩秀云著，中信出版社出版

……

当然，金融危机前后，我还看了不少慰藉心灵的书籍，下面列举的书值得认真研读和好好体会：

《菜根谭》，洪应明著，崇文书局出版

《佛光菜根谭》，星云大师著，现代出版社出版

《论语》（珍藏本），金凡平评注，中国少儿出版社出版

《唐诗的江山》，摩西著，中国出版集团出版

《道德经》，老子著，中国长安出版社出版

《老子为道》，殷昆著，甘肃文化出版社出版

《释迦牟尼佛传》，星云大师著，海南出版社出版

《虚云大师说禅》，虚云大师著，甘肃文化出版社出版

《佛家简史》，吴德新著，华龄出版社出版

《道家简史》，张恩富著，华龄出版社出版

《儒家简史》，钱发平著，华龄出版社出版

《易经的智慧》，殷昆、殷珍泉著，九州出版社出版

《狂喜之后》，杰克·康菲尔德著，云南人民出版社出版

《关于这颗心》，阿姜查著，海南出版社出版

……

或许，我跟很多人的阅读方式有点不同，在读金融危机方面的书籍时，我要求自己必须以最快的速度、最敏感的思维去了解这场危机，并且必须以同样的速度、同样的敏感思维方式快速走出来。因为，只有率先从这场灾难中走出来，具备自己独特的思想和视角，形成自己独特的行为方式并果断行动，才能真正抓住机会。

而阅读大量的抚慰心灵的书籍，主要目的是使自己的心平静下来。在大灾大难面前，人都会恐惧，不同的是众人对待恐惧的方式，而我对待恐惧的方式就是多读心灵慰藉方面的书，越多越好，哪怕只记住书里的一句话都算有所得，都算没有浪费时间和精力。

我有一个最切身的体会，也算是我人生的真实写照吧，人的一生有许许多多的选择必须去面对，有许许多多的决定要自己去抉择，可很多选择并不是那么好做，其中有正确的也有错误的，是对是错也只有事后才知道。正因如此，不知多少人在人生的三岔路口迷失方向，从而再也难以回头。

正确的思想从哪里来，正确的行为又从哪里来？我渐渐领悟到了，越简单的心情，越能起正确的作用。

简单的决定从哪里来？最伟大的决定，最成功的决定，来自平静心态的一刹那。

一刻的平静，来自一生的磨砺。

瞬间的真实，才是永恒的智慧。

第二节　反哺家乡，义无反顾

心灵的平静，灵魂的平和，真的能带来格外澄明的思绪，解除内心的恐惧和慌乱之后，我第一个想到的是我日夜思念的美丽故乡。

19岁时离开家乡之后，参军、转业、工作，多年来忙忙碌碌，就算回乡，每年也住不了几天。但这并不代表着我对宜宾的感情日益淡薄，恰恰相反，离开越久，思念越浓，走得越远，我越觉得宜宾可亲。

全球经济都受到金融危机的影响，我也担心在股市暴跌时期宜宾五粮液股权。这可是家乡的企业，家乡人在资本市场上究竟是怎样运作股票的？他们是否也有恐慌迷惘？我有这方面的经验，也有为家乡做点实事的决心，应该帮他们一把，一起跨过激流险滩。一句话，反哺家乡，义无反顾。

说起五粮液，大家应该都不会感到陌生。无论在业内还是消费者中间，作为中国白酒行业中的扛旗者，五粮液有着其他酒企难以匹敌的“江湖”地位。据相关数据显示，五粮液集团自改革开放之后，一直呈现出“井喷”的发展态势，尤其在2008年，五粮液连续创造了三项纪录：销售收入达304亿元，创历史新高；品牌价值达450.86亿元，连续14年稳居食品行业前茅；运营商盈利能力创造了2005年以来历史新高。

宜宾属南亚热带到暖湿带的立体气候，非常适合种植糯稻米、玉米、小麦，宜宾紫色土也非常适合种植高粱等作物，而这些正是五粮液酿造配方中的主要原料。而五粮液筑窖和喷窖用的弱酸性黄黏土，黏性强，富含多种矿物质，尤其是镍、钴这两种矿物质只有在五粮液培养泥中才能有利于微生物的生存。五粮液的生产需要空气和土壤中的150多种微生物发酵，因此，必须要有能适应150多种微生物共生共存的自然生态环境。可以说，大自然给予了五粮液独特的天时地利。

1984年，五粮液集团提出："总目标是在尽可能短的时间内，把五粮液酒厂建成中国第一流的现代化企业。"经过20余年的艰苦发展，20世纪80年代初生产能力还只有3000多吨的五粮液集团，如今已发展为占地7平方公里的"十里酒城"，成了"千年酒都"宜宾的象征。

据2010年12月《四川经济日报》一篇报道称，宜宾十里酒城、千里飘香，五粮液集团在这里拥有全国超大的窖房和世界级超大酿酒车间，配备行业内极先进的全自动包装生产线，还有国内先进的硬件设施以及检测仪器，这些先进的硬件设施有力地保障了公司产品质量的稳定提升，保证了不同批次产品质量的稳定。现在，五粮液集团的生产能力已达45万吨，是世界最大的酿酒生产基地之一。

宜宾的五粮液股份有限公司，总股本379597万股，当时宜宾市国有资产经营有限公司持有212837万股，占总股本的56.07%，属绝对控股。

在2008年的那场金融危机之中，在A股上市的五粮液公司的股价随着中国证券市场的暴跌而暴跌，面对这种系统性下跌，家乡人对此具体是如何运作的，说实话，我十分挂念。

过去，国家股和法人股不能上市流通交易，占比56.07%的股票反正卖不掉，当然不会考验大股东的智慧。如今，国家股和法人股可以上市流通交易了，真正考验大股东智慧的时候到了。卖了，怕涨；不卖，又怕跌。卖多了，怕失去对公司的控股权；不卖或少卖，又怕失去机会，大量的资产放在手里不能保值增值，确实让人左右为难。

在我看来，当一个市场经济时代的公司领导要比当一个计划经济时代的公司领导难得多，而当一个上市公司的大股东更是难上加难。因为，上市公司面临的经济关系更为复杂，持股的各方都有各自的利益诉求，如何在讲求原则的基础上平衡各方利益是个难题。

说来也巧，时任宜宾市市委常委、副市长的葛燎原，是我小时候的好朋友，他主管宜宾市的工业经济。年幼时，他喜欢画画，很有天赋，其父也是画家。不过，我参军离开家乡后，30 年都没有再见到过他。

我先是写了一封信给葛燎原，并附上了《超人归来》这篇采访我的文章。现将当时的信件摘录如下：

燎原：

你好！自从 1976 年底参军离开江安以后，32 年过去了，是江安养育了我，我永远都没有忘记江安的山山水水，一草一木，更没有忘记家乡的伙伴。

前年春节，我回江安一次，见到了刘洪，感慨万千，听说你在宜宾，刘洪（时任宜宾市翠屏区委书记）、黄德生（时任市委宣传部副部长）也在宜宾，比起你们能为家乡人民做出的贡献，我深感惭愧，这辈子，我没有为家乡人民做什么事情，常常感到不安，心里很不踏实。

2005 年我从中国银行四川省分行内退以后，为朋友所托，帮一家上市公司搞重组工作，当时公司的董事长很想留我，随后重庆有人想让我留下来搞投资公司，最近地震重灾区北川的一家公司董事长也想请我去北川组建一家上市公司，我都好言谢绝了。我想来想去，心里总不踏实，身为宜宾人，能为宜宾做点事情，我的心里才会踏实。

随着世界经济的一体化，随着中国经济的快速发展，宜宾应该有着很多机会，宜宾人民也应该有着很多机会。

我们这代人能留给下一代的不仅仅是富有和快乐，更应该留下智慧，未来的宜宾不仅会成为一个富足、快乐的城市，而且会成为一个智慧的城市，因为我坚信，三江之地，人才辈出。

我个人认为，随着国家股和法人股的流通，宜宾市国有资产经营有限公司持有的上市公司股权如何在流通中保值增值，又确保上市公司的控股地位，就是一个十分重要的问题。同时，随着宜宾市人民的不断富裕，大量闲散资金的集中使用也是一个十分重要的问题，随着国家藏富于民思想的不断深入，阳光私募基金也会有大力发展的趋势，把握这些机会需要超前的思想，更需要睿智的人，这仅仅是我个人的一点想法，请燎原指正。

这次，美国的次贷危机，大多数人都是输家，但有一位最大的赢家，就是美国的保尔森对冲基金，仅2007年上半年就从1.5亿美元变成了280亿美元。全世界都在寻找其中的秘密，其实秘密很简单，原来美国联储前主席格林斯潘就在这家公司担任投资顾问。

由此可见，未来世界决定成败的不是权力、金钱，而是智慧，特别是大智慧，同时，不论做人做事，越简单、越平静、越快乐最好，能把复杂变简单、把简单变快乐、把快乐变享受即可，要做到简单、平静、快乐。

随信附上《环球市场》杂志刊登的有关我的一篇文章《超人归来》，其实我并不是什么超人，我就是燎原小时候的朋友，仅此而已。

祝你快乐！并代我向刘洪问好！

唐晓康

2008年8月26日于成都

去信几天之后，我又通过宜宾市政府找到了葛燎原的电话。30年没有见面，我先是在电话里问候了一下老朋友，然后提到五粮液的股票。当时因为遇到金融危机，五粮液的股价从高峰时的50多元下跌到13元左右。以宜宾市国有资产经营有限公司持股56.07%共212837万股的市值来计算，损失可谓惊人。

从当时缩水的市值来看，五粮液酒厂不知要卖多少瓶酒，才能创造这么大的利润，家乡人民不知要流多少的汗水才能创造这么大的利润！

没过几天，我们又通了电话。

我特别关心五粮液股价在50多元高位的时候，他们运作了没有？葛燎原告诉我，没有。他说，当时认为五粮液的股票还要涨。同时，他告诉我，我写的信和发表的文章收到了。他正在考虑国家股和法人股流通后的股权运作问题，也把我的文章给宜宾国资委和国有资产经营有限公司的主要领导看了。

看来，大家都想到一起了。我们约好了见面的时间和地点，商讨五粮液股权的运作事宜。

拳拳游子心，浓浓故乡情。故乡宜宾就像母亲，如何让母亲变得更加强健、富足，一直是压在我心头的一块巨石。

怀着愉悦的心情，我回到故乡宜宾，马上就见到了葛副市长。我还特地准备了一个专题报告，亲自交给他。

俗话说，术业有专攻。我觉得，为了让家乡发展得更好，应该让有专长、有才能的人尽情发挥自己的专业才能，为家乡发展贡献自己的聪明才智。

下面是我呈给葛副市长的专题报告。

关于宜宾市国有资产经营有限公司持有的上市公司股权，
如何在流通中保值增值，又确保上市公司控股地位的几点设想

一、历史的机会

在国家股和法人股没有流通之前，宜宾市国有资产经营有限公司所持有的五粮液集团、宜宾纸业上市公司（现名ST宜纸）的股权，仅是经营权占主导地位，股权的流通价格完全由金融资本占主导地位。大小非问题的解决，实际上是中国资本市场的一次大洗牌，游戏规则、博弈双方都发生了根本的变化，一句话，原有证券市场所谓的庄家将全部退出历史的舞台，证券市场新的主力将真正产生，了解这个机会，把握住这个机会，就是中国证券市场今后最大的赢家。

历史的机会是指：国家股和法人股流通后，把五粮液和宜宾纸业等股票价格的话语权交给了宜宾市国有资产经营有限公司，因此，从现在起，宜宾市国有资产经营有限公司必须彻底转变观念，尽快树立虚拟经济的意识，学习与“符号”“数字”“预期”“故事”打交道的本事。

如果任凭经济形势左右，任凭证券市场左右，任凭股价左右，消极等待，随波逐流，宜宾市国有资产经营有限公司会吃大亏，财富的流失不可估量。多年来，宜宾市的实体经济有了长足发展，经验比较丰富，办法也比较多，但虚拟经济的发展还不尽如人意，直接上市的公司很少，借壳上市的公司就更少，私募基金的发展与沿海城市相比差距更大，宜宾的金融意识、资本意识、投资意识、智慧意识都需要大大加强。现在，很多城市、很多投资公司都遇到同一个问题，就是大小非的问题，宜宾市国有资产经营有限公司不能等、不能靠，你只能走在前面，创出一条新路。

二、具体的做法

（一）传统的做法

要加大这方面工作的力度，具体地讲就是要有专门的人具体管理具体运作，并建立相应的职责和相应的激励机制。

（二）创新的做法

重新成立一家既有宜宾市政府背景，又能独立经营和独立核算，真正市场化的投资公司。

由于当前的法规和各种政策的滞后，国家股和法人股从2005年的下半年流通后就没有新的法规和政策，其中包括对控股地位、控股数量、控股比例、控股成本的具体约束，同时还包括对国家股法人股流通后保值增值的具体激励机制，另外，还包括对资本市场风险或机会的评估、运作的相应政策和应急方案。

因为政策的滞后，就必须有超前的做法，超前的做法才会有丰厚的利润。重新成立一家投资公司，它的好处：一是可以与原有的宜宾国有资产经营有限公司脱钩，二是可以与当地的上市公司脱钩，三是可以与当地的信托公司的公募基金脱钩，这样以后对上述公司的管理政策就不能对新的投资公司产生制约，这样没有制约，新的投资公司发展的空间就很大，获利的空间也很大，法律的风险和道德的风险都会降到最低。

宜宾国有资产经营有限公司可以在政府的支持下与新的投资公司签订协议，进行委托管理，确认保值增值以及确保控股地位的相关条款。

三、几点设想

走股份制的道路，实行大小非流通，实际上就是藏富于民思想的体现，财富的保值增值有很多办法，仁者见仁，智者见智，我认为增加财富的私有元素，增加民众持有财富的元素是最关键的，必须引起高度重视。

当前，公募基金的发展，问题越来越多，当地政府得到的利益和机会并不多，而公募基金的持有人的抱怨也越来越多。相反，私募基金的发展前景非常广阔，要把宜宾当地的闲散资金留在宜宾，集中投资，那么私募基金就是一个好的平台。私募基金规模的大小、时间的长短都由双方在公平公正公开的条件下运作，受法律保护，一定要把宜宾当地的资本运作的人才留在宜宾，充分发挥才干，同时一定要吸引虚拟经济领域的人才到宜宾来发挥作用。

要树立理性的投资理念，养成良好投资行为和投资习惯，要培养专门的投资人才，尊重知识、尊重人才、尊重智慧。国家股和法人股可以流通后，资本市场最大的变化，就是金融资本左右股市的历史彻底改变，将由产业资本取而代之。所谓产业资本就是由国家股和法人股绝对控股的股权，它才是股市最大的主力。

准确地讲，五粮液的股票、宜宾纸业的股票，宜宾人说了算，宜宾国有资产经营有限公司说了算，不能把这个千载难逢的机会交给别人。

要认真学习虚拟经济的各种知识，掌握虚拟经济客观规律，既要把五粮液的酒做好，把宜宾纸业的纸做好，也要学会把五粮液和宜宾纸业的资本运作好。

如何保持股权的控股地位，一是随时掌握控股比例，特别是每年股东大会前，必须保持大股东的绝对地位；二是对第二、第三、第四及以下的股东，特别是对持股比例接近的第二大股东，要认真研究他们的各种动向，谨防恶意收购、恶意兼并，各大股东理解并尊重宜宾国有资产经营有限公司的理念和行为，共同支持五粮液和宜宾纸业的发展。

在经济有问题的时候，股市下跌的时候，人们都恐惧的时候，正是借助重组的最好时机，一是成本最低，二是时间最快，重组或收购的胜算都非常大，获利的空间都非常大，这也是经济良性循环的开始。

综上所述，树立一个好的理念，把握一次好的机会，留给宜宾的就是无穷无尽的财富，就是代代相传的美好故事，由衷地希望宜宾更加美好、更加富有、更加快乐、更加智慧。

第三节　以不变应万变，以时间换空间

我和葛燎原副市长谈话的方式，主要是边问边答，为了让宜宾相关上市公司最大的股东能听明白我的意思，我做了比较具体的回答。

我谈到股票价格的上涨和下跌，第一阶段是由市净率和市盈率来决定，这是合理的阶段。第二阶段的上涨和下跌是由供求关系来决定，也就是买卖双方来决定，这是介于合理和合情之间的阶段。第三阶段的上涨和下跌，是由对未来市净率、市盈率和供求关系的预期来决定，也叫市梦率阶段。但这三个阶段，都不会超过人本身的想象，不会产生更大的泡沫和更大的股灾。

其中，我还谈到了“神经可以决定价格”，由“神经”决定股价，股票才会有天价和地价，股市才会有天堂和地狱。说得更直接一点，股市的最高价和最低价，是“神经”来决定的。

这些新颖的观点，葛副市长他们听得津津有味，一直追问了我不少问题。

最后，我肯定地告诉他们：这次金融危机，股票暴跌，不需要恐惧。

宜宾市国资委的主要领导追问道：“我们怎么办？”

我回答：“以不变应万变，以时间换空间。”

以不变应万变，以时间换空间，在股票市场上又称之为“曲线升值”。这种理念追求的是长线翻番的未来，但这个过程会充满荆棘，需要有莫大的耐心，也很考验智慧。我希望五粮液的大股东们能通过艰难锤炼，拥有这种难得的智慧。

谈完正事，和儿时的朋友们吃了一顿饭。我是个酒量甚浅的人，那天想到能为家乡做点事，高兴得忘记了自己的酒量，不管谁敬酒都喝，一喝再喝。

那次醉酒，终生难忘。饭局刚结束时，我就感到胸闷头疼，连呼吸都变得十分困难，勉强回到父母家时，竟然一进家门就倒在地上，连爬起来的力气都没有了。看到我醉酒后的样子，一向镇定自若的母亲都被吓着了，她赶紧拨打了120，可最近的医院的救护车也要15分钟才能到，迷迷糊糊中，我吃力地说了一句话:“我等不了那么久了。”

母亲万分紧张地握着我的手，坚定地说:“儿啊，你最坚强了。必须等!”

是的，必须等，我也需要“时间换空间”，我还有好多好多事要做呢，我还年轻，才在金融市场沉浮半生，怎么可以就这样离开?还有我聪明漂亮的女儿，将来我还要牵着她的手，把她交给深爱她的男子，这么重要的时刻，作为父亲的我怎能缺席?

意识似乎被抛到了漫无涯际的荒野，又似乎只有弹指一挥间，白衣天使来了，我又挺过了一关。这一关，比在股市中输掉所有金钱更难受。毕竟，钱亏了，可以再赚，一旦生命终结，一切都将变得毫无价值。

事后，当知觉逐渐恢复时，我才知道，在医院抢救的关键时刻，两个兄弟一直守护在我身边，这使我深为感动。这次醉酒给我的教训深刻，饮酒过量，加上中途没有吃任何东西，空腹喝酒，对胃损伤太大。

在全球金融危机发生后的那段时间，我专程回家乡，在股价最低迷的时候，我建议相关方沉着冷静，以不变应万变，以时间换空间，不要自乱阵脚，不要在恐慌中出现误判。随后，五粮液的股价逐渐稳步上涨。

实践证明，我为家乡做了一件应该做的，必须做的，而且是正确的事情。

第九章

财务自由之路并不好走

一次成功的股票交易，使我实现了一生的财务自由。听起来是不是有点像天方夜谭？但这的的确确是发生在我身上的奇迹。梦里寻它千百度，蓦然回首，圆梦就在一年间。从2009年3月到12月，不到一年的时间，我这一生“财务自由”的梦想终于尘埃落定，完美实现。

2009年，岁在乙丑，我53岁，很幸运地，身体自由、灵魂自由、财务自由三大目标顺利完成。

读者朋友应该还记得，我前面讲过，2005年4月20日，我实现了自己所追求的三大自由中的第一个自由——身体自由。我从中国银行办理了内退手续，从此开始听从自己身体本真的诉求生活，这让我享受到了一种莫大的轻松和愉快。

当然，我不会自我放任，无须上班打卡，不用将每天的日程表排上满满当当的工作计划，我放下了“急”和“赶”，将时间的发条调慢，开始静下心来阅读一些佛经、禅学、《易经》的书，然后找了《圣经》《荒漠甘泉》《天路历程》《黑山门路》《花香满径》《塔木德》《瓦尔登湖》等滋养心灵的书籍开始慢慢阅读，获得了奇妙的阅读效果。我感受到了自己灵魂的自由，从哪一天开始算起，现在来看很难讲得清楚，但可以肯定的是，灵魂自由的实现比财务自由更早一些。

第一节 五十功名心不灰

2005 年 7 月，我的女儿以文科高考总分 646 分的成绩，名列成都实验外国语学校第 3 名，成都市文科考生第 12 名，四川省文科考生第 36 名，被中国人民大学财政金融学院金融系录取。作为父亲，我由衷为聪明伶俐的女儿感到高兴和骄傲。

当时，我和女儿回四川宜宾老家，顺便在长宁县深山老林中观赏茫茫竹海的独特风景。途中，巧遇了一位高人，随性抽了一签，签上写着“枯井生泉，上上大吉”，并留下四句话：五十功名心已灰，哪知富贵逼人来，更行好事存方寸，寿比冈陵位鼎台。

这四句话我并不是太懂，后来，我回到家，就上网搜索。原来，“五十功名心已灰，哪知富贵逼人来”这两句源自朱买臣的故事。清代人吴伟业所写《过朱买臣墓》中有“行年五十功名晚，何似空山长负薪”的诗句，说的是朱买臣满腹才华，但年近五十才被皇上赏识重用。后两句为“更行好事存方寸，寿比冈陵位鼎台”，大意是说要在方寸间多做好事，那样就能长寿，得取功名。“方寸”既指身边小事又指天地之间的范围，“冈陵”是指高台，“鼎台”指三公之位。

女儿当时还开我玩笑，说：“爸爸刚好虚岁五十，要不要那么‘心灰'啊?"

看着女儿茁壮成长，即将迈入大学，心情大好的我哈哈大笑起来。

老骥伏枥，志在千里。那时，我读佛书、看《圣经》、研道学，但我清清楚楚知道，自己其实并未"心灰"。我只是让自己静下来，就像非洲大草原的猛虎雄狮，有时看似安静不动，如同雕塑一般，其实它们是在休养生息，耐心观察周围，等待一个绝佳的出击机会。

回家后，我将签文卡在了照片镜框背后，我想冥冥之中，总有机会降临，我只需耐心等待，戒除急躁，修炼身心。2006 年过去了，2007 年过去了，2008 年过去了。2009 年这一年，实现财务自由的机会终于来了。

原来，只要你的心不死，希望尚存，机会就会向你招手。

2009 年，当我充分享受了身体自由和灵魂自由的妙处后，人生已经进入了一个悠闲自得的境界，以前激进暴躁的个性收敛了许多，不会刻意去做什么事，不会逼自己思考什么问题，更不会带着极强的目的性去结交什么人，一切顺其自然。就算暂时没有实现财务自由，我已经沉浸在一种幸福的时光之中，而且，我有种离完美的幸福越来越近的预感。

美国有一部电影，叫《当幸福来敲门》，这部电影没有帅气逼人的演员，没有花哨的剪辑，也没有精彩的配乐……但却有一个取材于真实的故事，一个足以令无数观众认真看完并为之感动的好故事。

故事的背景是 1981 年的美国旧金山，当时美国经济处于不景气的境况。片中的男主角，便是在这种环境下疲于奔命的推销员。男主角推销一种比 X 光更精密的医用扫描仪，不过，这种产品价格昂贵而且不实用，销路一直打不开，所以无论如何努力，男主角也没办法让自己的妻子和儿子过上舒心的日子。与此同时，税单和罚单等如雪片般飞来……正当他焦头烂额之际，妻子也离他而去。而在那个时候，他得到一个到一家名为"维特"的投资公司做实习生的机会。于是男主角带着懂事的儿子开始了一个个艰难的日日夜夜。男主角坚强面对困境，一边打散工赚钱，一边努力培养孩子面对困难的乐观精神，父子俩日子虽苦，但还是快乐生活着。头脑灵活的他很快就掌握了股票市场的知识，随后开了自己的股票经纪公司，最后成为百万富翁。

原来人生就是这般奇妙，在许多不经意的瞬间，长着翅膀的小天使悄悄飞到你耳边，轻轻地“嗨”了一声，从此，你的人生将变得更加不一样了。

2009 年 2 月的一天，成都，春光明媚，微风拂过，心里暖洋洋的。

这天，我好久没见的好朋友罗大威登门造访。他之前和我一样都在金融系统工作，他曾在一家银行当信贷处处长，离职后，在深圳一家上市公司当副总经理兼财务总监，还身兼一家房地产公司的副总经理。经过这些年的摸爬滚打，如今的大威，处理事情滴水不漏，待人接物大方得体，在商海中已经修炼成了精明人。

我们打小就要好，这些年虽然见面的时间不多，但共同的儿时回忆以及那个时代留下的真挚情感，很快让我俩的兄弟情义升温。

大威知道我如今充分享受着身心自由，但不轻易交朋友，也不随便见陌生人。刚开始，他来找我，主要是在一起喝喝茶、叙叙旧，气氛格外轻松而愉快。

见过几次面后，某天，他告诉我，他有个亲戚的朋友，姓唐，做外贸生意的，是将境内的走俏化工产品卖到国外，生意做得很不错，规模也很大。此人也喜欢做股票，但不太懂。最近几年，特别是 2008 年的全球金融危机爆发后，中国股市跟着暴跌，他的资金损失 70%左右，元气大伤。

老罗问：“你是股市高手，愿不愿意见他一面，帮帮忙?”

我说：“现在不敢马上答应你，这种事要看感觉。感觉好，可以谈；感觉不好，就不谈了。”

我是有几分相信人与人之间存在气场之说的，两个人气场对了，一见面就有熟稔的亲切感，交流沟通非常有默契，有时你刚说上半句，对方马上就知道你心中的下半句了，这就是缘分。也有些人，就算他再怎么表现、示好，你只觉得和他相处如坐针毡，恨不得快点结束会面，逃也似的离开，这便是气场不对。

因为充分享受生活，我也看了一些“杂书”，比如在某部收录地方戏的书里看到“关公辞曹”，把我肚子都笑痛了。

曹操(唱)：

曹孟德在马上一声大叫，
关二弟听我说你且慢逃。
在许都我待你哪点儿不好，
顿顿饭包饺子又炸油条。
你曹大嫂亲自下厨烧锅燎灶，
大冷天只忙得热汗不消。
白面馍夹腊肉你吃腻了，
又给你蒸一锅马齿苋包。
搬蒜臼还把蒜汁捣，
萝卜丝拌香油调了一瓢。
我对你一片心苍天可表，
有半点孬主意我是屌毛！

唱词是讲曹操对关公之心“苍天可表”。曹操抓了关公困在曹营，却拿他当上宾对待，不但包饺子、炸油条，还给吃白面馍夹腊肉。曹大嫂也真是贤内助，一片殷勤留贵客，那么宝贵的香油，拌个萝卜丝竟然都能浪费一瓢！饶是这样，关公还是要去找他的刘备哥哥，让曹操急得发誓诅咒，连粗口都爆出来了！

这便是气场不合，就算曹操对关羽再好，关羽仍旧是“身在曹营心在汉”，曹操一系列怀柔政策改变不了人家，最后恼羞成怒。

我初见小唐，第一感觉是气场蛮合。他也属猴，比我小一轮。个子不高，平常打扮，休闲夹克，利落短发，看上去颇有几分儒雅气质。

我们对彼此感觉都不错，觉得对方“对路”，第二次细谈便深入到了如何运作、如何分配的层面上。我和小唐决定搭档，准备玩一场智慧与金钱的游戏。他出金钱，我出智慧。当然，如果获利，我们要“按资按智”各自分得不同比例的利益。

前面说过，我出身金融世家，比一般人更明白，金钱只是一种交易的工具。钱放在银行里可以收息，但利息不高；放在家中，就是“死钱”，还要提心吊胆以防被盗。而智慧不一样，智慧藏在人的大脑里，是无价之宝，既安全，用起来也方便，能让“死钱”流通起来，变成“活钱”。

智慧与金钱一旦相结合，增值空间巨大，甚至可以呈几何级数增长。只要有足够的智慧，金钱会跟着智慧往前走，步子越跟越紧，直到不可分离！

小唐是个在商海打拼多年的人，再次见面谈话，我们就签好了合约，于是，我开始运作这个“智慧与金钱”的迷人游戏。

第二节　暴跌时入场才是真正的机会

2009 年 3 月，我把小唐两个账户上原有的股票，分别在几次高点附近全部抛空，两个账户里的资金全为保证金。这期间，小唐又加大了资金投入。

小唐曾问过我一句话："你需要多大的资金?"

我说："这场金融危机百年难遇，千载难逢，全世界的股市暴跌，中国的股市也跟着暴跌，过了这村就没有这店了。这么大的金融危机，不是年年都有，10 年、20 年甚至 50 年都难逢一次。在我眼中，股灾对持有股票的人，是灾难；但对持有现金的人，就是福气。"

我接着说："你有多少，就投多少。"

他一听大喜："我手里还有美元、房产。"

我说："很好，事不宜迟，立即换成人民币。"

小唐虽然对股票懂得不多，但他很爱学习。我送他的股票书籍，特别是书上我用红笔勾画出的重点，他都看得很入迷，不懂的地方还不时向我请教。

一次，我们在成都市郊外某处泡温泉。在水池里，他忽然问我："什么时候是买股票的时候?"

我说："就是悲观者最多的时候。"

他又问："什么时候是卖股票的时候?"

我回答："就是乐观者最多的时候。"

对这几句话，他似懂非懂。过几天他问我："账户上原来的股票，比如云南铜业，你为什么能卖到最高点?"

云南铜业是他原来的重仓股。我从低点 12 元左右，一直守到 19.88 元才清仓。随后一段时间，云南铜业的股价都没有达到这个高点。重仓股的市值很大，每上涨 1 元，利润都非常惊人，所以他好奇，想知道我是怎么操作的。

我说："只讲 19.88 元卖出这件事情，其他的过程不说了，说多了显得复杂。要卖这个最高价，你必须随时要看盘面的变化，这是短线操作一定要做的事情。而长线操作是一旦买进，就不用看盘了。美国的查理·芒格，以及沃伦·巴菲特，他们办公室里的电脑都蒙着灰，基本上没用过，他们基本上不看盘。但做短线一定要看，什么叫真的买盘，什么叫假的买盘，一定要看得出来。因为买盘和卖盘，这是市场灵魂的表现形式。”

小唐点点头，认真地看着我，期待我继续说。

“为什么那天我要在19.88元这个价位抛空云南铜业？守了那么多天，就选这个点，是有道理的。其实很简单，越简单的道理越管用。那一天，云南铜业交易量很大，是平时的好几倍。但大单的买单，指10万股以上的买盘，时隐时现。记住，‘时隐时现’四个字是关键。在这一瞬间，不能再记其他东西了，不能再想其他东西了，必须尽快做出判断。‘时隐时现’的背后肯定有假。买盘有假，我必须以最快的速度，以真对假，就是真卖，坚决地卖，一定要卖完。我们持有股票，就是卖方，我们只研究买方即买盘的行为。我一旦发现买盘有假，瞬间决定把手中的股票全部卖完。”我一口气说了很多。

小唐感到很惊讶，问：“那你是怎么看出买盘有假的呢？”

我接着解释：“买盘又分主动性和被动性两种。书上有这方面的介绍，你慢慢看书。当我发现买盘有假时，立即以最快的速度，抛给买盘，买盘想撤单都来不及，很快就成交了。这个价格就是当时的最高价。”

听完我的话，小唐终于弄明白了我高位卖股的逻辑。

我还给他说了我的一些经验：“为什么我工作时必须有两台电脑呢？有一台是用来看证券的即时行情，另外一台是专门用来买卖股票。卖股票的时候，股票代码、行情价格、要卖出的股数一定要提前输好，就像打枪一定要子弹‘上膛’，一旦确认卖点，一秒钟就按下卖出键，瞬间‘开枪’。买股票的时候，也是一样，见到最低价就买进。短线操作讲究快、准、狠。”

第三节　巧遇“公募一哥”王亚伟

我做股票有一个特点，很多年来都是如此，要么不买，要么全仓，全进全出，而且基本上只买一只股票，最多买两只股票。

实际上，买股票是对一个人智慧的考验。经过20多年的发展，沪深股市目前已经有2000多只股票，从那么多的股票中精选出一只，犹如大海捞针，这本身就是很考验耐心和水平的事情，全仓买进，更是既考智慧又考胆量。但这两点都不是最重要的，最为关键的是，要守得住，还要会卖股票。三个条件都必须具备，才能做长线。

短线操作时，我喜欢一边调整仓位，一边操作，同步进行，绝不让资金闲着。哪怕是一天，都不让它闲着。

我个人认为，对自己看好的机会，对感兴趣的股票，一定要相信最初的灵感和判断。最初瞬间的决定，才是正确的决定。如同男女朋友，第一次见面、交流的感觉尤其重要，判断可能也比较精准。越犹豫、越徘徊、越比较、越分析，越不相信自己甚至否定自己，最后错的概率越大。信则心定，心定则气定，气定则行定，行定则事成。

我的这些思路，和某些专家的观点完全不同，我还反对“把鸡蛋放在十个篮子里”，认为这是一种消极的决定。想想，虽然表面上看风险是分散了，但机会同样也分散了。所以，多年下来，我的操作风格一定是重仓配置某只股票，然后较长时间地持有，最后是信心百倍地等待，等待才是做股票的最高境界，这是赚大钱必须具备的素质和修养，不是一朝一夕就能完成的，需要用一生的感悟去赢得瞬间的成功。

很快，我操作的两个账户，全部满仓。当时，再多的保证金我都嫌不够。再多的保证金，我都敢玩。什么叫厚积薄发、一鸣惊人？50岁以后的我才真正弄懂这些词汇背后的含义。在中国证券市场，赚钱的永远只是少数人。赚大钱的更是少数人中的少数人。少数人又是哪些人？就是敢于走中国股市的窄门，做有个性、有胆识的投资者。具体地讲，必须有独立的思想、独立的行为、独立的习惯和独立的性格。他的投资思想和投资行为必定是不跟随大众，他的投资习惯和投资性格一定要具有逆向思维，并且是某种信念的坚守者。

在我看来，未来的中国证券市场，靠价值投资、价格投资、预期投资、趋势投资都不会走到最后，都不会笑到最后，走到最后的一定是“神经决定价格”的坚守者。证券市场的设计和存在，不是按照人的心脏和脉搏有规律的跳动而设计和存在的，而是按照人的大脑神经千变万化和永无止境的想象力而设计和存在的。

没有贪婪和恐惧不是证券市场，没有贪婪和恐惧也不是人类，能够看穿证券市场的贪婪和恐惧，并战胜人类与生俱来的贪婪和恐惧的，只有人的大脑，也就说只有自己才能战胜自己。

上面这些话，都是我的感悟，我也对小唐讲了。他平时有空，就一边看股票书，一边听我讲这些股票的道理，听得津津有味。

在两个账户满仓的日子里，中国股市发生了很多次暴涨暴跌，我重仓的股票也经历着十分艰难的考验。

一次，小唐从上海的机场打电话过来，声音中带着哀求：“我没有信心了，不想做了。”

我十分干脆地回答：“不行，必须等待。不是你的资金说了算，是我的头脑说了算。账户密码在我这里，由我决定。”

小唐心有不甘地挂了电话，其实，我能想象他挂断电话时那一刻的表情。面对股价大起大落，毕竟不是每个人都能承受住这样的压力，脆弱常常潜伏在人的内心深处，要想战胜它，需要长时间艰难修炼。

当时，我重仓进驻一只股票，大名鼎鼎的“公募一哥”王亚伟半个月后也进入这只票。王亚伟带领华夏的两只基金重仓加入，我在半个月前已带着两个账户重仓杀入，我们都是那家公司的前10名大股东。

而我的持仓成本，比王亚伟还低。我给小唐说，这是巧合，还是必然呢？让我们拭目以待。

对股市稍有了解的人都知道王亚伟的名头。这位出生于1971年9月的清华大学高才生，曾为华夏基金管理公司副总裁、投资决策委员会主席、华夏大盘精选基金和华夏策略混合基金经理。他是中国公募基金界的神话，被尊称为“公募一哥”。他接手华夏大盘后，在不到5年的时间里，创造了10倍的回报率。2012年5月4日，他宣布正式离职。2012年9月，他在深圳成立了一家私募基金公司——深圳千合资本管理有限公司。

论年龄，我比王亚伟大，我也只是一个业余投资者，从来没有接受过专业、系统的证券知识学习，而王亚伟绝对是公募界一流的高手，能与这样的专业人士投资同一只股票，仿佛游击队与正规军同时出现在一个战场。

小唐也好奇起来。

奇迹出现了。没几个月，有关报纸、网络开始大篇幅报道这家上市公司众多鲜为人知的创富故事。此时才反应过来的投资者于是争先恐后地大量买进，一夜之间，丑小鸭变白天鹅。

我唯一满仓的股票，除了暴涨、暴涨，还是暴涨！

小唐看着不断爬升的K线图，惊讶得说不出话来，甚至有点不敢相信自己的眼睛。但事实摆在面前，他乐得呵呵直笑。

第四节　智慧与金钱的游戏充满艰辛

又过了一段时间，某天，我与小唐一起去攀爬雅安蒙顶山。

蒙顶山位于号称“天漏”的雅安市境内，最高峰叫上清峰，海拔 1456 米。蒙顶山因“雨雾蒙沫”而得山名，这里因常年雨量达 2000 毫米以上，古称“西蜀漏天”。说到蒙顶山，有一副对联很出名：“扬子江中水；蒙山顶上茶。”这副对联即说的是蒙顶山的“仙茶”。

蒙顶山麓有着浓郁的川西乡村景色，茂林修竹，小桥流水，农舍散落其间。从海拔 80 米到 1000 米左右的中山地带，由西向东，片片茶园，堆青叠翠，绿浪翻涌，苍翠宜人，蔚为壮观，穿行其中，心情再糟糕的人也会被感染，不久便会心如止水。

我们努力登上蒙顶山的最高处，身在云山雾海里，脚下是悬崖陡壁，一眼望不见谷底。

我说：“小唐，你多次问我，什么时候、什么价位把两个账户的股票抛空，今天，我在蒙顶山上告诉你，什么时候、什么价格卖完两个账户的股票，我不知道。但什么地方卖股票我却知道。我会在这里，双脚所站之地，就在这云雾缭绕的地方，把手提电脑带上，连上网络，打开交易系统，全部清仓，卖完所有的股票！然后，把电脑扔掉，就从这蒙顶山上往山下扔，连同手里的手机也一块扔掉。”

小唐的眼睛瞪圆了，像看外星人一般看着我，想要从我天马行空的话语里悟到点什么。

我冲小唐微微一笑，继续说：“我的话有两点要记住，一是在山上卖股票，表示在高点卖出，高山就是制高点；二是到山谷下面去找我们丢下的手提电脑和手机，如果找到了，就是下一次买入机会。”

小唐若有所思地点点头。

因为持仓较重，股价每上涨 1 元钱，账户里的市值就发生很大的变化。当人性遇到股市，很多奇怪的想法就出来了。比如，有些人看到股票下跌，越跌心里越难受，这倒好理解。但看着股票上涨，越涨心里也越难受，怕没有及时卖出锁定利润，而一旦回调，利润将付之东流。

毕竟都是普通人，遇到这个时候，小唐有了顾虑并开始焦躁，他想保住好不容易累积起来的利润，他开始不断影响我、暗示我。从最初的“弱弱发声”到后来的“情绪难抑”，我们之间的关系，也变得微妙而紧张起来。其间，一些小小的争论，经过发酵之后，很快产生巨大威力。城池上的小裂缝经过风雨冲刷，裂痕越来越大，最终很难修复。

虽然最终卖与不卖的决定权在我，但我也很理解他，理解他那种看着财富增长反而越来越恐惧、越来越心惊胆战、越来越坐立难安的心情。

当时，股票受到重大利好的刺激，出现连续暴涨，一个涨停、两个涨停、三个涨停，但我都没卖。原因有两点：一是仓位太重，不好出手；二是一旦卖掉，想再买回来就很困难，除非清仓后不再考虑重新买它。要知道，一个涨停所带来的利润，能让一个家庭实现一辈子的财务自由，两个涨停带来的财富，可想而知，这就是股市的神奇和魅力所在。

可小唐担心的是，如果不卖，一旦暴跌岂不前功尽弃?

我和小唐从一开始的合作无间，他对我的百般信任，到现在万般不安，这也促使我陷入反思。

围城外的人，说起围城总头头是道，他们若是进入围城有了切身感受，恐怕他们会很快推翻自己之前的不少想法。同样，站在股市之外的人和书尽管讲得再好、写得再好，当真正面对起伏跌宕时，就会发现自己的语言、文字是如此的苍白、无力。

我以为，股市的书籍，与其他书籍不一样。不能读太多，也不能太相信。积累了基本的股市知识以后，更多的、更重要的在于自己的历练。

一个人具有什么样的思想、行为、习惯、性格，决定了他投资命运的根本。模仿别人、复制他人，跟着别人屁股后面跑的人，永远赚不了大钱，即使赚了大钱，或早或晚都会赔出去。

那么，我是什么样的人呢?

我思维比较敏捷，想象力比较丰富，胆子也比较大，但是心气也比较高，后劲不足，忍耐性差一点。在中国股市，像我这种人，做短线、超短线可以，赚一点小钱养家糊口不成问题。但要做长线，特别是重仓做长线，还需修炼。因此，我也想通过自己正在操作的账户，看一看自己的短处能否得到弥补，将小富变成大富。

账户上的资金就在自己的控制下运行着，面对财富的快速增长，我的心不可避免地会发生些变化。好在，通过阅读和思考，我逐步使内心趋于平静，终于以最平和的心态去面对财富的暴涨和暴跌。

这是我非常重要的一段投资经历和感悟，今天，我将它送给有缘有心的朋友们。

第五节　中国为何没有巴菲特和芒格

在股市上，很多人似乎都迷信“股神”的存在。这里，我却要唱唱反调。因为人的基本构造决定了人和人之间不会有太过特别的差异，谁也不会比你多拥有一个大脑，所以，请不要相信任何天才的传说。

但人和人之间又不一样，有少数人从来到这个世界就拥有很多财富。这些财富不是他亲手创造的，是上一辈人留给他的。而绝大多数人，来到这个世界时，上一辈人并没有给他留下什么。我就是后一种人，所以，我只谈大多数人应该怎么办。

别无他法，我们一定要把自己从普通的大多数人变成少数人。怎么变?转变思想，转变行为，转变习惯，转变性格，自己改变自己的命运。这种转变，不是一天、一个月，这需要一个漫长的过程。

我就是用了10年的时间，通过三件事情来转变自己的性格，从而实现自己命运的转变。

第一件事情，是大量地读书，读好书。一定要多读名人传记，各行各业的名人传记都可以读，哪怕最后只能记住每本书的书名，或某一段话。

世界超级富豪沃伦·巴菲特的黄金搭档查理·芒格，最喜欢的户外运动是出海钓鱼，甚至痴迷到在水桶里钓鱼的地步。此外，他酷爱阅读，而且阅读范围非常广泛，从遗传学到凯恩斯的学术文章，到建筑学，再到哲学和传记。作为一个“贪婪”的读者，查理·芒格看完的自传类书足有一吨重，以至他的孩子开玩笑说自己的父亲是“长着腿的书橱”。查理·芒格通过长年累月的阅读，见识和智慧超过了一般人，从普通的大多数变成了成功的少数。

第二件事情，听音乐，特别是轻音乐，越纯粹的音乐越好。在经济条件允许的情况下，尽可能买质量、品位、意境都比较高的CD。对做股票投资的人来说，面对股市的暴涨暴跌，听轻松的纯音乐来安抚心灵，效果最好。

第三件事情，看大量的影片，特别是经典大片。观看影片是为了打开想象空间，增强感性认识，不断刺激大脑神经主干和分支。一些耐看的影片我可以看上百遍。

在很多人看来，读书、听音乐、看影片似乎与股市无关，但如果真正去做了才知道，这些东西全部都与股市有关，与财富有关。事实上，这个世界上，山和水，天和地，太阳和月亮，阴与阳，圆与缺……一切都是有关联的。

说到底，每个国家都会出现股市的暴涨暴跌，暴涨暴跌要么是当事国宏观政策、经济政策、货币政策等多因素的共振结果，要么是投资者情绪积累的释放。如果投资者不能清空杂念，被暴涨暴跌的节奏拖着走，结局就是死路一条。因为，你永远不知道，在混杂着希望与恐惧的证券市场中，哪里是最高点，哪里是最低点。

判断不出股市指数或个股的高点低点这没有什么丢人的，可怕的是有些不知道的人还偏偏要去预测、去判断、去炫耀，幻想自己是未卜先知的神仙，最后却落得个随风而逝的下场，没必要，也不值得。

最老实、最土、最简单、最有效的办法，还是以不变应万变，时间换空间，不参与各种表演。

想通了之后，事情就变得简单了。尽管两个账户里的资金每天都在不断波动，但我不为所动。然而我的想法并不是那么被人理解。

我比较佩服巴菲特和芒格组合。芒格对巴菲特影响最大的应当是投资理念。巴菲特的老师、投资学鼻祖格雷厄姆曾经告诉巴菲特，最好的赚钱办法是投资“廉价股”。巴菲特也一直遵从老师的教诲，早年在低价收购美国运通和《华盛顿邮报》等公司的交易中赚到大钱。但是，芒格认为，类似格雷厄姆标准的“廉价股”已基本消失，如果一家公司的盈利足够好，即便股价高一点，也是值得购买的。

不仅如此，芒格还认为，巴菲特的老师在投资时，不太重视公司管理者素质，这种做法是不明智的。对于芒格与老师完全背道而驰的投资理念，巴菲特做出了肯定的评价，他说："他（芒格）把我推向了另一个方向。我以非同寻常的速度从猩猩进化到人类。"也是在芒格的敦促下，巴菲特从买"便宜货"的老路迈向买优质企业的新途。2008 年，巴菲特斥资 2.3 亿美元买入中国比亚迪 10％股份一事，就是巴菲特"转型"最典型的例子。当然，巴菲特绝不仅仅是看中芒格的投资智慧，更多的是芒格的人格品质。从两人最初合作，到后来一起经营公司，他们之间从未提过要求，也从未将合作条件列成书面合约，凭的仅是相互信任。

巴菲特身价惊人，芒格智慧过人。这两个人几十年来相处得极为融洽，彼此相互尊重，这种尊重来自内心深处，深入骨髓。而且，因为这种尊重是平等的，所以，才为全球投资界留下了许多美好的传奇。但这种传奇，具有不可复制性。

几经争吵，我的等待最终无法持续到一年。我只能全部清空仓位，完成了这一次的交易。合作期间，虽然两人对彼此各有不同的看法，但结果还不算差，各自都收获了应得到的回报。凭此一战，我终于实现了财务自由的目标。

两个账户空仓以后，我用全部的获利买了另外一只心仪的股票。

这只股票，我整整观察了三个月，分析了三个月，它重组的成功率在 90％以上。我以每股 5.2 元的价格分别在两个交易日买进。

在准备清仓的时候，一开始怎么也卖不掉。因为接盘很少，我的仓位又太重。一见 10 万股以上的大买单，我赶紧卖。等一会儿，又有了大买单，再赶紧卖。整整卖了两个交易日，才处理完毕，还花了一笔不小的手续费。

而我与小唐的协议终止后，这只股票的好戏才刚刚开始。一个月以后，这家公司宣布重大资产重组并停牌。几个月之后，该股开盘旋即连续涨停，一直涨到每股20元附近。从2009年12月3日到2013年1月，这只股票的价格一直在每股18元附近，最高还达到25元，2014年更是一举涨至70元，当时我的两个重仓账户，建仓成本平均仅为5.3元左右，如果没有空仓，利润将达到13倍。

13倍的利润足以谱写一个美丽动人的投资故事了。然而，这个财富故事最终与我们擦肩而过。

事后，我感到，是我们都没有给予对方最大的尊重和信任才因此失去一笔巨大的财富的。巴菲特和芒格创造的传奇佳话，前无古人，但愿后有来者。

此后几年，我一直在想，为什么中国没有巴菲特，没有芒格，问题出在哪里？应该是信念，问题出在信念上。用小智慧创造小财富，一个人足矣；用大智慧创造大财富，必须两个人精诚合作。悟透这段话，离大财富就不远了。我相信，实现财务自由是有方法可循的，只不过需要时间和机遇罢了。

智慧、金钱、时间，简单的六个字，一个都不能少。

第六节　做好股票的六大绝招

53岁，我从股票市场上获得了真正的财务自由。虽然为人低调，但“老唐在股市大发”的消息还是不胫而走，许多认识或不认识的朋友登门拜访，想要讨得真经。络绎不绝的客人和没完没了的应酬接待弄得我身心俱疲，后来我索性到外面躲了几天清净。并不是我不愿与人分享，现在，我愿以文字的形式在本书中将大家想要知道的，自己几十年来总结思考的一点点成功经验公之于众。

在这方面，我不是吝啬的人。在我看来，一个人从他的阅历甚至之前栽过的跟斗中获得了一点智慧，应该将这些闪光的智慧告诉大家，警醒、带领他人找到正确的路。

如何做好股票呢？我觉得有下面六个方面的要求：

一、保本是第一位，赚钱才是第二位。因此，坚决不碰退市或即将退市的股票，包括*ST、ST股票。把投资风险、交易风险降到最低的程度，就是做好股票的底线。记住第一条比什么都重要。记住了这一条，才可以开始做股票。

二、一定要选股票背后有故事、有事件要发生的股票。做股票的一般规律是：价值决定价格，供求决定价格，但做股票还有一点特殊规律是预期决定价格，预期越高，人们对股价的想象空间越大，从而推动股价上涨。量比价先行，先有成交量才会有价格；而价比事先行，先有价格才会有事件的发生，这是世界股市的基本规律。创造财富的数量要靠“量”，就是指成交量，就是指持仓量；创造财富的速度要靠“事”，就是指事件，就是指故事。

三、一定要懂股票。对股票的各种知识，要尽最大的努力弄懂，做到从渐悟到顿悟。懂就懂，不懂就不懂，不必装。但要提醒一句，随着股票知识和经验的逐渐增多，又要学会开始逐步忘掉股票的各种知识和经验。从不懂到懂，又从懂到“不懂”。这个时候的“不懂”，实际上就是忘掉，因为明天的股票、明天的股市都是不确定性的。最终运作股票需要的是智慧，什么是股票的智慧？它就是瞬间对股市涨跌真相的顿悟。做到了这一点，才可以继续做股票。

四、一定要选好股票。选好股票有几条原则，仁者见仁，智者见智。个人觉得，在选股票之前，一定要把沪深股市包括港股市场所有的股票看完，还包括中小板、创业板、新三板、B股、H股等。要学会在几千只股票中只选出好票。

有三条选股法则是我的经验之谈。第一条：还在历史底部的股票而且三年以内都不会退市，价格最低为最好。第二条：选股价低于每股净资产，低于每股公积金，低于每股未分利润的最好。第三条：有大资金运作股票的迹象，这一点要学会看盘，无论买盘或卖盘，只要比平时交易量突然发生巨大变化的买盘或卖盘都要留意，多观察、多积累就会发现大资金运作的痕迹。

五、记得几句简单的话。智慧选股，重仓持有，耐心等待；底部买入，不动如山；地量买入，天量卖出。其实，做股票的最高境界就是做人，做人的最高境界就是心态。心态一定要平和，平常心是自然之道，大道自然是万事万物的根本。无论股票的涨和跌，无论股票的大涨或大跌都要做到平常心。能把复杂的事情变简单，能把简单的事情变快乐，财富就会跟着智慧走，智慧就会跟着快乐走。

六、要学会在快乐中交易股票。做到手中有股，心中无股；手中无股，心中有股。如果做股票让你很痛苦，请远离股票，宁肯请专业人士代为理财，也不要一直沉陷于痛苦之中。保本和快乐就是做好股票的生存之道。

第十章

首创“神经决定价格”理论

20 世纪 90 年代初的中国，“虚拟经济”这四个字，在公开发行的报刊上很难见到。市场经济是资本主义还是社会主义，都在争论不休。

虚拟经济是市场经济高度发达的产物，以服务于实体经济为最终目的。如今，随着虚拟经济迅速发展，其规模已超过实体经济。

中国的证券市场，是先有市场，才有理论。随后，才有政策和相关的法律法规。而一个没有法律保护的市场，才是风险最大的市场。

我就是在那个时期开始对虚拟经济有了感觉，有了一些认识，有了一点自己的想法。不知不觉地对虚拟经济理论的研究着了迷。

公开资料显示，国内对虚拟经济的研究是从 1997 年东南亚金融危机以后开始的。奠基之作是刘骏民教授 1998 年所著的《从虚拟资本到虚拟经济》，该著作获得了国内经济学最高奖——第八届孙冶方经济科学奖。

第一节　虚拟经济并非空中楼阁

在证券市场摸爬滚打了几年以后，我产生了一种奇怪的想法。最初的证券市场，赚钱比较容易，而且绝大多数人都是为了赚钱才进入证券市场。我想，我应该从赚钱中悟出点什么，能否通过证券市场，能否通过扩散思维，获得金钱和智慧的双丰收?

获得金钱的丰收相对容易，而智慧就不一样。证券市场的智慧可以帮助认识虚拟经济的问题，解决虚拟经济的问题以及超越虚拟经济问题。

于是，我把赚钱看得相对平淡了一些，把智慧的获取看得相对重要了一些。我拼命地学习，一定要把虚拟经济的一些萌芽的东西、感性的东西变成自己的思想，变成自己的行动。我坚信好的思想才能决定好的行为。

树立高瞻远瞩的超前意识，并且用于投资中，必须进行创造性的探索和实践，绝非一般性地概念炒作，并且必须体现智慧，体现哲学的思想，表达一种对社会的责任和对人性的关爱。20 年前的这段话，就是我研究虚拟经济理论的心路历程和真实写照。

据国外的相关书籍定义，实体经济是用于描述物质数据生产、营销以及直接为此提供劳动所形成的经济活动概念，它主要包括农业、工业、交通运输业、商业、建筑业、邮电业等产业部门。虚拟经济则是用于描述以票券方式持有权益，并交易权益所形成的经济活动的概念。

国外的相关数据进一步显示，人们较多使用“虚拟资本”一词。在马克思理论中，虚拟资本是指在资本的所有权与经营权分离的基础上，资本的所有者以股权（或股票）形式所持有的资本。虚拟资本是指通过信用手段，为生产性活动融通资金。虚拟资本可以作为商品买卖，可以作为资本增值，但本身并不具有价值。它代表的实际资本已经投入生产领域或消费过程，而其自身却作为可以买卖的资产滞留在市场上。虚拟经济就是从具有信用关系的虚拟资本衍生出来的，并随着信用经济的高度发展而发展。由此看来，虚拟经济不仅包括证券业、资本市场，也不仅包括货币市场，而且包括银行业、外汇市场等。这是一个涵盖整个金融业的概念。

近几年，虚拟经济的研究开始多了起来，但目前尚未成为学术界通用的概念，还处于百家争鸣的阶段，专家学者提出的观点也各有不同，当前人们较多使用的是“虚拟资本”一词。

根据相关论文研究结果表明，1997年亚洲金融危机爆发之后，国内学术界才真正开始对虚拟经济进行探讨和研究，而我的关注要更早一些。

我对虚拟经济有一些自己的论述。虚拟经济是一种全新的经济模式，它不仅具有强大的生命力，而且具有无限的创造力。虚拟经济是人类社会向美好明天迈进的一种理想的经济模式。它不仅创造物质财富，而且创造精神财富，它不仅创造有形价值，而且创造无形价值。

虚拟经济将物质财富和精神财富融为一体，又将有形价值和无形价值融为一体。虚拟经济的全部财富和全部价值强烈地冲击着实体经济财富观和价值观，从而形成一种全新的经济财富观和经济价值观，即新的虚拟经济的财富观和价值观。

与大家所熟知的实体经济相比，虚拟经济具有几个明显特征：高度流动性、不稳定性、高风险性和高投机性。

长期以来，基于某些原因，我国对虚拟经济一直都是持否定态度。随着改革开放不断深入，虚拟经济悄然发展壮大，人们对虚拟经济的研究和讨论才变得活跃起来。其中，褒贬两方面观点都有。

我认为，虚拟经济不是凭空提出来的，也不是空中楼阁，它存在的时间很早，只是早些年没有引起人们的正确思考和高度关注。一提到虚拟经济，人们往往更多地想到泡沫经济。因此，真正意义上的虚拟经济的概念很难有人接受。

不过，中国特色的社会主义市场经济，必将更好地顺应市场发展的规律，大力发展、积极培养虚拟经济，使得虚拟经济与实体经济一起成为中国特色社会主义市场经济的重要组成部分，做到虚拟与实体共同存在、共同发展、共同繁荣，使之更加有力和有效地推动中国现在的经济和未来的经济向着更高、更大、更强的目标前进，真正加快中国的富有和强大的步伐，实实在在地使中国人的生活变得更加美好和幸福。

但我们也要清醒地认识到，虚拟经济是一把“双刃剑”，它适应实体经济的需要而产生，既可以促进实体经济的发展，也可能会对实体经济带来较大的负面影响甚至是破坏性的损害。当然，这把削铁如泥的宝剑在不同的人手里，所带来的效果大不相同。

第二节　虚拟价值创造真实价格

提起荷兰，人们一定会想起暮色中徐徐转动的古老风车和挺拔高贵的郁金香。的确，鲜花已经成为这个美丽国度的象征，同时也是荷兰的主要产品和收入来源。每年的鲜切花、花卉球茎、观赏树木和植物出口总值超过 60 亿美元。郁金香作为荷兰的国花，仅是提供给拍卖市场的就有 200 多个。而且，荷兰特别重视花卉的改良和选种，年年都有新品种推出。

这一切都源于20世纪荷兰的郁金香热。那时，一盆精品郁金香可以换一栋荷兰的大楼，于是种植和买卖郁金香蔚然成风，而且愈演愈烈。一盆郁金香可换一栋大楼，这就是虚拟经济与实体经济之间的较量。当时还谈不上虚拟经济，但虚拟的价值，特别是价格，在发生着神奇的作用，使人联想，使人创造，使人憧憬，也使人回味无穷。

中国兰花的故事也意味深长。以香诱人、以花悦人、以叶动人、以韵冶人的中国兰花，是世界独有的人格化花卉。兰花的香被称为"王者之香"，历来深受人们的喜爱。兰花以其超凡脱俗、气质高雅，姿、色、香、韵俱佳，位列中国十大名贵花卉之一。古往今来，不知有多少人为它陶醉、倾倒。在经济日益繁荣、生活日益富强的今天，爱兰者更是与日俱增。人们爱兰、赏兰、寻兰、种兰、咏兰、画兰，创造了无数的经济价值，也创造了绚丽的兰花文化。

中国兰花的盆栽欣赏，始于7000多年前。那时的人们恋其清香而采种，就是花朵谢了，那宛如蛾眉星月的翠叶，其风采也非同凡响。但真正意义上的兰花热，还是在20世纪后半叶，一盆极品的兰花可以卖到上百万元人民币。这也是虚拟的价值创造真实的价格的魅力之处、诱惑之处，使人意味深长。

我们再说说近年来才兴起的比特币(Bitcoin，简称BTC)，它是一种加密电子虚拟货币，2008年11月由一位化名为"中本聪"的人首先提出。目前比特币几乎成了一种全球通用的电子货币，使用者可以用比特币购买一些虚拟物品，比如网络游戏当中的衣服、帽子、装备等；只要有人接受，也可以使用比特币购买现实生活中的物品，也可以兑换成美元等传统货币。但与美元、欧元和人民币等传统货币不同的是，比特币不依靠国家货币机构发行，而是基于一套密码编码，通过复杂计算产生。

2009年1月，第一批50比特币问世。按照规则，比特币的总量为2100万枚。第一个4年产生总量的一半，即1050万枚，第二个4年将产生总量的四分之一，以此类推，总量将在2140年全部完成，以后再不增多。

比特币产生之初，支持者只是相互间玩电子货币游戏，1美元可以买1000多枚比特币。但2010年5月21日，比特币迎来了具有历史意义的一天。那一天，一个网名为Laszlo的人，用1万个比特币（当时相当于25美元）购买了Pizza优惠券。这桩买卖标志着比特币像真正的货币一样具有了支付功能。如果那个卖Pizza优惠券的人将1万个比特币保留到2014的11月19日，其价值是900万美元。3年半时间，25美元翻了36万倍，涨幅何等惊人！

如今，德国承认了比特币的合法性，加拿大开设了第一台比特币自动提款机（ATM），美国也说比特币等“虚拟货币提供了合法金融服务，并有可能提高全球商务市场的效率”。所以，比特币的前景被越来越多的人难以想象地看好，有人甚至预言一枚比特币可以值数万美元。

2014年9月9日，美国电商巨头eBay宣布，该公司旗下支付处理子公司Braintree将开始接受比特币支付。该公司已与比特币交易平台Coinbase达成合作，开始接受这种相对较新的支付手段。

尽管最近两年比特币受到一些全球主要央行的打压和限制，其价格也如过山车一样遭遇暴跌，但作为新生事物的比特币，未来会发展到什么程度，谁又知道呢？

随着我对虚拟经济的研究逐步深入，我对它的喜爱变得一发不可收拾起来。

当时的一些思考，至今记忆犹新，比如虚拟经济与人的关系。大自然以几亿年的时间孕育出人类这一伟大的作品，但大自然在创造人、改造人的同时，又不断被人改造。人类用神奇的大脑和灵巧的双手进行创造性的劳动，一方面把大自然变为自己身体的一部分，另一方面用大自然抚慰自己的心灵。

而人为了自己的生存和发展，用了几十万年的时间，强化了社会力量，但同时也强化了社会对自身的束缚。但人类无可奈何地要以沉重的代价换取自身的发展。在长达几千年的阶级社会中，人在痛苦地寻找着自己的位置。一部人类文明史，就是人类在寻找自己位置和价值的历史。几千年前的磨难，使人类的自我意识逐渐苏醒过来，使他通过劳动、创造、改革等实践活动，而不断地复归到自身。

虚拟经济的发展，是与人的发展、社会的发展、实体经济的发展密切联系的。经济发展到一定阶段，必将创造出新的经济模式，这是人类追求美好生活的天性所驱动的。以灵巧的双手创造了实体经济，这是人类的伟大进步；以神奇的大脑创造出虚拟经济，这是人类又一个伟大的进步。

现在来看，较早钻研虚拟经济，为我后来发表大量的股市文章打下了良好的基础。一篇有关经济的文章，不能光讲理论，也不能好读就行。好的经济文章既要有超前的思维，也必须有可操作性，不然，这类文章就是空谈。不为实体经济迷惑，有赖敏锐的虚拟经济思想，不为传统经济约束，必须创造发明新的经济。

虚拟经济不是凭空无中生有的东西，它是一种全新的经济理念、经济模式。

虚拟是客观存在的，自从有了人类，虚拟就存在。人的思想、人的观点、人的梦、人的向往，都是虚拟的表现形式。试想一下，如果一个人没有思想，没有看法，没有梦，这个世界会是何种样子?

虚拟并不是空，不是无，不是假，它存在于精神和物质之中。虚拟经济比实体经济具有更快的流动性，在信息的反应上比实体经济更具有引领作用。强调一点，虚拟经济的风险确实不小，但机会也更大。

第三节 预期是虚拟经济的指路明灯

随着资本主义的生产和信用制度的发展，股份公司应运而生，股票也随之出现在我们的生活中。股票是投资入股的凭证，也是借以取得收入的凭证。股票的持有者，可以根据股票额定期从企业获得一定的股息。股息是企业利润的一部分，是工人创造的剩余价值。股票一经卖出，持票人就不能要求退回资本。要想抽回资本，只能将股票转让给别人。

从卖者来看，出卖股票所得到的货币，如果存入银行，其利息不会低于原来的股息。从买者来说，买来的股票所能得到的股息，也不会低于所付出的货币存入银行所能得到的利息。

股票价格的高低，取决于两个因素，即股息和利息率。在利息率不变的情况下，股息越高，股票价格越高。股息越低，股票价格越低。当股息不变的时候，利息率越高，股票价格越低；利息率越低，股票价格越高。股票价格与利息成正比，与利息率成反比。

以上说的就是投资价格，也叫理性价格。同时也叫本质价格、实体价格。这种价格，大多数人可以接受，而且从股票市场的发展来看，理性投资需要大力发展和培养。但我认为，新的虚拟经济如果不跳出、不超越这种固定的思维模式、固定的价格观念，实体经济的发展就很难有新的飞跃。

因为随着新生事物不断涌现，人的智力不断提高，越来越聪明，越来越有知识，越来越有智慧。特别是人们对经济的想象力、对财富的想象力，远远超过实体经济的步伐。实体经济已经跟不上人们对经济预期的憧憬和向往。

这时股票的理性价格就显得落后了。这就呈现为，股票的市场价要比理性价格高很多，显现出虚拟经济强大的生命力和创造力。市场价格是受股票供求关系影响的，有时高于平均价格，有时还低于平均价格，它围绕平均价格上下波动。寻求这种市场供给关系和产生的买卖差价，就是人们常说的投机行为。

投机本身没有什么错，它是投资一种机会。机会本身也没有错，机会既带来风险，也带来利润和财富。关键是人如何创造机会、发现机会，把握机会和实现机会。从中国证券市场的发展过程看，投机价格比投资价格更具有吸引力，而且这种状态还将长期存在。

人类的发展，夜以继日地走了几千年。精神的发展、灵魂的发展、文化的发展、艺术的发展，以至于虚拟的发展从未间断。而且精神的发展，远远超过了虚拟经济的发展。人们对这些所谓虚拟的发展思想沿用至今。

一个美好的梦，一个美好的理想，一个美好的追求，这些都是虚拟的，在当下是根本看不见摸不着的，但是，人们一直都在相信它、期盼它，并为它而奋斗。理想的追求，有时比现实的追求更有吸引力、更有活力。

《圣经》《易经》《道德经》，道教、佛教、禅学，都是精神的最好诠释，特别是佛教所讲的空、虚、无更为透彻，更深入人心。人的发展，有初级层次，以生存为本，更多的是饿了吃饭，困了睡觉，急了解手。但人又有高级的层次，以生活为本，有思想的追求，有情感的追求，需要教育，需要文化，需要有各种各样的信仰。

虚拟经济的发展，就是人们经济活动中一个更高层面的需要，与精神一脉相承。就像人的左手和右手，都是身体不可或缺的一部分。

当价值不能决定和影响价格时，发挥供求的作用，去决定和影响价格。当价值和供求都不能决定和影响价格时，预期完全可以决定和影响价格。这就是虚拟经济的生命力和创造力所在。

虚拟经济不是以价值为基础，也不是以价格为基础，而是以人们的预期为基础。预期是虚拟经济的一盏指路明灯，照亮着它的行程和远方。虚拟经济的最高境界，不是自己能走多远，而是带动实体经济能走多远。

在 2015 年 4 月的一次国务院常务会议上，李克强总理在谈到电子商务时表示：“千万可别小看电子商务啊！有人甚至觉得电子商务就是‘二道贩子’，从实体店、从工厂弄点产品，放到网上销售。其实现在早已不是这样了。我到各地去看，有的网店实际已经复制了以前国际大超市的经营模式，在网上接订单，然后转到工厂去，这样把实体经济也就带动起来了。”

他还直言：“别以为电子商务只是‘虚拟经济’，事实上，它在很大程度上直接带动了‘实体经济’。更重要的是，电子商务大大降低了流通成本，这对激发中国经济的活力功不可没。”

由此可见，虽然从暗中接触、初步认识、深入探讨，再到如今的实际运用，最高决策层大力推广，虚拟经济一路走来，可谓步履艰辛，但其前行的势头不可阻挡。

我个人认为，虚拟经济的最大魅力，不是价值的发现，因为价值的发现，实体经济已经发现得很完美了；也不是价格的发现，因为价格的发现，市场经济已发现得更完美了。它真正的意义在于，是预期结果的发现。

第四节　“神经决定价格” 是瞬间真相的顿悟

“价值可以决定价格，供求可以决定价格，预期可以决定价格，神经也可以决定价格。”这句话，这种提法，这个思想源于我在20世纪90年代初期中国A2权证交易成功后的一点朦胧的思考。中国A股权证，分为A1和A2。A1可以流通，A2不可以流通，但都有100倍的盈利和100倍的亏损情况发生。

这些证券市场的客观现象存在却无法解释。特别是用价值的发现，供求的发现，预期的发现，都不可能有道理、有逻辑关系。

有的A1或A2权证，最后期限的交割价格一分钱一股。实际上它的实际价值应该为零。一个零的游戏，为什么还有那么大的成交量，难道买和卖的参与者都是疯子?

我在想，一定是人的神经在起作用，一定是一种无形的力量在支配着，在决定着大脑的神经，做出不可思议、令人吃惊的行为。这就是我最早、最原始的想法，产生于1993年前后。

此后的1996年和1997年，参与买卖STAQ法人股的惨痛失败，也引起了我的思考。STAQ法人股的价格，在最疯狂的时候，可以达到每股近20元，在低谷的时候，每股竟然达到1分钱的价格，2000倍的差价。而且，其中的一只法人股——海南国实的历史最低价格0.18元每股，还是我的卖单产生的。

在A2权证上的交易成功以及在STAQ法人股上的交易失败，都曾在我的脑海里激荡起万千思绪，总想去寻找内在的逻辑关系，哪怕是找到一点点的理由，也能让我心服口服。赚了，我认；输光了，我也认。但一定要给自己一个理由。

就是这样，从实践、感悟，慢慢开始上升到一种想法、一种概念、一种思想，并开始形成文字，直到发表文章，进行详细阐述，然后再通过股市的实践，进一步确认“神经决定价格”的可能性、前瞻性、正确性。

那么，我在全世界第一个提出“神经决定价格”的理论是怎样认定的呢？20世纪90年代初的中国股市，还在摸着石头过河，处于试试看的阶段。

中国的A股市场比较幸运，一直没有被关掉，而STAQ和NET法人股市场，就被关闭了两年。整个过程由合法到非法，再由非法到合法。

“虚拟经济”四个字，当时提都不敢提。

当时流行的是价值决定价格，慢慢地才有供求决定价格的思想。但当时，我的思想已经跑得很远很远，我的看法是，价值决定价格，供求决定价格是对的，但只是经济发展的初级阶段。预期决定价格，神经决定价格，才是经济发展的高级阶段。

神经决定价格的思想形成，被理论和实践证明以后，要想得到社会的承认，要得到高层的承认，要得到经济学界的承认，在当年的环境中基本上不可能。别说十几年前，就是在现在，认同这种理论的人都极少。

前面提到的我几十年的好朋友沈伟光，从年轻时就开始研究信息战，发表了大量的信息战文章，后来出版发行了影响较大的专著《信息战》。这些都是20世纪80年代末期的事情，他的这些极具前瞻性的思维和理论，也是过了若干年后才被世人发现和认可。

公开信息显示，1989年，美国军方有人提出“计算机病毒战”这一概念。1990年11月，美国未来学家阿尔温·托夫勒的《权力的转移》出版，书中用一章的篇幅阐述了信息战。1992 年，美军有人进而提出计算机战。1993 年，托夫勒的《第三次浪潮战争》出版，社会预测学家终于把研究信息战的眼光由社会转向军事领域。与此同时，美军中关于信息战的变革风潮日益高涨。

实际上，中国关于信息战概念与理论的提出，早于美国人。20 世纪 80 年代中期，我国《解放军报》开设了“未来战场设计”栏目，极大地拓宽了我军军事学术研究的视野，为我军建立先进军事理论奠定了坚实的基础。在百花齐放、百家争鸣的学术氛围中，陆军少校沈伟光 1985 年就开始对信息战进行研究，1987 年 4 月 17 日的《解放军报》以“信息战的崛起”为题，介绍了他对信息战研究的学术观点。1990 年 3 月，沈伟光独立完成的世界上第一部专著《信息战》，由浙江大学出版社出版并向社会公开发行，早于托夫勒的《权力的转移》9 个月。不久，海湾战争打响了，这场战争也被称为“人类首次信息战”。

美国著名战略研究员查理斯·B. 埃弗雷特和另外两位同行在合写的著作中承认：“世界上最早提出信息战概念的，并不是西方人，而是中国的沈伟光。”因此，沈伟光也被誉为“信息战之父”。

先行者总是孤独的，甚至在别人眼里，这些提出大胆想法的人是不可理喻的，但只要是正确的理论，经历时间的考验后终究会得到认可。

在我看来，神经决定价格，就是通过人的神经起作用，来决定价格的变化。通过神经起作用，就是通过视觉和听觉来刺激人的神经系统。神经系统是由具有特殊组织形态和特殊机能的神经元构成的。每一个神经元都包括神经细胞体和神经突起两部分。神经元的突起有两种，即树状突和轴状突。一般来说，树状突分枝多而短，轴状突分枝少而长。从短期价格来讲，刺激树状突比较容易，从长期价格来讲，刺激轴状突比较容易。再进一步讲，从投机角度讲，刺激树状突容易产生作用，从投资角度讲，刺激轴状突容易产生作用。

因此，只要对人的大脑、对人的神经进行针对性的研究，再结合市场经济价值和价格发现的一般规律和特殊规律，就可以掌握证券市场的一些价值和价格的规律，并把这些规律发展和运用到极致。

比如说吧，我之前写文章，发表文章，就是通过文章的一些超前观点和预期思想去影响和刺激证券市场参与者的视觉神经，又通过这些参与者去影响其他人的听觉神经，从而一起对所有证券市场参与者的树状突和轴状突神经元产生作用。

不管是过去还是未来，我在证券市场上对投资者神经的研究，特别是对投资者树状突和轴状突的深入研究，我自己认为前景是十分广阔的。同时我又结合自己在中国证券市场的风风雨雨和潮起潮落，深刻地感悟出一种全新的经济价值观和理想经济模式，以及快乐的人生境界，就是美丽加智慧，健康加长寿，用快乐去赚快乐的钱。用美丽和智慧去创造机会，去把握机会，去投资机会，去享受机会；用美丽和智慧去创造生活，去把握生活，去享受生活，真正做到快乐地过好每一天。

关于“神经决定价格”的思想，能否被经济学家承认，这么多年一直悬而未决。2005 年，著名的《经济学家》杂志发表文章，标题是《捕捉人类大脑活动新型的经济学家》。

高山流水，知音难寻，好在经过漫长的等待终于等到知音了。这是我在中国以外第一次看见这样的文字，类似的提法。

《捕捉人类大脑活动新型的经济学家》的这篇文章写道：“有人说，人类的灵魂是靠推理和情感来驾驭的，当人类进行经济活动时，他是靠推理单独驾驭的。近来的研究则证明，上述说法不对，人类的经济行为，是推理和情感共同作用的结果，这就是所谓的神经经济学，经济学的一个新流派。它是建立在核磁共振影响学基础上的。后者能以秒为单位，收集大脑的活动信息。在一定的神经系统内，大脑的活动和投注的钱的数量成正相关，利得和损失状况能激发大脑的不同区域，哈佛大学的经济学家 Daidlaibson 做了一个实验，研究人们在算计短期利得和长期利得时大脑的表现，结果显示，大脑对短期利得的反映体现在控制情感的枝干系统(Limbic)，而对长期利得的反映则体现在联络推理和计算的前额皮层(Prefrontal cortex)。无疑，这是一个重要的发现，一些神经经济学家甚至称，此举开创了经济学领域里的革新，以后经济学家不必再依靠所谓的模型来探讨人们对经济政策的反应，而靠对人们大脑区位运动，就可以推测出人类的经济行为。”

此后，我查阅了大量国内外公开的资料，有关“神经决定价格”的这种提法、观点全世界都没有一个，也就是说，我是首创。

这是我不经意间的发现，这个新颖的观点是我通过实践、理论、再实践、再理论这个艰难的过程而得到的。这种智慧属于瞬间真相的顿悟，也是我用最土、最简单、最直接的办法，无数次参与了中国股市的暴涨暴跌而悟出的。

第十一章

上天赐予的最好礼物

女儿是我一生最最珍爱的宝贝，她是我当之无愧的掌上明珠，我是从一开始就秉持“女孩富养，男孩穷养”理念的父亲。再过几年，我的女儿也要迈入而立之年，从她呱呱落地到现在成家立业，我很幸运，也很幸福地陪伴在女儿身边，牵着她的小手，一步步带她经历成长的酸甜苦辣。

女儿成长的过程，让我也体悟到自己在经历“再成长”，正因为有了女儿，有了新的朋友，有了新的希望，我才能变得比以往更强大、更细腻、更睿智。

迎着朝阳，一对幸福父女，一路快乐走来。

第一节　和女儿一起幸福成长

其实，在女儿还没有出生以前，我内心是想要一个儿子的，年代的思想烙印会在我的脑海里时隐时现，有时会冷不丁跳出来，还有一些十分落后的念头伴随而生，在我耳畔默默念叨诸如“生儿子传宗接代”之类的话。

1987年2月6日，这是很重要的一天，美如天使一般的女儿降生了。可我的脑子里还有陈旧的思想在作怪，有时会不由自主流露出更喜欢儿子的表情。此后，随着女儿一天天长大，一天比一天更可爱，一天比一天更懂事，我的思维也在起着微妙的变化。

都说女儿是爹妈的“小棉袄”，女儿也真的越来越乖巧贴心，很少让我操心。我渐渐地发现，当社会在快速向前发展，整个社会的思维都在发生着天翻地覆的变化。其中，在生儿育女方面最大的变化是，越来越多的人认为，生养女儿比生养男孩更有福分。

最近，看到一篇很有意思的报道，标题是《六成网友认同生女孩更幸福　过半人因房价选女孩》。内容说的是，在经济“挂帅”的年代，生男生女和父母的幸福感挂钩。中国人民大学和北京大学的专家合作研究的一项课题显示：生儿子的幸福感不如生女儿。通过对国内10个地级市的4309个家庭采样后发现：生儿子的父母，在儿子17岁至30岁期间，幸福感明显比生女儿的父母要低，而且所在城市的住房价格加剧了这一影响。

这篇2015年6月的最新报道称，调查数据显示，62.7%的参与者认为生女孩幸福感更高，觉得生男生女都一样的占比25.7%，仅有11.7%的人觉得生男孩幸福感更高，这似乎与传统观念相去甚远。这样的结果与经济原因有关。直白地说，一个重要因素就是房价，50.1%的参与调查者觉得房价高，造成生男孩的后续成本高。

时代在进步，观念在转化，早先的“重男轻女”，到“生男生女一个样”，再到当前流行“还是生女儿好”，都是不同时代的环境折射出来的看法。其实，不管是男是女，只要自己孩子过得健康快乐，父母就是最幸福的，和名利金钱并没有太大的关系。

就像我的宝贝女儿，她的降生就是上天给我的最好礼物，女儿的到来使我每天生活在幸福中，我还需要奢求什么呢?

1987 年 2 月 6 日，我的女儿出生于四川省成都市铁路中心医院，属兔，水瓶座，B 型血。当时为了给女儿取一个既动听好记又富含智慧的名字，我翻遍了家里的藏书，最后才确定用“诗瑶”。诗，代表才华、智慧、气质；瑶，表示纯洁、美丽。诗与瑶合在一起，代表既智慧，又美丽，这是一种很高的期待和境界。而且把智慧放在前面，更期望在女儿的一生中拥有智慧，因为智慧是美丽的方向和明灯，也是女儿人生之路的方向和明灯。有了智慧，美丽常在，有了美丽，智慧更有光芒，二者完美融合。

进一步解读，瑶字特别有意境。瑶池，离不开水，也是容纳水、包容水的地方。女人也离不开水，俗话讲，女人是水做的，柔情似水，心静如水，温柔善良，极富生命力。柔情如水的女人，静时，如波澜不惊、恬静如诗的美丽湖面；动时，如波涛翻滚、一望无垠的蓝色海洋。

我爱唐诗瑶。每当我抱着这个襁褓中的小家伙，无论是醒着，还是在睡梦中，她总喜欢甜甜地冲我一笑，那种笑，是纯洁无瑕的，是最淳朴自然的。当时，我深刻领悟到，我这一生一世，不管经历多少磨难和坎坷，都能被这小家伙一个微笑所融化。古人云：百炼钢也化作绕指柔。相信天下的父亲，无论何种性格，无论贫富，在女儿面前，永远会化作“绕指柔”。

“女孩富着养，男孩穷着养”，在中国流传很久，它之所以根深蒂固，我相信一定有它的道理，这也成为我的“养儿圣经”。

说得通俗一点，女儿富着养，经济上富足一些，在成长的道路上，她才能够不贪图小恩小惠，见多识广，才能拥有超人的睿智。富养女儿，才能使她形成一种安然自若的素质，举手投足之间尽显优雅不凡，一言一行之间彰显淑女风范。

女儿要受人欣赏和倾慕，父母就必须全力支持和满足她的合理要求。视野影响眼界，眼界决定境界。如果引导得当，童心和纯真也能给予女儿最大的自由和想象。

当然，女儿富养并不是说顿顿吃山珍海味，住高档洋房，坐豪华轿车。与女儿一起成长的路上，我切身体会到，女儿从生理和心理两方面的特性，决定了她一生与男孩不一样。所谓养，专指女儿未出嫁、未参加工作、未嫁做人妇这个阶段。从中国社会几千年的历史来看，我发现一个十分有趣的现象，凡是生活相对富足的家庭，对孩子的生活和学习有经济保障的家庭，女儿的成长和发展都比较顺利，也容易更早寻到幸福。

我读过陈丹燕著的《上海的金枝玉叶》，书中那位美丽的女子戴西，是老上海著名的永安公司郭氏家族的四小姐，从小锦衣玉食，应有尽有。是在当之无愧“富养”环境中长大的，后来也是在这种优越的环境中出嫁的。如果按照理想的剧本写下去，她的一生应该平稳快乐，除了渐渐老去有些无奈，不会再有别的苦恼。但时代变迁，命运急转，所有的荣华富贵如云烟尽散，她经历了丧偶、劳改、受羞辱打骂、一贫如洗等不公待遇，30 多年的磨难却并没有令她心怀怨恨，她如淤泥之中开出的莲花，依旧那么美丽、优雅、乐观，始终保持着自尊和骄傲。她身上那种与众不同的品质，令人景仰，更让人击节赞叹。

受此启发，我也打定主意，一定要在自己能力许可的范围之类，给女儿创造最好的“富养”条件。女儿富养，百事可成。

当然，这里所指女人的百事，并不是一定要做大官、发大财之类的东西，而是针对女性的天性，女性的本真，她自己想达成的目标。教育方面，只要她愿意，包括大学、硕士、博士，可以一直读下去。生活及责任方面，生儿育女、相夫教子、孝敬父母、孝敬公婆，这些环节都能让自己满意。

在如何对待女儿方面，除了前面谈到的，我觉得还有一点比较重要，就是务必善待女人、尊重女人，这是男人众多责任中有必要专门拿出来进行重点剖析的一个方面。

什么叫善待女人？这不是一句空话，必须有实实在在的内容和形式。我简单的理解，就是要一辈子都给女人讲美丽的童话故事，一辈子都要保障女人吃得饱饭、穿得暖衣，使女人丰衣足食，如果条件允许，还可以更进一步，让女人不时做些自己觉得浪漫的事情，自然最好不过。

和女孩不同，从男孩的生理和心理来分析，男人成熟得晚、懂事得晚，但成熟之前、懂事之前的岁月历练，十分重要而且必不可少。早期对男孩穷养，让他多吃苦、多受累、多感受一些生活的艰辛和不易，对他长大以后，无论学习、工作，还是成家立业，培养勇于担当的精神，都很有意义。如果站得更高一点，男人要想为社会、为人类做出更大的贡献，提前经历一些坎坷，更是必需的人生历练。

吃得苦中苦，方为人上人！这句话虽然是老话，但是简单至极的真理！吃过苦的人，才知道什么是甜。痛苦和快乐是矛盾体，二者相辅相成，又可以互相转换，没有痛苦的感受，就难以体会快乐的不易。

女人比男人多一份责任，就是还要繁育好后代，并把自己的智慧基因遗传给下一代。男人比女人也多一份责任，就是要尽全力保障家庭和下一代的生活富足，唯有如此，这个家庭的幸福才是圆满的。

这些看法，不一定全对，但一定是我几十年来的所思所悟，绝对真实。

感谢女儿，因为她，我才会更加懂得去善待女人，她让一个当了父亲的男人，重新学习、重新成长，由之前的急躁变成现在的谦和宽厚、善解人意。

第二节 女儿让我骄傲和自豪

《圣经》上讲，鼎炼金，炉炼银，赞美也炼人。人们常说，父爱如山，母爱如水。做父亲的，就要学会赞美女儿。

其实，人的一生，生和死，贫和富，爱和恨，痛苦与快乐，极为简单，只是人类在自身的发展过程中把一些原本简单的事情越弄越复杂。就拿我对女儿的爱来说，只要弄清楚爱是什么，后面的事情我该如何去做就好办了，爱是心中某种不言而喻的东西，是一种意识和存在。

爱产生美，美增加爱，就这么简单明了，就这么直白。

女儿在我心中，永远都是美的。这种美既有外在的，也有内在的。

我一直认为，越自然的美才具有永恒的价值。

至于如何具体来描绘美，我可能做不到。毕竟，我不是艺术家、美术家，虽然闲下来的时候，偶尔读过李泽厚的《美的历程》《华夏美学与美学四讲》，刘发民的《艺术吸引力分析》，杨弘、李力合著的《美源》，黎孟德主编的《中国艺术名作快读》，以及台湾作家蒋勋的《中国美术史》，还有《凡·高传》《张大千传》等书籍，我能体会他们对美的专业解析，只是不知道该如何用通俗的语言，将美完整地表达出来。

后来，我在看李海鹏所著的《佛祖在一号线》一书时，对“美人卷珠帘”一节，印象很深。

这么跟你说吧，只要看看阿佳妮，再看看现在的好莱坞女星，你就知道啥叫仙女，啥叫婆娘了。有很多没有见过真正美女的笨蛋，使劲地推崇正当红的贝鲁奇的美貌，或者惊叹苏菲·玛索有多么美艳，其实她们算哪根葱，顶得上阿佳妮的一根小腿毛吗？这个曾经令整个法国疯狂的美女，受到大导演特吕弗如此热烈的恭维，也仅仅是恰如其分而已。“单是你的面孔就能叙述一个动人的故事，单是你的目光就能创造出喜剧性的氛围。”

我想这句话说明了一个容易被忽视的真理：伟大的美女需要有能够装满一艘航空母舰的内涵，而不是拿一浴缸就来糊弄人。

在《阿黛尔·雨果》和《罗丹的情人》这样的电影中，内涵就意味着完美。你很少看到有哪个女人会随时逼迫你注意她的“美”，而不只是“正点”；更很少看到有哪个活物而不是书籍，能够那么深刻地表现出人类的普遍经验，那些幻想、绝望和心弦搏动。

李海鹏，中国当下最好的专栏作家之一，曾为《南方周末》记者，本书为他出版的首部专栏作品集，其对女人之美的描写可谓到了极致。

不由自主谈远了，让允许我把镜头拉近一些，继续说我的女儿。

天下的父亲，谁不爱自己的女儿？在我看来，不论女儿的外貌是闭月羞花，还是奇丑无比，如果一个父亲不爱自己的女儿，他就不是一个好父亲，至少不是一个合格的父亲。

在我的理解中，女人的美，需要不断丰富内涵，这种由内而外所散发出的气质和性格，才是女人最高贵的魅力和无穷的力量。

在我的家庭中，我和爱人有一个自然而然形成的习惯和分工，具体来说，作为父亲的我，重点是养，作为母亲的她，重点是教。无私、浓烈的父爱和母爱，能够培养女儿刚柔并济的性格。其中，父爱是无言而深沉的，就如春风细雨润物无声，长期的潜移默化，女儿也更容易读懂父亲。

从幼儿园、小学、初中，再到高中、大学、研究生，我从不左右女儿的学习和生活，更不去发号施令强迫女儿做自己不喜欢做的事情。我清楚自己的角色，我不能居高临下，而是和女儿真心交朋友。她如果有心事想说出来时，我会安静地倾听，她不愿说我也不问。我主要负责为她的学习和生活提供强有力的经济保障。

在女儿成长过程中，早期我时常犯些急躁的毛病，但随着时间推移，我发现如何使女儿培养自己独立处事的能力很重要。于是，我很注意不轻易把不良情绪有意无意地转嫁到女儿身上。尽管在工作中，我不可避免地会遇到烦恼和忧愁，但我只要一进家门，我会很快调整自己的情绪，将一切烦心的事抛开，营造轻松愉快的家庭氛围。

除了给予女儿自由和平等，我还认为，家庭不应该成为一个禁锢孩子思维发展的笼子，父亲不应该成为一个老爱说教的命令者。给女儿智慧，不是说，不是教，而是让女儿在一个自由自在的天空里，无忧无虑地去顿悟人间万事万物的真相。

可能与很多父亲不同，我是一个喜欢给女儿赞美的人。其实，很多时候家庭亲子关系不好，并不是做父母的不好，或者做子女的单方面出了问题，而是父母与子女之间多了一堵无形的墙，而少了一道心灵互通的桥梁。

孩子越是年幼，越是需要父母的赞美。试想一下，小小的孩子，当她拼尽全身力气把自己的鞋带系好时，你该不该赞美她？当她花了整个晚上默背下拼音表时，要不要赞美她？当她发着烧还坚持学习考试，虽然最后成绩不理想，但她已经尽到最大努力时，除了赞美，还有别的更好的言语吗？中国的父母，很多时候都羞于赞美孩子，羞于说爱，动辄斥责批评，结果自然容易培养出了极不自信、患得患失的孩子。我相信，这是所有父母都不愿看到的结果，但恰恰又是经常发生的事情。

在这点上，我很赞同美国总统奥巴马的教育观点。2010 年，奥巴马出版了《赞美你：奥巴马给女儿的一封信》一书，引起各界强烈反响。早在竞选美国总统期间，奥巴马就没掩饰他对两个女儿的爱。2009 年 1 月，奥巴马在就职典礼举行前夕，还特别给两个女儿写信，字里行间透露出一位父亲对女儿的爱和期许："我要让所有儿童都在能够发掘他们潜能的学校就读；这些学校要能挑战他们，激励他们。我要他们有机会上大学，哪怕他们的父母并不富有。"他还特别希望女儿，"看到不对的事要想办法改正，努力帮助别人获得你们有过的机会。我要每个孩子都有和你们一样的机会，去学习、梦想、成长、发展。这就是我带领我们一家展开这趟大冒险的原因"。

创造力、聪明、勇敢、心灵医者、坚强、尊重他人的奉献、良善、不放弃、善于激励他人……这些是奥巴马眼中 13 位英雄人物身上的特质，也是他从所有孩子身上看到的品格。

虽然我不是奥巴马，但我也希望自己的女儿能得到同样真诚的爱和赞美，因为这是让一个孩子成长的必要"营养"。

女儿小学升初中时，读的是成都市实验外国语学校。这所学校因校风好、学风浓、教风正、管理严、质量优，备受学生、家长和社会赞誉。正因如此，学校收的费用相对较高，要求也严。有三点可以体现：一是从小学升到成都市实验外国语学校的初中，要交近两万元赞助费，二是小学的语文和数学的成绩必须达到 95 分以上，三是必须是成都市青羊区当年度的"三好"学生。

交赞助费的事情由我负责，但语文和数学的成绩要求，特别是青羊区"三好"学生的这个门槛，只能由女儿一个人去奋斗。

要知道，成都市青羊区有很多所学校，女儿要成为本校的"三好"学生，需要刻苦学习和不懈的努力，难度可想而知，而要求一定要成为青羊区的"三好"学生，更是难上加难。

虽然天下父母都希望自己的孩子能上更好的学校，但我和女儿的母亲不敢抱太大希望，并且已经做好了女儿上一般初中的心理准备。为了不给女儿太大的压力，我们提前表达了这个意思。

然而，令我感动和吃惊的是，越是轻松自然，结果反而更加完美。功夫不负有心人，一分耕耘一分收获，女儿小学毕业时，不仅数学和语文都达到95分以上，让人难以置信的是，她荣获了成都市青羊区教育局颁发的年度“三好”学生。当我知道这个名额女儿所在的学校只有两个，她就是其中之一，我当时热泪盈眶，除了激动，还有自豪。想当年，我的母亲，对我采取“无为而治”的方式，我的思维才得以任意驰骋，如今，我把这种方法运用在女儿身上，竟然取得惊人的效果。或许，这要么是冥冥之中的某种安排，要么是家族遗传的结果。

潜能大爆发的女儿，最终如愿考入成都市实验外国语学校。

写到这里，我流泪了。这泪，不咸不苦，带着一股淡淡的香甜。

人的一生中有的环节和步骤是不可复制，更不可能重来的，如果很重要的一步走好了，此后的人生都要相对好走一些。如今，事实也证明，这一点很重要。

请读者朋友们和我一起再回到令人难忘的2005年成都之夏。那一年，国家实行高考改革，即高考结束后先公布考生成绩，再报考学校志愿。四川省高考成绩和成都市高考成绩，在《华西都市报》《成都商报》上公布，主要是为了体现公平、公正、公开的精神。当时，我的心情，与无数全国参加高考学子的父亲心情一样，内心充满焦急和期待。

成绩公布那天，我起了个大早，赶紧跑到小区外面的报摊买下了《华西都市报》和《成都商报》，然后开始急切地翻阅，恨不得第一时间找到女儿那无比熟悉的名字。

结果查到了！我的宝贝女儿，在当年四川省47万参加高考的考生中，以646分的成绩名列成都市考生第12名，四川省考生36名。成绩出来后，那段时间家里每个人兴奋莫名，欢歌笑语不时飘出窗外。

日常生活中，虽然不少人对我有很多尊称，但我知道，自己其实并不聪明，只不过在特殊历史时期，我恰好碰上了，并取得了一点点成绩。当时，我有一个小小的心愿，希望女儿在大学能学金融，使我们这个家族，成为真正的金融世家。因为女儿的爷爷、奶奶、两个叔叔，包括她的父亲，都在银行系统工作。

上天不负有心人，女儿被中国人民大学财政金融学院金融系录取。本科4年，女儿学习比较用功，加上天资聪颖，综合成绩保持全班第1名，还在全国高校英语比赛中获得第3名，顺利保送为中国人民大学金融系研究生。现已毕业，并如愿在银行从事金融工作。

有时，我自己在内心骄傲地说：这样的女儿能不美吗，能不爱吗?

2005年7月2日，我怀着无比激动和喜悦的心情，写了一封感谢信给女儿。原文如下：

经历了49个春夏秋冬，不知说过了多少次感谢，也不知感谢了多少人，但从未专门为一个人写一封感谢信。今天，我要专门为女儿写一封感谢信。女儿于2005年6月参加全国高考，在四川省47万参加考试的考生中，特别是在参加四川省文科高考17万考生中，以646分的成绩，名列成都市实验外国语学校考生第3名，成都市考生第12名，四川省考生36名。

获悉女儿高考取得优异的成绩，我非常高兴、非常感动，心存感激，由衷地谢谢女儿，我衷心祝愿女儿在未来的日子里，成为一个美丽加智慧、健康加长寿的完美女人。并真诚地希望女儿的明天更加快乐更加幸福。

女儿越是长大成人，我越是感到惭愧，觉得自己给予女儿的太少，相反，女儿给予我的快乐太多。今生今世，能成为唐诗瑶的父亲，是我人生中最大的幸福!

2006 年 12 月 14 日，女儿从北京给我寄来明信片，其中有句话写道：“唯以终夜常开眼，报答平生未展眉。”看着这两句话，我全身洋溢着温暖。

大千世界，茫茫人海，一只弱小的小鸟，尽管经历了无数风浪，但终究依靠自己的翅膀飞遍东西南北。

这就是美，永恒的美。

第三节　有智慧，就有幸福

女儿的美，就像一盏灯，照进我的心里，温暖了我一生。

自从女儿到北京读书后，除了打电话给予她鼓励，我还不时采取最为传统的交流方式，给她写信。下面这封信，每当再次读起，我的泪便会悄然盈满眼眶。

瑶儿：

感恩节前，收到你从北京中国人民大学寄来的信，爸爸妈妈都很高兴，心存感激。我们感激上苍，让我们在这一生中能有这么一个如此懂事、如此细心、如此善解人意，又这么美丽、这么智慧的好女儿。我们知足常乐，乐在此中。

血浓于水，亲情深似海，看了一遍你的来信，热泪就止不住地流了下来。什么叫高兴的泪，什么叫激动的泪，什么叫幸福的泪，此时此刻，就是高兴，就是激动，就是幸福！

坐在你房里的写字台前，窗外一盆文竹、一盆兰花，桌上还有一盆君子兰。面前是你写的中英文对照的"只争朝夕"的字条，爸爸感慨万千，于是有了下面这一封信，我用心去写，我用情去写，我用父亲的爱去写，也用我自以为自豪的智慧感悟去写。希望能有所帮助。

我是19岁离开父母，参军去部队，是辽宁鞍山市一支部队。冰天雪地，寒风刺骨。吃的是高粱米。当时，我想的只有一件事情，好男儿志在四方，我一定要有所作为去回报父母。在部队各方面都艰苦，父母帮不了，全靠自己。军队上有两种人有发展前途，一是枪打得准，军事水平高，二是文章写得好，理论水平强。我选择了成为第二种人。身在军营，手握笔杆，从团部的放映员写到团部的通讯员，又从宣传科的通讯员写到师政治部的新闻干事、宣传干事；从战士写到军官；从团员写成党员。最后成为成都军区司令员的秘书。

我30岁的时候，离开了部队，转业到中国银行工作，当时我对银行工作一点也不懂，我只能发挥我的特长，就是"写"。这一写，写成了中国银行成都市分行秘书科科长、综合科科长，成都市金融学会副秘书长等。但后来我发现在银行工作光能写不行，要懂银行、懂经济、懂业务。正是在这个时候，中国证券市场初步确立了。我在银行与证券之中，选择了证券，因为我喜欢上了证券。一句话，失去了多少就能得到多少。我失去了在银行工作中的许多机会，但我在证券方面得到了很多的知识、实践、智慧、感悟，也通过证券市场的风风雨雨和潮起潮落，对人生、对家庭、对子女、对金钱、对信仰有了一种全新的感悟。

第一，不留恋权力，不看重官场，要用自己的聪明才智去创造财富，去创造快乐。同时我要学会善待自己，我要学会活在当下，真正做一个会爱人的人。

由于在银行工作，我没有自己的平台，我又不愿意失去几十年来的工作，我只好保持低调，看书学习，修身养性，等待时机。

2005年3月28日，我选择离开中国银行。由于符合政策，我提前内退。既保住了工资，又得到了发展，又获得了机会。目前，爸爸的梦正在一步一步地实现。厚积薄发，十年不鸣，一鸣惊人。

对于《圣经》，我很想说几句唐氏的感悟。首先，我没有刻意地去读，是不经意之中，《圣经》给我带来了一种平静。

我是性情中人，一生之中，字如其人，文如其人。我看过很多书，比如《增广贤文》《菜根谭》等，但真正让我平静下来的应该是《圣经》。

第二，要学会爱自己，也要学会爱别人。在这个世界上，人生苦短，生命无常。生命是第一位的，财富是第二位的。人活着不是为了财富，而是为了快乐。快乐从哪里来，内心有爱，就从爱自己开始。爸爸妈妈一切都好，瑶儿就高兴、就快乐，瑶儿在北京一切都好，爸爸妈妈就高兴、就快乐。道理就这么简单！

第三，有一个信徒，就少一个犯罪的人。人的一生肯定要面对数不清的烦恼，想不到的痛苦，道不明白的迷茫。这些都只有自己才能帮助自己，自己解放自己，想不通的时候就读一本好书，去悟即可。

我把三条概括成一句话：平静生活，学会爱人，快乐活着。

你在信中对爸爸的评价十分准确，对爸爸的希望也十分中肯，真是父女心心相印，知我者瑶儿。

你写给我们的信，是我们的精神食粮，也是我们的无价之宝。爸爸妈妈都会更加热爱生活，快乐地活着，也会更加热爱我们的女儿，祝福我们的女儿！

记住：对不起的不是你，离开父母去北京上大学，是你的骄傲，是你的成功，你应该为自己永远感到自豪。真正对不起的是我们，特别是爸爸。爸爸欠你的太多，因为爸爸一直在圆自己的梦，而这个梦之路又是十分的艰辛和漫长。善意的失去，一定会加倍的回报。爸爸失去了很多，特别是时间，爸爸失去了很多，特别是对瑶儿的关心和帮助，爸爸失去了很多，特别是与瑶儿一起的天伦之乐。

此时此刻，夜深人静。我十分思念瑶儿，相见时难免盈满眼泪，更加珍惜相见时。

父爱就是这样，眼泪都爱出来了，父爱就是这样，提到女儿的名字就心花怒放，高兴得不得了。

不写了，没完没了。写到此时方恨少，留等下次续新篇。

瑶儿北京快乐！

父：唐晓康

2005 年 11 月 26 日

我就是这样的一个人，对待女儿，对待家人，我总是凝聚着浓浓亲情。

除了经常与女儿进行心与心的交流，我与女儿的男朋友也有过一次有趣的谈话。当时，他还是北京大学哲学系的研究生，很聪明的一个小伙子。

我对他说："上天赋予女人美丽，就很难再给予她智慧。如果这个女人既美丽又智慧，那么，砸锅卖铁也要把她娶回家。因为，娶了这样的女人，此生幸福，下一代也幸福！"

闻听此言，小伙子认真地点了点头。

有智慧的人，就有幸福。《圣经》如是说。

2011 年，女儿即将从中国人民大学财政金融学院金融系研究生毕业。毕业后是留在北京工作，还是回四川成都，我和女儿就此面临了最艰难的选择。我们一起走过了那段终生都难以忘怀的日子。

无疑，女儿是优秀的。她在中国人民大学本科 4 年期间，综合成绩全班第一，参加全国高校外语比赛斩获第三名。研究生期间，是研究生部的部长，并成长为共产党员。当时，北京有德勤会计师事务所、普华永道会计师事务所、中国银行北京分行同意接收她，与此同时，工商银行四川省分行、中国银行四川省分行也同意接收，而女儿的男朋友正在日本留学。

留北京，还是回成都，两边都有不错的机会，一时间确实很难抉择，为此，我们坦诚地进行了交流，各自发表意见，包括女儿的母亲。我们开了几次家庭会议。

在进行意见碰撞时，出现了分歧。女儿的母亲说，留北京更好，未来发展空间更大。我的态度也很明确，回成都，毕竟成都现在的发展日新月异，而且离家更近。看到父母一票对一票，女儿就说，要回成都也行，但应该去建设银行四川省分行工作。如果建设银行没有希望，就留在北京工作。

我得承认，我力主女儿回成都确实有点私心，因为从小到大，我觉得自己对女儿的关怀和呵护还不够，如果回到成都，我可以随时去看看她，像朋友一样谈谈心，生活上有什么需要父亲的地方，我可以随叫随到。至于其他方面，则考虑得较少。

最后，女儿通过自己的努力，终于如愿以偿，考入建设银行四川省分行工作。

或许，在某些人看来，这些只是家庭琐事，但在我看来，正是因为女儿在我心中的分量非同凡响，我愿多花些笔墨记录下她的几个重大人生时刻，同时也让已经为人父母或即将为人父母的读者朋友，分享我的快乐。

爱女儿容易，但要爱女儿的一切很难，包括她的男朋友。但必须爱，而且要爱得真切。

此事必须从 2005 年的全国高考说起。女儿和她的男朋友同在成都的一所中学，男朋友当时是她的高中同学和同班班长。至于他们是什么时候认识，并暗许终身的，我其实不清楚。只知道高考结束，她的男朋友考上了北京大学哲学系。

我第一次认识女儿的男朋友，是在一次电话中。

一天，来自北京的一个电话打到家里："你好，请找一下唐诗瑶，我是她的同学。"

我接到电话说："感谢你对唐诗瑶的关心和帮助，她现在不在家。"

这次短暂的电话结束了，我觉得女儿的男朋友很有礼貌。虽未见过，但能让我聪明伶俐的女儿看中，想必不是一般人。

更有趣的是，自从我知道女儿的男朋友就读北大哲学系后，为了将来沟通方便，从此我开始悄悄关心哲学，而且十分认真地学习有关哲学方面的书籍。

尽管我的这些行为在很多人看来可能有些与众不同，甚至根本没有必要，但我有自己的想法，就是女儿喜欢的人我也要喜欢，包括她喜欢的人学的专业我也要喜欢。就是这样一个不经意的小小决定，我欣喜地发现自己很喜欢哲学，在我看来，哲学是对智慧的解释和赞美，智慧是瞬间对真相的顿悟。

懂医学的人使全家健康，懂法律的人使全家平安，懂哲学的人让小家幸福。我很欣慰，女儿选了一个很好的人生伴侣。

2012 年，女儿的男朋友从北京大学哲学系研究生毕业以后，回到了成都工作。当时，他和女儿一起去买房，准备结婚，由于首付款差一点，于是就向他们家的亲戚借了一些。

女儿问他："为什么要借钱买房子?"

他回答："有一个人说过，如果一个女人既美丽又有智慧，砸锅卖铁也要把她娶回家。因为对这一代好，又对下一代好。"

女儿大感诧异，问他："是谁说的这句话，很有哲理嘛。"

他神秘地一笑，低声回答："就是你爸。"

女儿后来告诉我这个细节，我只是笑了笑。我心里在想，女儿的男朋友也是一个有智慧的男人，把女儿交给他，我放心了。

在那年女儿结婚的典礼上，我即兴发表了几句讲话，我对女儿提出了一些希望和期待，我告诉女儿，她不仅要孝敬公婆，爱护丈夫，还要尽全力让双方的家庭变得更加和谐幸福。我的话音刚落，台下的来宾立即响起雷鸣般的掌声。

事实上，女儿出嫁，我的心情是复杂的。这种情感中，有万般不舍，更有最美好的祝福，但我知道，女儿正是花开的时候，嫁人只是新的人生起点。作为父亲，女儿出嫁，我是幸福的，我完成了一个使命，接下来的路应该由她自己来走。出嫁，意味着女儿真的长大了，因此，我没有眼泪，只有发自肺腑的高兴。

第十二章
创造财富的最高境界是做人

回想过往，半生沉浮，大起大落，亦能按照自己选定的路，坚定前行，最终如愿实现身体自由、灵魂自由和财务自由。我想，我要感谢自己爱读书的好习惯。书中有没有“颜如玉”，有没有“黄金屋”，对我而言不是最重要的事。书籍，陪伴我快有一个甲子的漫长岁月，无论贫穷还是富有，不管工作还是闲暇，我都与书有缘，与书有约。读书、买书以及藏书，对我而言，是一辈子的事。

我的卧室有四个书柜，全放满了书；客厅一角的地面，堆着高高的“书山”；女儿房间的书柜以及地面，只留下一条窄窄的供人行走的路，其他地方全部堆满了书；凉台上放置了两个书柜，“肚子”里面早已装满了精神食粮；家里凡是能找到的空角落，都被我利用起来，放置书籍，可称得上里三层外三层，已经记不清家里有多少藏书了。

看着我对书如此疯狂，爱人又好气又好笑，她明确提出，不能再买书了，再买家里就没有给人下脚的地方了。

女儿也“投诉”我，说她在卧室里行走都要“蛇行”，因为书实在太多。

家里两位女士不允许，而我看到书，就像饥饿的人扑到面包上，如何忍得住？于是偷偷去买书，买回家后融入庞大书堆里，但又被聪慧的女儿发现了，于是父女协商：我必须看完一本“旧书”，才能再购买一本“新书”，女儿还会不定期抽查我是否真正阅读书籍。

虽然这是个被迫协商的结果，但如此一来，我看书的态度也认真多了，不但在书中标记重点地方，还做了大量读书笔记。

要么读书，要么等死。我的一生，不爱抽烟喝酒，不爱麻将扑克，除了工作和投资，唯一一个爱好，就是读书。

读书，令我找到了走向身体自由、灵魂自由、财务自由的不二法门。

第一节　静心开卷觅净土

书中自有净土一片。

“闭门读佛书、开门迎佳客、出门见山水”，《小窗幽记》里的这句话，可谓人生三乐，初次读到时，我便击节叫好，并影响了我几十年。但最近几年，慢慢开悟以后，这就变成了自己的一句话，变成了自我感悟和独特思考的结果。想想吧，闹市中求静处，闭门就是深山。小屋里万卷书，细读就有净土。一杯茶一世界，一颗心一本书，一菩提一顿悟，色香味形俱全。梵音袅袅，岂不飘飘然活似神仙？

这意境太美，我曾在梦里寻它千百回，总想有一天，能彻底自由了，就真正地放飞自己，去遥远的深山老林，像美国《瓦尔登湖》的作者梭罗一样，去拥抱大自然，与山山水水在一起；去广阔的天地间，像东晋著名诗人陶渊明一样，在不经意间，轻轻走进属于自己的那一片桃花源，共生共存，彻底忘掉城市的喧哗与浮躁。归去来兮，田园将芜，胡不归？既自以心为形役，奚惆怅而独悲！悟已往之不谏，知来者之可追；实迷途其未远，觉今是而昨非。舟遥遥以轻飏，风飘飘而吹衣。问征夫以前路，恨晨光之熹微。

1000 多年后，我的心情，和陶渊明产生了奇妙的共鸣，归去来啊，归去来，唯有自由自在灵魂不受丝毫局限之处，才是我魂牵梦萦的桃花源。

真有这一天，我真正实现了人生的三大自由，却没有任何“归隐”的冲动和渴望了，不再想躲到人迹罕至之地，当一个孤独的鲁滨孙。因为，此时我打开了另一扇门，应该叫窄门吧，找到了另外一条走向桃花源的路径，把门一关，闭门就是深山。

只要你的书有足够多，家中就有属于你的净土。

这几年，闭门读书的数量，远远超过了前几十年的读书总量。痴爱音乐的我，也听了几百张 CD 音乐，看了几百部 DVD。每当我看书，听音乐抑或是看碟时，尽管身处城市高楼，但大自然的高山流水，鸟语花香，汹涌澎湃的大江大河，我似乎总能看到，闻到，听到，不经意间，心中便涌起丝丝清凉舒爽的快意。

原来人生想要寻觅净土，无须躲在深山密林，无须埋名归隐，只要能放下过多的欲望，过多的追求，过多的向往，也就放下了不该属于你的东西。而一旦放下了，你就自在了，你的心就静下来了。

只要心静了，每本书，每张 CD，每张 DVD，都是你的净土，都是你的桃花源。

2013 年 1 月 31 日，星期四，我有感而发，随笔写了一篇《闲来夜里读小说》，闲来无事上心头，便是人间好时节，夜深人静读小说，半夜走进桃花源。

中文“闲”字很有意境，古人对“闲”字的发明更是十分严谨苛刻。一个“门”字，“门”字里面是“木”字。“木”字好理解，木头木脑，放在门里面，没有思想，没有行为，就是一块木头而已。“门”字就复杂一些，木块在门里面，才称之为“闲”，也就是说如果把门打开，把木块搬到门外，就不行了，不闲了。闲与不闲，一是在门里还是在门外，二是闲与不闲，门里必须放木块，这块木块没有思想，没有行为，没有任何事情可以做的境界才行，才称之为闲。

生活中也是这样，如果我打开门，特别是走出门，事情就复杂化了。

比如，出门之后，认识的人，碰上了，都要给你打招呼，“你好！吃饭了没?”讲礼貌的，也要回一声。就算散步这种简单的事情，乡村小路上，有沟坎草丛，需要随时避让；城市道路上，更复杂，有人行道，有机动车道，人行道里面又分供盲人和正常行人使用两种，过街还有红灯、黄灯、绿灯，你想闲一会儿，客观上各种条件限制都不让你闲。

如果你心事重重，坐立不安，不像木头人，你根本闲不下来。

无事，这两个字更严格，什么事情都没有。

我有个习惯，当街上的行人逐渐稀少，整个城市慢了下来，家人都进入梦乡。此时，就是在这种环境中，我开始读书，读自己喜爱的各类作品。也包括此前不怎么喜欢的小说。

我这一生不喜欢看小说。小时候，父亲买了很多小说，四大名著都有，我根本不看，确实没有这方面的兴趣；后来在部队、在地方工作也不看，但我很喜欢阅读名人传记、历史故事、散文、随笔之类的书籍。此后，随着自己涉足资本市场，证券、金融书籍也看了不少。

2005 年 4 月 20 日，我从银行办理内退以后，身体自由了。2009 年 12

月 30 日，帮朋友做投资，自己也实现财务自由了。此后两年，我也没有关心证券市场，于是彻底闲下来了。

这个时候，奇迹发生了，我慢慢喜欢看小说了。那段时间，我跑遍了成都市的大小书店，很多著名的小说，特别是精装版的，包括什么纪念版、再版，统统一网打尽。其中，名气较大的书有《第二十二条军规》《教父》《假如明天来临》《麦田的守望者》《项塔兰》《洛丽塔》《十字军骑士》《尤利西斯》《曾国藩》《天使望故乡》《你向何处去》《曼斯菲尔庄园》《德国中篇小说集》《德国短篇小说集》《忏悔录》等这些中外书籍都成为我家庭的一员。

自从对小说有感觉之后，仿佛一个男人爱上一个心仪的女人，我不但拿在手上看，躺在床上看，而是用一颗纯净的心去读。每当打开印刷精美的一部小说，随着书页的翻动，一缕缕淡淡的书香袭来，简直是一种享受。

有一次，我去见一个朋友，两人约在一家咖啡馆见面。因为堵车，朋友比约定的时间晚了一个小时才赶到，落座后，朋友一直在道歉。

我淡淡一笑，指指手里一本厚厚的小说，说："没关系，这里还有一个朋友在陪我。"

朋友人感诧异，问："记得你之前从来不看小说的啊?"

"是的，以前只是没发现看小说的乐趣。或者说，小说的门暂时没向我敞开，现在啊，我已经走进这道门，并且痴迷上了呢。你看，这种音乐环绕的环境，不正是看小说绝佳的地方么?"我哈哈大笑起来。

听完我的话，朋友若有所思地点点头。在我的影响下，这位朋友也渐渐喜欢上了小说，做事也没之前那么急躁冒进了。

很多年前，因为过于浮躁，我对"书香"二字理解不了。自从实现人生三大目标之后，生活的节奏慢了，精神状态不再那么紧绷了，我终于对书有了重新认识。有时候，原本很普通的书，看着看着，竟然真能感觉到自已被一种香味环绕，这种香，是书香，宛如兰花之香，清纯飘逸，沁人心扉。

我的体会，读小说，必须真正走进书里，进入书中人物的内心世界，只有这样，才能身临其境，才能将人物的一言一行，一颦一笑体会透彻。这种读书，不是粗读、精读，而是更高一层，是心读。用心读书，书香就会自然散发出来，在这种唯美的意境中，你其实已经悄然进入自己的那片桃花源了。

我读小说，还带着一颗感恩的心，感谢作者将我带入美丽宁静的桃花源。夜里读小说，心灵就不孤独，寂寞中读小说，寂寞会被赶走。没有孤独，没有寂寞，正是人人追求的一种理想状态。

第二节　读书是打开财富之门的密钥

古人说，书中自有黄金屋。人这一生，生存当然是摆在第一位的，要生存，要养活自己，还要养家，就必须拥有足够的财富。那么，财富从哪里来呢？有人说，当然是通过工作，通过千万种工作和职业，取得合法收入，便拥有了钱。

是的，没错。大多数人，都是按照这种路径走的。但我认为，要想拥有真正的财富，最重要的一条路径，还是读书。

读书，可以培养智商和情商，增长知识拓展视野；读书，可以让人更有智慧，更有尊严地活着。

智慧，才是创造财富的正确途径。智慧是什么？我已经读了近60年的书，读了上万本的书，我的个人看法是：智慧就是瞬间对真相的顿悟。

伟大的考古学家张光直在《考古人类学随笔》中写道，“古往今来多少世家无非积德，天地间第一人品还是读书”。

创造财富的最高境界，首先就是做人。把人做好了，再去创造财富，你的心就没有那么累，你就会在正确的时间、正确的地点，以正确的方式，获取正确的财富，而且这样得来的财富，会受用一生。

为此，我在 1998 年 4 月 7 日，写了一篇《我与好书交朋友》的随感。

书，是股民的朋友，因此，要想成为中国股市的大赢家，应该与好书交朋友，要真正弄懂中国的股市，需要学习和研究的东西实在太多。从书中去学习，悟道理，知变化。

中国股市之内的东西，就那么多，基本面也好，技术面也好，图形也好，成交量也好，题材和概念也好，都是有限的东西。而且美国的股市比我们的历史长，知道的股市之内的东西也比我们超前。

而股市之外的东西，我们国家比美国多，因为我们国家的历史比美国长远，中国历史 5000 年，智慧的东西也比美国多得多，中国的聪明也在这里。

然而，书也实在太多。看书、读书、藏书也是一门学问。有的人看了一辈子的书，结果糊涂一辈子。因此，选书格外重要，如何去看就更为重要。

我认为，看书要与股票、股市联系起来，才有兴趣。有兴趣才不痛苦，才不觉得看书很累。

同时，看书还要与做人联系起来，才有境界，才可超然、超脱，因为，世界上最难的事情就是做人。

为什么人一出生就要哭？因为他一出生就离死不远了。早生一天，就早死一天，晚生一天就晚死一天。

我在读书时感觉到，美国前总统尼克松著的《从巅峰到低谷》就是我的好朋友。这本书，写的是尼克松从总统到平民老百姓的心路历程。也就是一个人有辉煌的时候，也有平淡的时候。通过阅读，我和这本书交上了朋友，而且是难得的好朋友。它使我学到了人生中很难学到的一些东西，面对巅峰，面对低谷，都要处之泰然。无论做官，还是做老百姓都要保持平常心态。

洪应明所著的《菜根谭》也是我的好朋友。《菜根谭》这本书，有多个版本，但都集中反映了一个东西，读了《菜根谭》，咬得菜根断，深知做人难。特别是读了《菜根谭》以后，对如何做人处世，对如何战胜自己的弱点，改变不好的性格，淡泊明志，都很有收益。每读一次《菜根谭》，都会得到一种新的知识，新的领悟，带来新的进步。即做人要做真实和善良的人，要冷静地对待自己，行到水穷处，坐看云起时。

我阅读的书籍中，《邓小平传》，更是我的好朋友。邓小平的一生极富传奇，特别是他的三落三起，更是令人敬佩和崇拜，一个人有波澜，有曲折，更显出一个人的伟大。伟大也是一种美。美的力量更加鼓舞人、教育人、支持人。

2004年2月22日，我又写了一篇《读书的思考》，比较认真地审视了自己，算是我对读书有了更深的一点认识。

今天，我在女儿的书桌旁读了《洛克菲勒回忆录》。洛克菲勒在评价他的父亲时，讲过这样一番意味深长的话："促使他取得成功的是在他心中深深扎根的基督教信念，爱邻里如同爱自己，给予胜过得到。"

我这一生中，读过很多的书，但基督教的书读得很少，近来，也许是人生悟到了些什么，或者说应该悟得到什么，才算完美的人生。

我开始对基督教感兴趣了。

我是从读书中了解基督教的，它带给我很多的思考。

我做儿子，做得不好。8 年了才回宜宾一次。但回去这一次，我得到了快乐，得到了平和，得到了人生最宝贵的亲情。我必须感谢这次宜宾之行。

我做父亲，做得不好。这几年对女儿尽到的责任太少，女儿给予我太多的快乐，太多的自豪，我非常感谢女儿给我带来的一切。

我做自己，做得不好。几十年来，认识自己太晚，了解自己不够，如果说有一点开悟，还是近来的事，这应该与我喜欢读书有关系，特别是读了一些有关基督教的书。

我需要拯救自己，自己应该对得起自己的一生。

我的读书历程和读书感悟就是这样一步一步、一点一滴地走过来，积累下来，沉淀下去。

我从 1992 年挖到人生的第一桶金，到 1999 年 2 月失去了一切，资不抵债，又经过了 10 年的读书历程，到 2009 年 12 月 30 日，真正实现了人生的身体自由、灵魂自由和财务自由。我深有体会地说，书中确实有黄金。只有多读书，读好书，把书的量读够，把读书的时间读够，财富才会向你招手，向你微笑。

那时，你才能去拥抱自己的桃花源。用自己的智慧去创造财富，幸福就会相伴你一生。

第三节　逆向思维更能启迪心灵

其实，读书就是读人，先读别人，再读懂自己，特别是要读懂书中所要表达的思想，书中人的行为、习惯、性格、命运。

读万卷书的最终结果，无非就是通过读书中的“他”，来帮助“我”。最后，自己帮自己，实现一生的梦。

人生最大的梦，就是你现在还活着。

活着，就要追求生活质量，希望得到智慧。

死去，不过一瞬间、一刹那。那是一种放下，一种自在，更是一种真实。

活着，就是一秒、一分、一日、一月、一年地过着。只要活着，就有万般放不下，就有不自在，就有不真实。

我一直认为，瞬间的真实，需要用一生的不真实去获取，世间的一切都在变，唯有死亡永远不变。

只要还活着，周遭的一切就在不断地发生变化，包括熟悉的或不熟悉的人和事。能以不变应万变的，除了死亡，还有另一扇门或者说另一条路径，就是读书。

读书的好处太多，我在资本市场沉浮这么多年，时至今日，能通过自己的智慧实现财务自由，这与我在读书的过程中注意培养自我逆向思维的能力是密不可分的。

逆向思维和逆向行为是获取财富的一种有效途径。这种思维和行为，说简单一点就是与大部分人的思想和行为反着来。但必须要指出的是，这种思维方式和行为方式，不是一天两天，一年两年就可以做到的，它的形成必须有一个长期的磨炼和渐进的过程。

其实，具备正向思维和正向行为，也可以生存和生活，也可以实现人生的许多梦想。但要想生存和生活得更好一些，更符合人性的自然需求，不少成功人士的经历告诉我们，逆向思维的确是一个获取财富的绝招，而现实生活中的我，也算是靠这种思维方式取得一点成绩的真实案例。

其实逆向思维，只可意会，难以言传，一旦想真实完整地写出来，特别是要说得具体、细致入微，无疑十分困难。

逆向思维也是一种智慧，能把这种经过自己感悟并验证过的智慧，哪怕是一点留给他人，与人分享，也是一种布施，一种善行。予人钱财是布施，是行善；帮人出力，也是布施，是行善。同样，给人思想，特别是给人逆向思维的方法，也是一种布施和行善。

古话说得好，授人以鱼，不如授之以渔。在我们有限的生命里，能把瞬间的美丽和刹那的智慧留在无限的历史长河之中，这是造福，这是感恩。

大千世界，茫茫股海。股市的历史告诉我们，天量有天价，量比价先行。天大的事件，也有天价，价比事先行。也就是说，对于成交量来讲，量比价先行，对于重大事件来说，是价比事先行，这也是世界证券史上最为重要的两个发现。

上面这段话，是我发表在2009年8月15日星期六《大众证券报》B6版上一篇文章中的一段，这篇文章同时还发表在《股市动态分析》2009年8月1日第31期周刊上。

虽然字数不多，但这段话非常重要。对于身处股市围城里的人，或者想进入股市围城外的人，把它读懂，你才能称之为股民。

这段话的前半句，也叫第一个发现，是全世界证券史上的一条规律，各种书籍已经刊登。重要的是后半句，第二个发现，天大的事件，也有天价，价比事先行。这是我纵横股海几十年的总结。

自己感悟的，才是最重要也是最真实的。这是个性，也叫逆向思维。世界上的股市有几百年历史了，正常的思维可以赚钱，但最后只能是赚小钱。真正意义上赚大钱，而且能笑到最后的人，一定是逆向思维的人。

那么，逆向思维从何而来呢?

股市暴跌，是买股票的好时机；股市暴涨，是卖股票的好时机。这句话，很多人起码听过无数次，但所谓知易行难，等自己真正亲身做一次时，其实是十分困难的。股市上，能把握一次暴涨或暴跌的机会，成活率就可以达到50%以上。但这种机会能把握哪怕是一次，就得靠逆向行为，当然前提必须有逆向思维。

接下来，不少读者朋友可能就要问了，你唐晓康的逆向思维是怎么来的?

这里，我要如实报告，读书看报必须要善于注意别人不在意的细节。我们大多数的书籍、报刊、广播、电视、电影，在宣传某件事某个人的伟大辉煌之处时，我却经常好奇地去注意这些事这些人鲜为人知的另一面。

前面说过，我从小就喜欢看名人传记。从我几十年来的经验来看，名人传记哪怕语言平实一点，但相对真实，不像小说、散文、诗歌那样，作者可以充分发挥想象力。自己到底读了多少本名人传记，我没有认真统计过，但粗略估计，应该有近千本。

阅读的量大了，由量变到质变，慢慢地就开始想了解这些名人的另一面。后来，这个习惯就自然融入了自己的性格之中，并自觉地指导自己的行为。

我阅读过的具有“逆向思维气息”的书籍很多，包括:《短暂的春秋——华国锋下台内幕》《毛泽东鲜为人知的故事》《水门事件》《从巅峰到低谷》《林彪传》《刘志丹》《刘少奇传》《胡耀邦传》《权力语录》《全世界人民都知道》《思想国》《自由在高处》《一个村庄里的中国》《重新发现社会》《蒋介石传》《毛泽东与林彪》《慈禧太后传》《失权者》《宋美龄传》，等等。

另外，还有《邓小平政海争雄录》《邓小平传》《邓小平时代》《邓小平在江西的日子》等。我觉得，看有关邓小平的书，一定要看懂他的三落三起。看尼克松的《领袖们》《不战而胜》《六次危机》等书，就主要看美国总统尼克松的大起大落。

故事主人翁一帆风顺的书、属于正向思维类型的人的书我也有很多，家里有几千本，不时也拿出来看看。但我还是更钟爱给人以逆向思维的书，这些书才能真正启迪我的心灵，培养我的智慧。

如果说，一个人读了一辈子的书，没有读过一本具有逆向思维的书，是一种悲哀，更是一种遗憾。

说完读别人的书，再说如何读自己这本书。

说实话，年近花甲，我真正才了解，在阅读方面，我也走过不少弯路，而且弯道很长，无谓地浪费了许多光阴和精力。我读完了小学、初中、高中，又自修过大学，随后，参加工作几十年，其间阅读的书超过了万卷，收藏的书也接近万卷，但读自己这本书读得太晚，了解很少，甚至都不知道“自己”也是一本书，而且是需要读一辈子的书。说得深刻一点，“自己”这本书，需要另一个我读进骨子里，读到血液里，读到真正闭上眼睛告别人世的那一刻。

“自己”这本书，不能只读目录，一定要读具体的章节和每一个字，彻底读懂。通过世界这个大环境的影响，通过读书和成长经历，你具有什么样的思想，什么样的行为，什么样的习惯，什么样的性格，完全要有自知之明。知我者，自己也。倘若一个人，行走于天地之间，却从没认真想过，我是谁，我是怎样的人，那么，他的生和死，何其混沌何其迷惘！

为了更好地了解自我，杨清的《心理学概论》[①] 这本经典著作也不可

① 杨清：《心理学概论》，吉林人民出版社 1985 年版。

不读。

我读《心理学概论》是在 1985 年 5 月。读这本书时，意境好的语言和观点，我都用红蓝两种颜色的笔画上一条一条的线。重读的时候，对画过线的地方特别留意。

大家可能不会相信，《心理学概论》已经陪伴了我 30 年，其间起码读过上百次。当时购买这本书时，根本没有想到这本书可以为我带来财富，对我的影响如此之大。

当然，《黄帝内经》也要读，《生命的注释》更要读。我觉得，在这个世界上并非只有一种信仰，并不是哪一个人说了算。作为读者，要了解世界的真相，了解自己是谁，必须要有一些与众不同的思维，也就是逆向思维。有时，逆向思维得到的结果更接近真相。

正常思维的书籍，需要多读，从量变到质变，能使人变得聪明，这个世界是从众的，既然我们左右不了这个世界，不如顺从。

逆向思维的书籍，读得越精越好，在质变中求更高的质变，活着可以随大流，实现财务自由必须要走与众不同的小路。

第十三章

用心读经典方能滋养智慧

学而不思则罔，思而不学则殆。这是让我受用一生的读书学习方法。一个人，即使再爱读书，若只是一味埋头苦读，从不思考，难免会因为不能深刻理解书本的意义，而不能合理有效利用书本的知识，甚至会陷入迷惘境地；而一个人成天只是空想，看似脑子转得飞快，却从不去进行实实在在的学习和钻研，那么，终究也只是沙上建塔，一无所得。

若学习和思考不能彼此结合，那么，我们到哪儿去学习切实有用的知识，再将这些宝贵的知识转换成生产力呢？

所以，我一边阅读，一边思考，做读书笔记的习惯，一坚持便是数年。

第一节　越品越香《菜根谭》

真正爱读书的人，即使将来与世长辞，坟墓里都应该放着一本“陪伴孤寂灵魂”的书。如果让我选，我这个并不专业的读书人，会在自己将来的坟墓里，放上《菜根谭》。

在各种版本的《菜根谭》书中，我最喜欢《菜根谭讲话》繁体字版本，在《菜根谭讲话》这本书的第二页空白处，我写下了“一生相伴，阅读一生”这 8 个字。

随后的日子里，我又购买收藏了多个版本的《菜根谭》，我收藏的《菜根谭》系列书籍，时间跨度较大，发行价最低的是 3.80 元，最昂贵的是 335.00 元，中间的价差高达 10 倍左右。就像一只优质股票，经历岁月洗礼，价格坚挺向上。

从 1992 年 4 月至今，《菜根谭》系列书籍陪伴我走过了人生主要的 30 多年。花开花落，其间，我经历的无数酸、甜、苦、辣尽在其中。

1992 年，我第一次读《菜根谭》时，身体自由、灵魂自由、财务自由，还是一个缥缈的梦，遥不可及。

2009 年 12 月 30 日，我再一次读《菜根谭》时，我完全实现了人生的三大自由。

当时，我对自己说了句最雅致的话：“首先感谢唐晓康，然后感谢《菜根谭》。”

洪自诚著的《菜根谭讲话》港台版，对《菜根谭》有以下评价：

本书名叫《菜根谭》，宋儒汪信民说“得常咬菜根，即做百事成”。胡康侯听了这句话，击节赞赏。菜根者，即青菜的根，如萝卜头、番芋等粗食，咬得菜根，即表示能够承受艰难困苦，才会成就伟大事业。洪先生取斯语以为书名，其寓意是，在平淡寡味的菜根中蕴藏着无限的真味，所以本书是修身处世时不可缺少的精神食粮。

目前，洪自诚版本的《菜根谭》为明代洪自诚著，彭建版本的《菜根谭》为明代洪应明著。谁为真版无人考证，但大体内容接近。我不是做学术研究的，两个版本我都喜欢。

在我看来，《菜根谭》博大精深，妙处难以言传。不但文字简练明隽，更是叫人含咀无穷，同时它亦骈亦散，融经铸史，兼采雅俗。洪自诚所著的《菜根谭》的文辞秀美，对仗工整，含意深邃，耐人寻味，读之令人心旷神怡。

洪应明著的大陆版的《菜根谭》，对《菜根谭》的评价是：

将《菜根谭》视为人生的哲理书，将它奉为一部有助于为人处世的语录体经典，全在于他们从其中找到了不少堪称指导自己立足社会并处理好各种人际关系的座右铭，从而有助于自己对生活的投入和对人生的体悟，并把它视为在日益机械化的现代社会中，自己所寻到的一处有助于个人修身养性、平息心理焦虑，从而也能更好地再投入社会的绿荫。

此外，作者的“菜根”主题，或者还有针对许多人把草根弃而不食之行为，在实质上暗喻世间的许多人在做人之时，往往只顾及眼前的短期利益，而不着意在做人的根本上努力之意，从而也就更有思考、谈话和实践为人之根本的必要，所以，书名中或许还有一种纠偏扶正的意思。

洪应明著的崇文书局版的《菜根谭》，对《菜根谭》的评价如下：

书中多处处世警句来源丰富，既有作者自己的心得体会，又有从先哲格言、佛家禅语、古典名句、俗语谚语中演化而来的精彩文句，辞藻秀美，含义隽永，耐人寻味。从内容上看，《菜根谭》满足的范围极为广泛，几乎涵盖了人生所能遇到的一切重大问题，就如其原序中说的，“其间持有语，有落世语、有隐逸语、有显达语、有正善语、有介节语、有仁语、有义语、有禅语、有趣语、有学道语、有见道语”。全书以道德修养为核心，把修身养性作为以不变应万变的基本原则，对世间万象作面面观，上至治国、平天下，下至个人修身、齐家，人们都能于此书中有所获益。从书中反映出作者思想而言，它不是单一的，而是儒、释、道三者的有机合一，其间既有儒家所强调的中庸之道，养心之说，又有佛家的四大皆空，慈悲为怀的思想，同时还有道家所倡导的清静无为的观念。希望大家在咀嚼草根的过程中，能有所体悟，心智有所提高。

由洪应明著、中央编译出版社出版发行的《菜根谭》，对《菜根谭》的评价是：

自问世以来，《菜根谭》便在中华文化圈内流传开来，至今，被后人翻印的次数，已无法统计，不仅影响了一代又一代中国人，也对全球华人及国际社会产生着越来越系统的影响。可见，喜欢此书的人数之众。新中国的创始人——毛泽东也喜欢此书，他评价说，“嚼得菜根者，百事可做”。可见这本书对人的教益，的确非同一般。所以，人们又称《菜根谭》为“三教真理的精品”

“旷古稀世的奇珍宝训”。而一位著名法师则评价它为“一部万古不易、教人化世的圣典”。如今，当现代的喧嚣已经淹没了世间万般风情，我们的焦虑、烦躁与不安日益剧增之时，千年奇书能告诉我们的只会更多。因为这部《图解菜根谭》不仅可以重温人世间那种已被遗忘的真趣，更能让人们那颗已被多种名利烧灼得有些转向的头脑清醒，从而练就高瞻远瞩，学会达观人生。这一切，对于亲爱的读者朋友来说，就不仅仅是在读书了。

回想我在10年迷茫的岁月，我有幸遇到了《菜根谭》，阅读了10年《菜根谭》，是《菜根谭》帮助我明白了许多事理，树立信心，走出泥淖。

对《菜根谭》的理解和感悟，一万个人有一万个看法。但这些，都不属于我。适合自己的，才是对《菜根谭》最好的解读。

在我最痛苦的时候，它轻轻地、缓慢地、一点一点地减轻心灵深处无以言表的痛苦，如同婴孩柔嫩的小手，看似软弱无力，其实最为纯真，每一次轻抚，都代表着内心的纯真，产生巨大的影响力。

在我身处黑暗中时，是它给了我一线光明，哪怕是一点点微弱荧光，我都看到了希望，看到了未来，看到了只要不往万丈深渊跳，任凭脚下布满荆棘，只会令我疼痛流血，但不会输掉人生的所有。

在我人生最无助、想走向另一个世界的时候，它用一双看不见的手，用力紧紧地抓住了我，把我拉回了一步。就是这一步，今天我还活着。在艰难的岁月，我轻轻合上双眼，在心中默念《菜根谭》中那些富含智慧的句子，将炼狱当成修行，将熬煎当成坦途。在刀尖上行走，脸上也要拥有平和的神情。

这是我对《菜根谭》的真实理解和感悟。

《菜根谭》虽然读了10年，但总觉得读不够、读不透，仿佛每一次阅读，都会发现它更新更迷人的魅力。

在自由自在、无忧无虑的心境下，我突然发现《菜根谭》这本书的书名很美，意境也很美。内容和形式，完美契合。这个时候，我即便用再美的词语去赞美它，也显得很苍白、很无力。

从读书到藏书，从藏书到读书，如此循环几十载。《菜根谭》在我的心中，地位崇高，不可撼动。

人类的世界发展的步伐越来越快，高速公路、高速列车、飞机、火箭、导弹……快的文化，快的节奏，人的心也越来越浮躁，越来越焦虑。不尊重文化，不尊重人性，不尊重思想……各种稀奇古怪的事情时常发生，这让不少有心人不禁想问：这个世界到底怎么了？

步子再缓慢一点吧，心态再平和一点吧！

《菜根谭》，犹如一粒微尘中的一束阳光，它照亮了我的心，也喻示我，要有一颗纯真的平常心。

一琴一鹤，一花一竹，在平静从容之中，顿悟百年人生。

第二节　尼克松助我打开思维的另一扇门

我曾想把自己几十年来读过的书进行一次大梳理，进行一次排序，当自己读到“破万卷”时，选出最喜欢的前十本，不管我的排序变动多少次，《从巅峰到低谷》[①] 都是我的最爱之一。

这本书以尼克松 1972 年 2 月访华为开端，讲述了他的政治生涯，表达

---

① 《从巅峰到低谷》，陕西人民出版社 1991 年版。

了他对中国领导人的敬佩，以及他所处的艰难境地。书中有对政治舞台上明枪暗箭的描述，也有对世界政治格局的分析。

之前的1984年1月，我还读过尼克松的《领导者》[①]，之后的1996年12月，又读过《尼克松传》[②]，好莱坞巨片《尼克松传》还荣获1996年奥斯卡十项大奖提名。尼克松是美国历史上第一个因丑闻下台的总统，美国当代杰出的政治家、战略家。

对尼克松开始有所了解，是从读《领导者》开始的。1984年，我还在成都军区给将军当秘书。当时，记住了一句很流行的话，“不想当将军的士兵，不是好士兵。”

我还送了一本《领导者》给当时的成都军区副司令员、中将张太恒。这是我作为秘书，送给首长唯一的一本书。

尼克松是一个争议很大的政治人物，在职期间，著名的“水门事件”使他名誉扫地并直接导致他辞去总统职务。尼克松在他的晚年，用7年时间完成了他的《领导者》一书，在这本书中，展现了尼克松过人的聪明才智和严谨的洞察力。

因为先读了《领导者》有了一点基础，后来读《从巅峰到低谷》时，就比较容易入门了。

尼克松虽然是美国总统，但他首先是一个人。他出身寒微，靠个人奋斗进入美国政坛，曾先后当过众议员、参议员、副总统，直至登上总统的宝座。在尼克松长达40余年的曲折复杂的政治生涯中，他会见并结识了众多世界政坛的风云人物，经历过许多重大的政治事件。他精通权谋，满腹韬略，深谙领袖之道；他性格复杂，情感丰富，善于雄辩，具有超凡的个人魅力。

---

① 《领导者》，世界知识出版社1983年版。

② 《尼克松传》，成都出版社1995年版。

在尼克松处于权力和声望的巅峰时期，“水门事件”败露，尼克松由此遭遇千夫所指、万人唾弃。然而，尼克松并没有因此消沉，还是继续活跃在世界政治舞台，同时，还写出了长达数百万字的著作，而且十分畅销。越来越多的人，开始重新认识和评价尼克松，认为他才是美国历史上最富有远见和杰出才华的政治家。

尼克松还著有《六次危机》一书。20世纪70年代，毛泽东主席接见尼克松时，称赞尼克松的《六次危机》写得不错。尼克松说：“主席先生读的书太多了。”

《从巅峰到低谷》这本书于我而言为什么如此重要呢？第一，书名很美；第二，意境更美；第三，逆向思维。是《从巅峰到低谷》这本书，打开了我思维空间和行为空间的另一扇门。

低谷可以到巅峰，巅峰也可以到低谷。如人生，如股价。

深刻理解了这句话，它不但给我带来了智慧，也带来了财富，包括物质和精神财富。

《从巅峰到低谷》，写的是尼克松从总统到平民的那一段真实的心路历程。他当时的理智和情感，晚年的痛苦和悲伤，内心世界的那个我如何斗争、怎样的无助等细节，都刻画得细致入微。

这个世界上，写成功的书多如牛毛，写失败的书少得可怜。乐于写欢乐的大写特写，敢于写痛苦的寥若晨星。但正如我投资股市和做人一样，喜欢逆向思考，甚至有点另类，但绝对真实。因此，在本书中，读者除了分享我的成功、喜悦、幸福，还会读到我的痛苦、无助、愤怒。

其实，没有失败，哪来成功，没有痛苦，哪来欢乐。但大多数人只想了解成功，不想了解失败；只想拥有欢乐，不想面对痛苦。

要想选一本失败者的书很难，要想读到一本主人翁痛苦至流泪的书更难。好在，我找到了，我读到了，我读懂了这位世界上最强大国家总统眼泪背后的含意。

在《基辛格传》一书中，有段尼克松和基辛格精彩的对话。

“如果他们跟您过不去，我就辞职。”基辛格保证道。据尼克松回忆，基辛格哽咽地说出这番话并开始哭泣。

见此情景，尼克松也开始哭了起来：“亨利，你不能辞职。”

总统说：“再也不要说这种话了，这个国家需要你，没有谁能替换你。”

《基辛格——大国博弈的背后》还有一段也很震撼人。

尼克松相信基辛格对上帝的信仰和他一样强烈。于是总统请他的国务卿跪下来和他一起祈祷。这对基辛格来说，是个非常别扭的请求，即使在他信仰非常虔诚的孩提时代，祈祷也不跪下来进行。但基辛格没有推辞，笨拙地单腿跪下来和总统一起祈祷。然后再换另外一条腿……尼克松再次哭泣起来，但没有歇斯底里，也没有瘫在门框上。通过哭泣声，他抱怨命运的不公，咒骂着政敌们加倍他的痛苦。基辛格再次安慰他，历史将善待你。

《从巅峰到低谷》一书的第 8 页写道：

亲爱的爸爸，我爱您，并为您感到自豪。无论您干什么都会得到我的支持。我请求您耐心等一个星期或 10 天再做决定。您是力量的化身，希望您能经受住烈火的考验，再坚持坚持。朱莉，你身后站着数百万人民。

面对女儿的这封信，确实容易令人感动。但作者本人尼克松写道：

如果有什么力量能够使我改变主意，那就非朱莉的短信莫属了。可当时……因为我清楚自己的辞职对国家有好处。两年的“水门事件”已经够了，国家再也经受不住这样的创伤了。它不能眼睁睁地看着自己的总统月复一月、日复一日地接受参议院的审判。美国需要有个全力以赴的总统去领导错综复杂的国际形势。

书中的后面两页写道：

但我认为，一个人的生活是否丰富，不能以生命的长度来衡量，而应以其宽度、高度和深度来测定。我很幸运，一生活得很长很充实，抵达过巅峰也跌到过最低谷。

生活犹如乘坐缆车，上升时令人兴奋，下落时令人惊骇。如果不畏任何风险，你能生活得舒舒服服、无忧无虑和风平浪静，但却平淡乏味。不冒险就不会有失败，然而也无胜利可言。一个人决不能成功了就满足，也决不因为失败了就灰心。失败可以令人悲哀，然而最大的悲哀并非经过尝试而遭到失败。最大的悲哀莫过于根本不去尝试。最重要的是必须牢记：如果你在失败时没有倒下去，你就会变得愈加坚强。

我攀爬过最高的山峰，也到过最深的低谷，但我从未迷失过前进的方向。

书中类似这样的片段，对普通人来说，值得好好体会。

仔细想来，从 1992 年开始读到这本书，到 2015 年已过去 23 年了。23

年，我的人生也有过大起大落、大悲大喜，这期间，这本书里的这些话开导并帮助了我，这本书是引领我走出困境、走出低谷的一盏明灯。

吃水不忘挖井人，读书不忘写书者。我由衷地感谢《从巅峰到低谷》这本书的作者，虽然是一个外国人，但却帮助了一位极普通、极善良的异国他乡的人。

这本书使我终身获益，我也将永远收藏，这是我对《从巅峰到低谷》这本书极大的尊重，也是我给予作者最高的尊重。

懂得感恩和尊重，是我们每个人应该具备的素质，这也是我最真诚的感悟。

第三节　在《圣经》中汲取智慧之泉

《圣经》里有智慧，有大智慧。而有智慧的人，是享有自由和幸福的。此话千真万确，是一条颠扑不破的真理。信者有，不信者也有。《圣经》成书2000年的历史，信与不信，它都存在，而且还将继续存在。

《圣经》是这个世界上流传最广、译本最多的书。据统计，它有1400多种文字的版本。其中《新约全书》曾先后被译成1848种语言和方言。目前，全世界有3亿册《圣经》在各地流传。每年的发行量约1500万册。此外，各种版本的《圣经》诠释、故事等更是不计其数。

《圣经》包括《旧约》和《新约》两部分，是犹太教、基督教的圣典。

基督教徒认为，《圣经》是基督教的经典，记述的是上帝的默示，是信仰的总纲，是处世的规范，是永恒的真理。《圣经》被译成汉语时，译者取其“神圣典范”“天经地义”之意，译为《圣经》。

《圣经》正典的形成，从“著”到“编”，经过了1400年，甚至更长的历史。从第一卷问世至今，可能已有3000年了。它是犹太民族集体智慧的结晶，绝非一人或少数人之作品。不同时代、不同身份、不同文化阶层，怀抱不同目的的三十多位作者都参与其中。信徒们认为，《圣经》的真正作者是上帝，世俗者只不过是为上帝开口说话的工具而已；《圣经》拥有完美统一的体制，一以贯之，所谓不同风格，也只是上帝为了不同目的而作出的选择。这只是信仰者的信念而已。

“《圣经》是一部文集。在人类历史千百年中，许多人为它的成书做出了贡献。其中有些是最初的作者，他们的身份大都泯灭于往昔的岁月；中国的一些编撰者，把各种文学材料加工、修整、编订成一部完整的文献，最终成为传世的《圣经》文集，这些人更不为人所记住。”①

我的第一本《圣经》，是在1997年12月27日参加中国西安“资本经营和资本市场发展与企业改革高级研讨会”时，在西安机场的书摊上买的，是由中国神学研究院编撰，中国基督教协会1996年出版的《圣经·串珠·注释本，新旧约全书》。

当时，相关人士对这部《圣经》版本评价很高。

这是基督教出版界的杰作，信徒灵修研经的精品，牧者传道不可多得的工具书。——李炳光牧师。

一本圣经能收集合串珠、注释、查经指引等功用于一身，看似是不可能的，但是当我和同仁们使用这本圣经时……不可能的事竟然就在眼前成为可能。——蔡元云医生。

---

① J. B. 加百尔、C. B. 威勒著，梁工、莫卫译：《圣经中的犹太行迹》，上海三联书店1991年版。

回成都后，很好奇地翻了一部分，就放在书柜里。真正开始阅读《圣经》，是 1999 年以后的事情。

通过前面的阅读，读者朋友应该都明白 1999 年，我从天堂直接掉落到了地狱，我的人生，有了一百八十度的大转折，也在短时间里，看尽冷眼，阅尽无情。

1999 年 STAQ 法人股市场关闭以后，以前的朋友纷纷变脸跑去告我，后来法院又判我赔偿大量金钱，当时我资不抵债，思想很迷茫，失去了寄托，一头扎进书籍的汪洋，进行自救般地阅读，中国文化的禅学、道教、易经、儒学书籍读了不少，却没有令我悟出什么。

那时，我家住在成都市文殊院附近。一有空，我就去文殊院喝茶，总想有智慧菩萨的存在，文殊院就是有智慧菩萨的地方，人杰地灵，信者得福，但自己还是开不了悟。

东想西想，我想到了《圣经》，想看看从西方文化里能不能找到答案。

但《圣经》看了一年，没有看出什么道理。但慢慢地，书里的一些话一句一句开始进入我的心里。

“强者恒强。”这句话原来在中国证券市场经常提到，但我不知道是从哪里引用的。现在我知道了，它来自《圣经》。

“有智慧的人，有幸福。”《圣经》上讲的，我开始渐渐开悟，懂了。

“鼎炼金，炉炼银，赞美也炼人。”我明白了。

《圣经》不是科学，不是艺术，是拯救。拯救就是为了自由。我又懂了。

身体的自由，不能触及法律的底线；灵魂的自由，不能触及道德的底线；财务的自由，要靠智慧去获取。

“智慧”，就是我应该一生去追求的。

对《圣经》产生了浓厚的兴趣后，我便去教堂，去能买到《圣经》的地方，大量购买各种版本的《圣经》。同时，又不断地向朋友推荐《圣经》，送《圣经》给许许多多的朋友。

我收藏的《圣经》有近20种版本，各种关于《圣经》的延伸书籍近200本。

特别是每当看到美国总统就职宣誓时，一只手放在《圣经》上，一只手举起宣誓的场面时，对《圣经》的尊重油然而生。

记得有次，我去成都市的一个教堂，和值班室的值班员聊天。

“你在教堂这么多年，你对《圣经》的理解是什么?”我诚恳地问。

他说：“多一个信徒，就少一个犯罪。”

“还有没有别的呢?”我又问。

他说：“心中有上帝，一生都平安。”

“讲得好。还有没有?”我继续问。

他接着说：“信者有，不信者无。”

我顺着说：“你这几年在教堂值班值对了，上帝与你同在，你一生都平安。”

自从1999年STAQ法人股市场关闭时，我亏损了80%的资产，忍痛全部卖完，没想到事隔两年，STAQ法人股市场又被宣布为合法市场。关了两年又打开，所有STAQ法人股暴涨，有的涨了10倍。而我全部空仓。这种痛苦，撕心裂肺，痛不欲生。

我是受害者，但我又能怎样?一段时间过后，我静了下来。没有人能帮你，只有自己帮自己。

我只能读《圣经》，我没有把《圣经》当历史去看。

我就是当作一种寄托去读，一种信念去读。《圣经》里有智慧，有智慧的人有幸福。至于什么时候有智慧，什么时候有幸福，我不知道。我只知道阅读《圣经》，有时一个小故事，有可能就会点燃我思想的火花，促使我积极地思考。

比如，《圣经》中提到一个小故事，讲述的是以色列一个国王找驴的经历。扫罗本是以色列一个支派便雅悯族中的普通农村青年，某日，他奉父亲之命出去寻找丢失的驴，不是一头，《圣经》中说是“几头”。在那个时代的以色列地区，驴是非常重要的交通工具。

扫罗认真地去找，去了很多地方都没找到。这个时候，他听从了一个跟随的仆人的意见，去找一个“先见”问问这个事情。这恐怕是他一生中最好的决定。他后来去找到的“先见”就是撒母耳。所谓“先见”，也就是“先知”，是上帝挑选作为其发言人的人。撒母耳则是以色列历史上一位非常有影响力的先知，也是当时以色列各支派的实际领袖。

就在扫罗决定去见撒母耳的时候，撒母耳也已经听到上帝的吩咐，要扫罗成为以色列历史上的第一个王。结果是扫罗做梦也没有想过的，他被立为以色列的王，并且在见过撒母耳回家的路上，那几头丢失的驴也莫名其妙地找到了。

故事讲到此处，我们做出一个假设：如果扫罗当初执着于寻找那几头驴，恐怕永远与上帝给他的福分无缘。这和个人的努力无关，再努力，驴仍然找不到；放弃了找寻，却得到了上帝所赐的王权和放弃的东西。

这其实和我们做证券一样，我们整日认真分析交易技巧，研究国内外宏观经济行情走势，废寝忘食，然而，最终却没能够获得成功。是我们不够执着吗？不是！

原因是什么？借用一个生活中的小故事来说明这个道理。一头驴可能为眼前的一根胡萝卜，被主人牵着走。因为在它的眼中只有胡萝卜，根本看不见周边的世界。做证券的人也是这样，当眼中只有顶部的时候，根本看不见明显的上升趋势；当我们眼中只有证券事业时，根本看不见人生还有更有意义的事，还有更为深远的大智慧。

《圣经》上说："不要劳碌求富，休仗自己的聪明。你岂要定睛在虚无的钱财上吗？因钱财必长翅膀，如鹰向天飞去"，"用诡诈之舌求财的，就是自己取死；所得之财，乃是吹来吹去的浮云。"

我仔仔细细反反复复阅读《圣经》，阅读竟让我身心舒坦，想到自己也曾在资本市场大起大落，成就过一夜暴富的神话，也在一夜之间举债累累，我一直在追问命运的不公，却忘记去拷问金钱到底是什么，智慧是什么。如果那金钱是依靠一时的小聪明获得，恐怕也如浮云，转瞬即逝。但一个人只要拥有了智慧，拥有了独立思考的能力，他将站在超越金钱的高处，重新思考困扰人生的种种问题，并且得出独立答案。

就这样，我阅读《圣经》10多年。我为我自己打开了另一扇门。我自信地走进了幸福之门，真正属于我一生的幸福之门。

我感谢《圣经》，深深地感谢！

第四节　中国独缺查理·芒格

前面谈到，我十分推崇巴菲特和芒格这对黄金组合，而中国因为某些原因，很难出现这种理想的搭档。

读《查理·芒格传》[①]，我读到了一个真相。查理·芒格才是这个世界上

---

① ［美］珍妮特·洛尔著，邱舒然译：《查理·芒格传》，中国人民大学出版社2009年版。

投资领域最有智慧的人。

若干年前，因为沃伦·巴菲特的名声太大，个人财富名列全球第二，仅次于微软的盖茨，2013 年的个人资产 535 亿美元，所以，巴菲特成了我的偶像。他的各种书籍，我基本上都买、都读，精装本的《滚雪球》我如获至宝，终身收藏。

巴菲特的话我常常挂在嘴边，如“别人恐惧我贪婪，别人贪婪我恐惧”“只有退潮了，才知道谁在裸泳”“我崇尚价值投资”等。

巴菲特既有金钱，又有智慧，堪称一个完美的投资人。这就是我在读《查理·芒格传》这本书之前，对巴菲特，对这个世界上有关金钱和智慧的认识。这种认识的结果就是，在这个地球上最有钱和最有智慧的事情可以发生在一个人身上。

然而，后来我才猛然发现，我的认识是错误的。这个世界的真相其实并不是这样。

如果不是在 2009 年 10 月以前读到《查理·芒格传》，我的这种错误认识，将害我一生。

原来，我认为只要通过自己的努力，就可以成为中国的巴菲特。现在看来，无论我如何努力，都不可能成为中国的巴菲特。

巴菲特不是一个人，而是两个人。

我想做巴菲特的美梦，被查理·芒格的故事彻底地打碎了。

原来，这个世界上关于投资故事的传说是错的。最有钱的人可能是巴菲特，但最有智慧的人却是查理·芒格。

巴菲特居然还有另外一个老师，即查理·芒格，此人居然比巴菲特还有智慧，也就是说这个美丽动人的投资故事，不是只有一个主人公。

上帝不会给一个人金钱的时候，再给予他智慧。你要么有钱，要么有智慧，上帝给你只有一种选择。

我要成为巴菲特，必须还要找到查理·芒格。

或者我要成为查理·芒格，也必须再去找到巴菲特。

这就是我读《查理·芒格传》的真相揭秘。

《查理·芒格传》的封面上，巴菲特讲，芒格绝对是独一无二的，他有思想的力量，拓展了我的视野，让我以非同寻常的速度从猩猩进化到人类，否则我会比现在贫穷很多。

书的封底上，世界首富比尔·盖茨说：如果没有芒格的辅佐，巴菲特恐怕很难做得这么好。

巴菲特的大儿子霍华德·巴菲特说：我爸爸是我所知道的“第二个最聪明的人”，谁是第一呢？查理·芒格。

迪士尼公司主席迈克尔·艾斯纳说：芒格的良好声誉不但深入人心，而且广为人知。因为他在商业谋略方面拥有辉煌而成功的记录，能发现其他人看不出的问题。他所精通的那些知识其实有一套方法论可以遵循。通过阅读本书，我就有机会了解这位杰出人物的精彩一生。

芒格的个人资产只有14亿美元，比巴菲特的近535亿美元的个人资产少了近20倍。

芒格就是智慧，智慧就是芒格。

巴菲特就是金钱，金钱就是巴菲特。

从1959年，芒格和巴菲特相识，不只是智慧和金钱相识。50年过去了，智慧与金钱交上了50年的好朋友。而且从未吵架，从未翻过脸。相互尊重，相互信任。

这才有了这个世界上投资领域的美好故事，才有了这个地球上智慧与金钱的动人传说。

那么，为什么中国没有查理·芒格，没有沃伦·巴菲特？为什么中国没有世界首富？

我们只讲事实。从前面我和小唐合作的故事，相信可以给人很多启发。

当时，我们商定，我出智慧，他出金钱，我负责具体运作。不到一年，也就是2009年12月30日，资产翻了100％，就是1倍的利润。根据协议，是长期合作，期限由我说了算。其实，我当时只想做10年。

有一个假设，结果很惊人。5万元的资金，每年保证100％的利润，然后连本带利，继续运作。以此类推，10年，就是5250万元。如果是50万元资金，10年就是5.5亿元。如果是500万元资金，10年就是50亿元以上。如果是5亿元，10年就是5000亿元人民币，折合成美元，就是700亿美元左右，比巴菲特还多200亿美元。

只需10年，这在理论上是可以成立的。就算最后的业绩打点折扣，复利的力量依旧惊人。

但在中国不行，在美国可行。

为什么？中国人的思维方式与美国人不一样。

美国人相信上帝。上帝说，一个人如果有智慧，就不会再给予他金钱。同样，一个人如果有金钱，就不会再给予他智慧。

芒格和巴菲特的故事，让我们明白一个道理：最有智慧的人、最有金钱的人，能成为一生的好朋友，就能成为这个世界上真正最有钱的人和最有智慧的人。

巴菲特1959年认识查理·芒格，是交了50年以上的好朋友，一个是金钱的代言人，一个是智慧的代言人，都是名副其实。

而且50年来，看见他们俩的一些生活照片，两个人的穿着、打扮、表情、说话、形象、气质，都十分相似。巴菲特说过，他和芒格就像一个人一样。

沃伦·巴菲特的个人资产有535亿美元，查理·芒格只有14亿美元，他们的大致比例为95%比5%。

这是他们个人资产的比例，他们合作的比例占多少，我无从知道。

在中国，我们经历的“智慧与金钱”的分配比例，最高可达50%比50%，各占一半，没有超过51%的，一个都没有。最少的80%比20%，三七开的比较多。

比例比美国人高，但时间没有美国人长。1年至3年的居多，10年以上的基本没有。

其实，智慧也有尊严。金钱若不尊重智慧，金钱就永远是死钱。

中国人不缺智慧，也不缺金钱。缺的是智慧与金钱交朋友，相互尊重，相互信任，做永远的好朋友。

什么时候，当中国人的智慧和中国人的金钱相互信任了，彼此尊重，彼此扶携走到天长地久时，中国人成为世界首富的日子就不远了。

这就是我读《查理·芒格传》一书的感悟和所得，也是我以自己特有的体会，换来的苦涩而凝重的思考。可不管我曾遭遇过怎样的事，对于未来，我仍心存期冀，也许，当中国的智慧与中国的金钱遇到了最对的彼此，它们之间的结合，将谱写人间最动听的乐章，动人心魄，直指灵魂。

第十四章

藏富于民不是梦

如果我对您说，在阳光下，快乐而合法地成为一个亿万富翁，从而实现人生的强者之梦、成功之梦，让身体和灵魂的自由都有着强大的财务自由做保障。您会不会不相信呢？

《圣经》有云，追求智慧的人会幸福，智慧使人长寿，也使你富裕和荣耀。什么是智慧，什么是资本，它们二者的关系又是什么？先弄清楚这个问题，先明白这些道理，思想对了，行为才能对。剩下的就只是时间。

时间，会真正解决一切问题，藏富于民不是梦，关键是看您准备好了吗。如果已做好心理准备，那么，请深呼吸后，跟随我一起开始本章的阅读之旅吧。

第一节　智商不等于智慧

智慧，仁者见仁，智者见智。主要的说法有下面这些：

智慧来自磨难(埃斯库罗斯:《阿伽门农》)。智慧就在于不为狂热所动，不为常识所驱；当假象惑众时，自己虽然身在其中却不受蒙骗(阿米尔:《日记》)。智慧是对一切事物及产生这些事物的原因的领悟(西塞罗:《论责任》)。遇事做最坏打算的人，是具有最高智慧的人(纳·科顿:《危险的时候》)。极端的命运是对着智慧的真正检验，谁最能经得起这种检验，谁就是大智大慧(坎伯兰:《菲勒蒙》)。智慧只能在真理中发现(歌德:《散文语录》)。过去的一切都是智慧的镜子(克·罗塞蒂:《往事与镜子》)。是善意创造了智慧(爱默生:《山雀》)。不诚实的智慧只不过是诡计和欺诈(琼森:《偶得集·正直诚实的人生》)。随时都能结束，每走一步都能找到旅程的终点，能度过最多的美好时光——这就是智慧(爱默生:《论文集第二辑·论经验》)。于平凡中看到奇迹是智慧的永恒标志(爱默生:《自然、演说与演讲集·论前途》)。智慧充满了怜悯，所以大智须由大苦换取(欧里庇得斯:《埃勒克特拉》)。以我之见，慧于言者不为慧，慧于行者方为慧(圣格列高利一世:《阿格里根特》)。智慧的标志是审时度势之后再择机行事(荷马:《赫西奥德与荷马之争》)。智慧总是看风扬帆，观潮使舵(弗洛里奥:《第二批成果》)。

智慧意味着以最佳方式追求最高目标(大哈奇森:《对我们审美观和道德观起源的探索》)。智慧首先教人们分辨是非(玉外纳:《讽刺诗集》)。智慧——唯一的自由(塞内加:《致鲁西流书信集》)。了解目前日常生活中的事，是最根本的智慧(弥尔顿：《失乐园》)。不论是过去的还是现在的任何智慧，一旦到了我身边就成了名校的谬误(梭罗：《日记》)。世上许多所谓的智慧并非智慧(爱默生：《文集》)。所有人都能看相同的事物，但并不是每个人都能理解它们。智慧是辨别和品尝它们的舌头(托·特拉赫恩：《沉思的世纪》)。智慧最终不是在学校里得到验证的，智慧也无法向愚者传授智慧。智慧出自心灵，不能验证，只能意会(惠特曼：《大路之歌》)。

智慧都是些饮陈酒看老戏的人(普劳图斯：《卡思纳·开场白》)。凡是日月所照临的所在，在一个智慧的人看来都是安身的乐土(莎士比亚：《查理二世》)。个人的智慧是有限的(普劳图斯：《吹牛的人》)。最大的智慧存在于对事物价值的彻底了解之中(拉罗什富科：《箴言录》)。智慧是智者的财富(贝纳姆：《谚语集》)。靠智慧能赢得财产，但没人能用财产换来智慧(贝·泰勒：《阿里的智慧》)。要把智慧作为你整个人生旅途中的必备品，因为它比任何其他财产都靠得住(贝阿斯：引自第欧根尼《贝阿斯传》)。

谁最有智慧，谁就享有最大的幸福(威·怀特黑德：《论高贵》)。智慧的价值胜过珍珠(《旧约全书·约伯记》)。智慧比珍珠更美(《旧约全书·箴言》)。智慧之于灵魂犹如健康之于身体(拉罗什富科：《已废的格言集》)。智慧是人类灵魂的美德；哲学是智慧的情人，是为得到它付出的努力(塞内加：《致鲁西流书信集》)。智慧为首。所以要智慧。在你一切所得之内，必得聪明(《旧约全书·箴言》)。智慧——幸福的唯一创造者(爱·杨格：《名声之爱》)。智慧是命运的征服者(玉外纳：《讽刺诗集》)。智慧总是力量的劲敌(菲得洛斯：《寓言集》)。

读者朋友们，请原谅我不厌其烦地列出这些极具哲理的佳句，而且，我要提醒一下，这些写出来的东西，文字上的东西，是智慧的表述，但不是智慧本身。换句话说，可以写出来，说得出来的东西，也叫智慧，但离真实的智慧相差十万八千里。

而我要说的智慧，是一个看不见、摸不着、听不着但令人十分向往的东西。其实，“向往”也是不准确的。因为我没有更好的文字表述，只好借用“向往”这个词语。

迄今为止，对智慧真实意义的诠释是印度克里希邦穆提大师在2010年10月第一次出版的中文版《生命的诠释》一书中的描述：“智慧是对‘当下之时’的瞬时体悟，没有知识和经验的积累，积累的东西不会给你领悟的自由，没有自由就没有发现；而正是这种无穷的发现，创造了智慧。智慧总是崭新的、鲜活的、没有积累方法的。方法则破坏了鲜活性、新颖性、本然而来的发现。”

崭新、鲜活、瞬间体悟，这也是我对“智慧”的真实感悟。

对智慧的说法，还有日本庭野日敬在2011年7月第一版中文版《法华经新译》一书中的论述：“如来便是以这样的态度，为众生说法，能给予众生佛之智慧、如来智慧、自然智慧。此三种智慧，归纳《法华经》之要义，相当重要。但是此三种智慧，过去以来，好像一直未被明确地诠释。佛之智慧，即为觉悟宇宙真理的智慧，通过诸法真相之智慧。所以要说，就是真实智慧。如来智慧，如来，就是从真如而来的人。为了使众生觉悟真理，为了救度众生，因此，‘如来智慧’是为‘慈悲智慧’。自然智慧，接下来的自然智慧，其义最为艰深，所谓的自然，乃是‘油然而生’之意，指心中生起的信仰，因此，自然智慧亦称‘信仰智慧’。所以，人类成就真正人格，必须圆满具备‘真实智慧’‘慈悲智慧’‘信仰智慧’。”

油然而生的智慧，就拿自己几十年来投资证券的事例说起吧。在确定每次买或卖的一瞬间，一刹那，过去的知识积累，过去的经验积累，都显得十分苍白无力。在那一刹那的前一秒，也许丰富的知识和经验，可以管用。但请记住，前一秒，我并没有下单，我并没有按确认键。也就是说，瞬间的前一秒，无论如何正确，都不是最后、最终的正确，决定投资正确或错误的关键是“当下的那一瞬间、那万分之一秒的智慧”。

我就是这样一步一步地走过来。

这也就解释了一个有趣的现象，为什么全世界的大多数经济学家、专业证券分析人士，理论上可以指点江山，但实际操作中，都容易发生亏损，甚至出现重大的亏损。实际上，只有他们心里最清楚，任何知识、任何经验，在那一瞬间，没有任何用处。知识和经验可以积累，而智慧是全新的、变化的、不能积累。虽然，每天早晨太阳照常升起，每天晚上月亮都要悄悄地爬出来，但太阳升起的那一瞬间、月亮爬出来的那一瞬间，都是日新月异的、千变万化的。

在这个世界上，用线和尺来丈量智慧，或用心灵和想象去感受智慧，都将事与愿违。不懂智慧，就说一声不懂，这才是人类的进步。智慧在哪里？它哪里都不在。这才是我们必须面对的。

在投资界，投资被公认为是智力密集型的活动，所有人都是带着与生俱来的智商去投资的，但遗憾的是，没有几个投资者在一开始就带有大智慧。一个投资界的专业人士可能拥有丰富的投资知识和技术专长，却未必是很有投资智慧的人。尤其对专家和学者来说，他们可能掌握大量具体的数字性的知识，但这些东西掌握得再多也不可能使人更有智慧。

还需警惕的是，智商不等于智慧。在中等智商的前提之下，决定投资是否成功的关键不在于智商，而取决于智慧。

从某些方面讲，高智商不仅不是能在投资上一定取得成功的必要保障，反而还可能成为巨大的“挡路石”，智商越高的人，越容易产生致命的自负。

《红楼梦》告诉我们：机关算尽太聪明，反误了卿卿性命。聪明人易被小聪明所误，代价和损失也越加严重，甚至具有毁灭性。而智慧更加强调克服人性的弱点，强调人要学会谦恭、审慎、细致、耐心。

成功的投资，需要高智慧。

第二节　金钱与智慧互相尊重最具威力

历史上，中外名家对金钱的精辟论述也不少，主要有：

金钱是胜利的基石(波翁：引自第欧根尼《波翁传》)。金钱是世界上最坚实的基础(塞万提斯:《堂吉诃德》)。钱乃万物之神灵(普卜利利乌斯·绪儒斯:《警句》)。金钱和时间是生活最沉重的负担……那些既有钱又有时间但不知道如何花的人，是最可悲的(塞·约翰逊:《懒汉》第30篇)。美食是强有力的，而金钱则是万能的(约翰·雷:《英国谚语大全》)。金钱永远不会过时(托·德雷克斯)。金钱不是奴仆，便是主人，二者必居其一(贺拉斯:《书札》)。金钱是个好仆人，但是个坏主人(弗·培根:《麦涅加纳》)。金钱造人性(阿里斯托德穆斯)。至于钱，只要够花就行，多了则无法享受(骚塞:《医生》)。你如果想知道钱的价值，不妨去借一些来(本·富兰克林:《格言历书》)。无论何时，放弃一大笔钱财都是容易的，但要得到它确是困难的(李维:《历史》)。

小处不省钱袋空(托·莫尔:《文集》)。最令人伤心的事莫过于丢钱(李维:《历史》)。丢了钱的哭喊比死了人的哀号更响(玉外纳:《讽刺诗集》)。傻瓜守不住钱财(乔·布坎南)。钱能生钱(约翰·雷:《英国谚语大全》)。钱财像肥料，只有撒开才能用(弗·培根:《随笔集·论谋叛》)。一分钱只能办一分钱的事(约·利德盖特)。金钱主宰一切(无名氏:《皇家诗集》)。金钱的确是世界上最重要的东西(萧伯纳:《不合理的姻缘·序》)。

唯有金钱的力量才能征服整个世界(塞·巴特勒:《修迪布拉斯》)。没有金钱攻不破的堡垒(西塞罗:《对威勒斯的控告辞》)。金钱几乎象征着人们的利益和幸福所必需的一切……金钱意味着自由、自立和权利(埃·比尔斯:《财政上取得成功的规律》)。金钱带来的是荣誉和朋友,是征服和领土(弥尔顿:《失乐园》)。一个人受尊重的程度取决于他的钱财有多少(玉外纳:《讽刺诗集》)。钱能叫万事应心(《旧约全书·传道书》)。有钱能使鬼推磨(约·沃尔科特:《皮特颂》)。有钱能解千愁(约翰·雷:《英国谚语大全》)。有钱办事事事通(波翁:引自第欧根尼《波翁传》)。懂得赚钱才懂得花钱(乔·赫伯特:《外国谚语名句选》)。傻瓜可能赚得到钱,但花钱还需精明人(斯珀吉翁:《耕者约翰》)。想赚钱就必须花钱(普劳图斯:《阿西纳里亚》)。我有赚钱的头脑,花钱的愿望(法夸尔:《花花公子的计谋》)。光会赚钱不会算计,即使有了钱也留不住(托·富勒:《箴言集》)。既有头脑又有钱的人是幸运的,因为他能很好地支配金钱(米南德:《残篇集》)。

用血汗挣来的钱是最问心无愧的(理·萨维奇:《论公共精神》)。不是自己的钱千万别用(杰弗逊:《文集》)。囊中有钱总风流(托·富勒:《箴言集》)。日子好坏不用管,兜里有钱心中宽(德洛尼:《莱丁的托马斯》)。有钱的好处无非是有钱花(本·富兰克林)。有钱是可怕的,没钱是可悲的(乔·赫伯特:《外国谚语名句选》)。没有钱就没有一切(理·坎伯兰:《时髦情人》)。缺钱用是最苦恼的(拉伯雷:《拉伯雷文集》)。整天和钱财打交道却又不名一文,这种贫困最可悲(塞内加:《致鲁西流书信集》)。我们当中最神圣的乃是尊贵的"金钱陛下"(玉外纳:《讽刺诗集》)。贪财是万恶之源(第欧根尼:《第欧根尼传》)。对金钱的贪欲会随着金钱数量的增加而变得愈发强烈(玉外纳:《讽刺诗集》)。贪财心和求知欲是难以两立的(乔·赫伯特:《外国谚语名句选》)。使人富有的是思想而不是金钱(琼森:《偶得集》)。

钱的价值是补丁的，有时它甚至毫无价值(托·卡莱尔:《腓特烈大帝》)。适时地鄙视金钱有时恰是赚钱的好办法(忒壬斯:《两兄弟》)。花过多的精力去赚钱会使许多人窒息(玉外纳:《讽刺诗集》)。金钱和所有其他东西一样是虚伪的，令人失望的(赫·乔·威尔斯:《吉普斯》)。我们换取金钱的代价是自由(罗·路·史蒂文森:《人与书的研究》)。我不能浪费我的时间去赚钱(阿加西斯)。金钱成堆，美又何在(贺拉斯:《讽刺诗集》)?让我们都蔑视金钱吧(克里索斯托:《上帝的弱点》)。

用智慧可以获取金钱，用金钱不能获取智慧。

智慧，看不见摸不着，用金钱是无法获取的。金钱，看得见摸得着，用智慧是可以获取的。智慧说，“智”乃是具有明辨一切事物之间差别的能力。与此相反，“慧”乃是具有洞察一切事物之间共通真理的能力(《法华经新释》)。

智慧说，因为看不见，所以我重要。金钱说，因为看得见，所以我重要。一个虚无缥缈，一个实实在在。上帝创造了人类，又创造了男人和女人。给予男人智慧，就不再给予男人婀娜娇俏。给予女人美丽，就不再给予女人非凡智慧。一个男人，要么给予智慧，要么给予金钱，上帝不会两样同时给予一个男人。一个女人，要么给予美丽，要么给予金钱，上帝不会两样都给予一个女人。这就是人类的公平和正义。

查理·芒格代表智慧，沃伦·巴菲特代表金钱，他们谁也没说谁重要。他们相互之间给予最大的尊重和最大的信任。智慧重视金钱，金钱尊重智慧。正是有了这种相互尊重，二者的结合才能发挥惊人的威力。

我们都在寻找智慧与金钱的路上，智慧与金钱的对话，时时都在我们耳边响起。下面就是查理·芒格和沃伦·巴菲特的几段话:

获取朴实的智慧，并相应地调整你的行为，即使你的特立独行让你在人群中不受欢迎……那就随他们去吧。(芒格)

我只想知道将来我会死在什么地方，这样我就不会去那儿了。(巴菲特)

有性格的人才能拿着现金坐在那里什么事都不做。我能有今天靠的是不去追求平庸的机会。(芒格)

查理和我是在1959年由戴维斯一家介绍认识的。我们是两个倾向于掌控主导权的人，然而我们两人从认识到现在从来没有争吵过。(巴菲特)

第三节　复利背后的秘密

在中国共产党成立100周年的时候，在中华人民共和国成立100周年的时候，要实现中华民族的强国梦，也称中国梦，是2012年新任中共中央总书记习近平提出的施政理念。

实现中国梦的路径有千万条，还富于民到藏富于民就是重要的一条。藏富于民，不是哪一个人提出来的，是人类几千年的历史浓缩的一条真理。什么是真理？真理就是万事万物之间的差异性和一致性的真相。

知道什么是真理，是知识；知道怎么运用真理，是经验；知道如何把真理运用得尽善尽美，才是智慧。

中国现在是世界第二大经济体，几十年的改革开放和人民的努力奋斗，国家创造和积累了大量的财富。如何让这些巨大的财富保值增值，这是一个大问题。

根据历史经验，社会乱的时候，需要健全的法制；国家穷的时候，需要发达的经济；国家富的时候，需要投资的智慧。国家财富的保值增值，不是哪一个人说了算，也不是由集体研究说了算，更不是由权力说了算，而应该是由投资智慧在瞬间的真相中去顿悟，顿悟出财富增值保值的必由之路。这一切都是油然而生。

我只讲藏富于民的一个细节，中国的证券市场，截至2013年3月6日，A股市值总计为3.7万亿美元，而由于国家股控股和国家法人股控股的比例高达51%以上，也就是说，有近2万亿美元的市值在国家控制之中，财富高度集中在政府手里。

虽然，这2万亿美元市值的股权可以流通变现，但由于中国特色社会主义市场经济的制约，为了绝对控股51%的需要，这些股权无论股市怎么涨，又怎么跌，都躺在那里睡大觉。至于谁来保值增值，如何在流通中去实现保值增值，是一个大问题。

其实，既然是市场经济，就应该十分尊重市场经济的规律。绝对控股，并不是一成不变。《公司法》也可以依法修改。十大股东中，第一大股东的持股比例只要比第二大股东的比例高，就是大股东。

51%的控股比例，一是让原有的股权成为死水，不敢流通，不能保值增值；二是让参股控股、收购兼并新的股权成本过高，阻碍了市场的新陈代谢过程，也阻碍了资源的重新配置。

由于大股东的股权不能正常地流通变现，国家财富的保值增值就是一句空话，而且危害极大。一旦出现股灾，出现大的金融危机，损失最大的是国家财富。

如果能在法律许可的范围内，实行财富分散，藏富于民，是好事一件，或许也是大势所趋。

中国证券市场运行这么多年来，国家股和法人股的成本由于不断地分红派息，送股配股，按除权除息计算，它们的投资成本几乎不计。10 倍、100 倍的利润都不变现，这也不符合市场经济的运行规律。这些低成本的股权，不经过若干年，不经过大量的换手，中国股市的底部永远都无法确定，长期投资就永远都是一句空话。

藏富于民，首先要有一个好的制度，要让几万亿美元的股权都能在流通中保值增值。要学会在保值增值中去控股，要敢于卖出股票，敢于变现。这需要的不仅仅是制度的建设，也需要的是增强投资智慧，增强投资本领。

股权比例小，又能控股，这就是藏富于民。另一个问题就是，一定要加快制定强有力的法律和法规，保障民众拥有合法财富，而且不受政策变化等外在因素的影响，而能大胆地、放心地、长远地持有个人合法的财富。大力提倡创造财富，拥有财富光荣的思想和行为。

一个自然人的平均寿命，在中国，女性平均寿命为 84.2 岁，男性平均寿命为 78.2 岁，财富也有生命力，生命力就是时间，尊重时间、珍惜时间，就是尊重财富、珍惜财富。

还富于民、藏富于民，就是未来 10 年一个重大的财富重新分配的机会。也是更多的人成为亿万富豪的成功路径。希望读过此书的人，有这种运气。

每年 100%的盈利，是阳光下成为亿万富豪的基本保证。

如何才能在阳光下干净地赚钱，并成为亿万富豪，一万个人就有一万个选择，我的构想是，不懂不说，不熟不做。

我认为，在自己熟悉的这一行，可以用投资智慧去创造财务自由。所谓“闻道有先后，术业有专攻”，让真正专业的人，做专业的事，充分信任你的“芒格”，才是成为“巴菲特”的最关键之处。

只要懂得一点点数学知识的投资者，就应该知道，若用 10 万元的资金作为资本，保持每年 100%的盈利，连本带利，用 10 年的时间，你就会成为亿万富豪。

第一年，10万元变成20万元；第二年，20万变成40万；第三年，40万变成80万；第四年，80万变成160万；第五年，160万变成320万；第六年，320万变成640万；第七年，640万变成1280万；第八年，1280万变成2560万；第九年，2560万变成5120万；第十年，5120万翻倍超过1亿元。

其实，美国的查理·芒格就是一盏明灯，他是一个完全凭借智慧取得成功的人。这对于中国的读书人来讲，无疑是一个令人振奋的例子。他的成功，完全靠投资。而投资的成功，又完全靠自我修养和学习。这与我们当今社会上看到的权钱交易、潜规则、商业欺诈、造假等毫无关系。

作为一个正直善良的人，他用最干净的方法，充分运用自己的智慧，取得了这个商业社会中的巨大成功。无论顺境、逆境，都保持着客观积极的从容心态。

在中国的资本市场，用自己的智慧去创造亿万财富，是一个有效的途径，也是一个美梦可以成真的地方。中国历史几千年，从来不缺智慧，也不缺金钱，缺的是，对智慧的正确认识、对金钱的正确认识，更缺的是智慧与金钱之间相互的正确认识。

说简单一点，就是人们对智慧的尊重和信任，就是对金钱的尊重和信任。拥有智慧的自然人和拥有金钱的自然人，从血液里、从骨子里的平等心态，平常行为去看待对方，认识对方。因为谁也离开不了谁，谁也代替不了谁。

据2013年胡润全球富豪榜显示，在资本市场中，中国有212名财富超过10亿美元的富豪，而美国为211名。

这212名中国的10亿富豪中，财富的形成，大都是受供应推动的，最初的是生产者，而不是消费者。政府为了促进某个行业的发展，而提供各种的鼓励措施和担保。

这种方式有两个问题：一是未来的企业家们需投入大量的时间同政府官员建立关系，以获得鼓励和担保，而实际上是将投资的风险转嫁给了消费者；二是由于他们花了太多的时间，争取获得政府的鼓励，而用于研究市场、研究生产的企业最终决定企业成败新产品的时间就很少。

中国不缺沃伦·巴菲特，中国缺的是查理·芒格。中国不缺有钱人，中国缺的是真正有智慧的人，就是那些知道明天在哪里，在阳光下用干净的方法赚钱的人。

第四节　投资的最高境界是尊重时间

成为亿万富豪的突破口在哪里?

就我的观察和分析，当前中国证券市场，有三大问题：一是排队的 IPO 企业太多；二是长线资金入市困难，投机盛行，短线称王；三是“圈钱”肆无忌惮，投资功能缺失，投资者的利益得不到保障。

解决这三个问题的背后，就存在着巨大的投资机会。

1. 必须成为有投资智慧的人。我认为投资智慧，就是通过投资创造财富的思想和行为。有投资智慧的人是真正具有灵性、气质、性格和顿悟的自然人，并且在投资领域中具有成功案例的思想和行为的人。

他或她的气质和性格适合于投资智慧，适合于创造财富的路径，并有与众不同的逆向思维能力和十分独特的投资个性。

在中国的资本市场，10 万元的资金，每年保持 100％的盈利，而且要坚持10年，这需要智慧、勇气和耐心。说直白一点，既需要投机的智慧，也需要投资的智慧。有发现机会的灵性，又有把握机会的性格，这是一个突破口。

2. 必须成为有10万元可用资本的人。10万元人民币，对没有钱的人来说，是一个天文数字；对有钱的人来说，就是一个数字而已。无论对钱有什么样的认识和理解，都必须让钱跟着智慧走，而且是永远地跟着智慧走。坚守这样的信念，这也是一个突破口。

3. 具有投资智慧和投资资本以后，必须多做资产重组上市公司的投资。中国的资本市场，资产重组是退市机制和重新上市交易制度之间的一种博弈。资产重组，特别是债务重组，是丑小鸭变天鹅、化腐朽为神奇的致富故事。做资产重组上市公司，重要的不是1倍至10倍的利润回报。在中国的投资者的世界里，以最快的速度获取最大的利润，才是最为重要的。投资者任何时候都必须保持十分清晰的头脑，时间的流动性比资产的流动性更为重要。投资是有生命的自然人参与的一个致富的游戏，也是财富重新分配、财富资源重新配置的一个游戏。游戏，除了各种规则以外，时间才是它的生命。尊重生命、尊重时间，才是投资的最高境界。

中国的证券市场，每年的5月1日前都会公布所有上市公司的年报。那些不会退市，又继续交易的问题公司里面，就有“金矿”。

中国股市的金矿，就在天堂与地狱之间。这里面，成功的概率每年都有。我们需要的是寻找金矿的智慧，开发金矿的资本，收获金矿的勇气和耐心。这是10年之中，每年都要做的事情。把握好每一年的机会，做好每一年的成功，就是成为亿万富豪的基本保证。

4. 中国的证券市场，10年之内会有一次灾难性的暴跌。暴跌才是机会，暴涨就是风险。一定要有这样的逆向思维和逆向行为。大量零成本的国家控股和法人控股的可流通股权，将成为股灾的最大抛售标的。历史造成的这些零成本的股权，必将经过灾难性的暴跌，产生大量的换手。这才是未来中国股市真正的底部所在。

每一次暴跌之后砸出来的底部，是一次千载难逢的历史大机会，是还富于民、藏富于民的又一次机会。为了这些机会，投资者必须做好充分的准备，并付诸行动，这是实现人生的财务自由，成为亿万富豪的一个保障。

用干净的方法，在阳光下赚钱。应该读懂下面的一段话：

中国的证券市场，10 年之内，由于历史的原因，51%以上的国家股控股和法人股控股形成的零成本的股权，会造成大量的抛售，从而引起股灾。这 10 年之内，中国证券市场的市净率、市盈率将失去最为重要的参照意义，价值投资和价格投资都将变得十分无助和无力，而无从适应。计划经济下产生的游戏规则，将由市场经济的残酷方式加以改变。在同一个市场游戏中，10 倍、100 倍的买卖成本差距，在一起参与游戏，注定走不了多远。

这股洪水猛兽迟早要来，必须引起高度重视。中国需要真正懂经济、懂市场、懂股市、懂人性、懂财富保值增值的尖端人才。创造财富容易，守住财富难，让财富保值增值就更难。

谁了解这些，谁先行动，谁就能成为亿万富豪的人选。藏富于民是一种古已有之的经济理论，是古代富民学说的延伸。藏富于民是现代东西方发达国家的主要特征，是现代文明的终极价值观，也是一种民主及国家强盛的现象。经济和社会发展的最终目标应是每一个公民能够过上健康富裕的美好生活。

“国富”之根本目的还在于“民富”。财富分散于民间，藏富于人民，是一种快乐和幸福。

第十五章

我在当下等着你

我是一个理性的人，同时又是一个感性的人。在我眼中，文章写到极致，就是自由自在的文字流露真情；做人做到最佳，就是油然而生的内心表达实感。这些散落在岁月风尘中的点滴文字，很多都是我当时即兴、随意、自然而然的创作，也有属于那个特定历史时期的书写。

对于过往，身为处女座的我有着一种历史洁癖：既然已经发生了，就不可更改；重写的历史，那只能称为演绎，离真相太遥远的粉饰，我们宁可不要。越是自然，越是真实的，才是文中极品。哪怕它显得青涩、幼稚，未经雕琢，不那么完美，但那就是我啊，是以文字袒露肺腑之情的我，是对往昔对错肯承担起一己责任的我，是肯宽厚所有不成熟的“自己”、海纳百川的我。感谢我有勇气，善待这些文字，善待这些思想。

文诉心声，性格即人。这也是我对过往若干年的一次从容梳理，为人处世的回望与解读。我，唐晓康，就是这样一步一步走过来的，这就是属于我的悲欢岁月。下面，是这些年来自己比较喜欢，精心挑选过的一些拙文、心得或感悟，希望读者朋友们喜欢。

第一节　字如其人，文如其人

莫等闲白了少年头

（《鞍山日报》1980年）

读岳飞《满江红》一词，颇受感动。词中“三十功名尘与土，八千里路云和月。莫等闲白了少年头，空悲切”，抒发了当时奔驰沙场屡建奇功，年方三十的岳将军身为功臣仍珍惜青春，一心一意精忠报国的豪情壮志。

古往今来，青春之贵被人们比作“胜似黄金”。大凡有所作为的人，无不珍惜自己的青春。孙武写成《孙子兵法》，张衡发明地动仪，祖冲之推算出圆周率……都是由于他们青春时期分秒必争、勤学苦读奠定了基础。

青春时期是一个人精力充沛的时期，也是求知识、长才干的大好时期。目前，许多革命青年深知这一道理。可是仍有一些青年，他们一味追求奇装异服的西式生活，成天迷恋于花前月下的谈情说爱，终日沉醉于怪声滥调的靡靡之音，经常徘徊于惹是生非的街头路旁。大好的时光在他们脚下匆匆流过而无所可惜，宝贵的年华从他们眼前消逝仍无动于衷。他们荒废了光阴，却认为是“实惠的生活”，确实是“等闲白了少年头”还不感到“空悲切”。这与我们的时代是多么不相称啊！

青年应该有崇高的理想和明确的生活目标，把青春时光用在勤奋学习、努力工作之上，把旺盛的精力全部倾注在四化建设之中。古人曰：“百川东到海，何时复西归？少壮不努力，老大徒伤悲。”这话说得很有道理。

一点感悟

（写于2009年11月28日）

我读了多年的《圣经》，感悟出一点点道理，追求身体自由的时候，不能去触及法律的底线，追求灵魂自由的时候，不能去触及道德的底线。

做事情的时候，一定要遵守契约，诚信做事；做人的时候，一定要遵守承诺，诚实做人。

我也读了多年的《菜根谭》，也感悟出了一点点道理，人在悲观的时候，要有平常心，人在乐观的时候，也要有平常心。平常心，就是一颗不经意的心，一点点刻意都不行，在不经意中平常，才能走向永恒。

只有这样，上帝和佛祖才会与你同在，快乐和幸福才会相伴一生。

上海世界博览会与上海本地股的思考

（写于2010年上海世博会前夕）

大千世界，茫茫股海，能对上海世界博览会与上海本地股进行一次思考，是一件有意义的事情，大道自然的事情，点点滴滴，大家共享。

一、上海本地股暴涨的趋势是确定的

在当下的世界，对方向的判断，对趋势的把握，是头等重要的事情。

2010年5月1日的上海世界博览会离我们越来越近，上海本地股的暴涨机会也离我们越来越近了，理由有几点：

第一，世界股市的过往历史和证券投资与投机的教科书都告诉我们，天量有天价，量比价先行，天大的事件，也有天价，价比事先行，也就是说，对于成交量来讲，是量比价先行，对于重大的事件来说，是价比事先行，这也是世界证券历史上最为重要的两个发现。

第二，这次上海世界博览会的召开，正处于全世界百年不遇的金融危机发生之后，全世界经济的低迷，全世界股市的低迷，全世界投资者信心的低迷，一起共振，一起作用，产生了上海本地股暴涨的土壤和条件，也就是说，物极必反，否极泰来，上海本地股在上海世博会召开之际，怎么暴涨，怎么表演，都是合情、合理、合规、合法的大好事情。没有任何人，没有任何力量可以改变，可以阻挡。

第三，中国历史几千年，中国股市十几年，中国股民上亿人，中国上市公司 1500 多家，上海本地股 150 家左右，需要有一次投机能量的总爆发、总释放、总表演，也就是说，上海世博会这么大的事件，这么不容易的事件，一旦发生在十分开放的中国上海，一旦发生在集万千宠爱于一身的上海本地股身上，肯定会发生经典的故事、美好的故事。

第四，上海世界博览会召开的时间之长，达六个月；来往人数之多，达 7000 万人次；参展国家达几百个，都是空前的，称之为“世界经济的奥运会”一点不为过，中国股民不投机上海本地股，全世界的投机者都不会放过这次上海世博会给上海本地股带来的暴利机会。

二、选择什么样的上海本地股，需要知识、需要经验，更需要智慧

上海地区的股票 150 家左右，各种行业都有，大小盘子都有，价格高低也有，确实是一件复杂的事情。但总有一些办法可以把复杂变简单，把简单变快乐，把快乐变享受，有几点思路供大家去感悟，第一，选择价格较低的上海本地股，低得适度，这一点的因素所占比例 40%；第二，选择盘子较小的上海本地股，小得适度，这一点的因素所占比例 30%；第三，选择没有大小非压力的上海本地股，最好是“三无”（无国家股、无 B 股、无 H 股）概念。

三、配置多少比例的仓位既需要智慧，也需要胆量，更需有坚定的信心

在中国证券市场，对方向的判断，对趋势的把握，对股票的选择都很重要，但这都不是决定财富增值的核心秘密和核心宝典，未来的成功者将会是仓位的比赛和时间的较量。在上海世博会召开之前，能否重仓持有上海本地股，能否重仓持有一只最为喜欢的上海本地股，这需要智慧和胆量，更需要信心和决心，任何人都帮不了你，只有自己帮自己。

四、持有上海本地股多长时间，才是大智者修炼正果的终极目标

如果说，方向的判断，趋势的把握，股票的选择和仓位的配置你都做到了，而且做得很好，也不能头脑发热，更不能情绪激动，忘乎所以，因为这次上海世界博览会是上海本地股的机会，最大的赢家是比时间，我认为，时间是人类最好的东西、最好的产物、最好的工具、最好的办法，也是人们解决一切问题最公正、最公开、最公平的灵丹妙药。

什么时间持有上海本地股，什么时间不持有上海本地股，持有上海本地股多长时间最好？这都是中国股民参与上海本地股应该修炼的东西。

上海本地股的暴涨是确定的，上海本地股什么时候暴涨是不确定的，世博会没有动，上海本地股没有动，但投机者心在动，智慧者行动在动。

动和不动是一瞬间的事情，是一刹那的事情，涨和不涨也是一瞬间的事情，一刹那的事情。瞬间是什么？就是永恒。永恒是什么？就是瞬间。瞬间是正确的，正确的就是瞬间。

想知道暴涨是确定的，不想知道什么时候暴涨，这才是中国股市的大智慧。在不经意中相识，走向永恒，在不经意中放下，走向自在，在不经意中快乐，走向幸福，这才是中国股民的大智慧。

时间瞬息永恒，空间万物一体，在中国的大地上，错过了春天还有春天；在中国的大地上，错过了上海世博会与上海本地股的暴涨机会，就没

有事情可以再来，留下的就是永远的遗憾。

中国股市的顿悟

（写于2008年）

说出来的不是智慧，写出来的不是智慧，听出来的看出来的，也都不是智慧，更不是什么大智慧。

当下的中国股市最缺失的就是大智慧，特别是顿悟中出来的大智慧。

顿悟，不立文字，直指人心而已；大智慧，说不清、道不明、看不见、摸不着的客观存在而已。

我有一位朋友，在四川成都市的府南河边开发高电梯公寓住宅，身家上亿的资产，他从中国股市6124点，就开始看空，账户上什么股票都没有，全是空仓。

中国股市2008年跌至1664点时，他请我喝茶，请我喝茶是一件很难的事情，不知为什么，我答应了他。

我们坐在成都五星级的锦江宾馆茶房里，喝着四川清明前的甘露绿茶，随着茶的清香拂面而来，他问我，中国股市的底在哪里，1664点是不是底？

我还有一位朋友，目前是一个城市的高官，主管这个城市的国有资产管理委员会和国有资产管理公司，这个城市的国有资产管理公司，控股了两家上市公司，其中控股的一家上市公司的市值，在中国股市6124点时，市值排名中国前十名。

中国股市2008年1800点时，我们一起吃饭。随着美酒的浓香轻轻飘来，他问我，中国的股市还会跌吗？底在哪里？1664点是不是底？因为他们持有的股票一股都没卖，全是满仓，控股比例达56%。

两个朋友，一个空仓，一股没有；一个满仓，一股没卖。

两位朋友都在问我同样的问题，中国股市1664点是不是底？为什么没有朋友问我，1664点是不是中国股市的顶？是这个问题太简单了，还是他们根本就不想问，也不想知道，因为他们心中是确定的，是正确的，是标准的答案吗？

一瞬间，顿时开悟。瞬间是什么？就是永恒。永恒是什么？就是瞬间。瞬间是正确的，正确的就是瞬间。

想知道的，想问清楚的没有正确答案，不想知道的，不想问清楚的才是正确答案。这就是中国股市的大智慧。

在不经意中相识，走向永恒，在不经意中放下，走向自在，在不经意中快乐，走向幸福，这就是中国股市的大智慧。

中国股市1664点是不是顶的问题，中国股民没有一个人在问的时候，1664点就是中国股市的底，而且是历史的大底，这就是顿悟。

时间瞬息永恒，空间万物一体。

做股票的最高境界就是做人，做人的最高境界就是平常心，平常心的最高境界就是不经意的一颗心。

有了这颗心，人能做好，股票也能做好。

我对中国股市的一点感悟

（写于2008年4月19日）

十年前，我发表了一篇文章，题目是“中国股市热点问题的冷静思考”，文章的中心内容就是：大力呼吁全面彻底解决国家股和法人股的流通问题，同时提出了证券市场的大智慧就是理性做人、理性投资。

十年后，国家股和法人股的流通问题解决了，但是证券市场的大智慧仍然没有解决，证券市场的许多问题、许多现象正在重复历史的错误。

我早就躲进小楼，不管春夏与秋冬，闭门读佛书、闭门听音乐、闭门喝清茶，平常得不能再平常。最近突发奇想：中国股市究竟怎么了？

一、中国证券市场是什么？凡是想走进中国证券市场的人，都应该先知道、先了解、先确认中国证券市场在你心中是什么？凡是想离开中国证券市场的人，也应该先知道、先了解、先确认中国证券市场在你心中是什么？它是一种客观存在，它是一种自然的存在，它是一种历史的存在。不管春夏秋冬，不论喜怒哀乐，不论成功失败，不论贫穷富有，客观是正确的，存在是合理的，历史同样是正确的，合理的。历史是走进证券市场的人和离开证券市场的人书写的，想明白了、想清楚了你就可以走进中国证券市场，同时你也可以离开中国证券市场。

二、中国证券市场的大智慧是什么？所谓智慧，书写的、听到的、想到的都不是智慧，更不是大智慧。智慧只能靠悟，从内心深处去悟，从灵魂深处去悟。证券市场的设计和存在不是按照人的心脏、脉搏的有规律的跳动而设计和存在的，而是按照人的大脑神经千变万化和永无止境的想象力而设计和存在的。证券市场既伴随着投资和投机，也伴随着贪婪和恐惧，只有投资没有投机的不叫证券市场，只有投机没有投资的也不叫证券市场；只有贪婪没有恐惧的不叫证券市场，只有恐惧没有贪婪的也不叫证券市场。证券市场中，价值可以决定价格，供求可以决定价格，预期可以决定价格，但决定价格的最高境界是人，决定贪婪与恐惧的最高境界也是人。能用平常的心、平和的心，平静的心境、心态、心胸去面对证券市场，去面对自己，证券市场的大智慧就在你心中。

三、中国证券市场的少数人是什么？大千世界、茫茫人海，万事万物千奇百怪，都离不开一个真理：最好的就是最少的，最富的也是最少的，最美的也是最少的，最成功的也是最少的。你是不是最少的那种人，包括你的思想、行为、习惯？首先你应该成为少数人，特别是成为少数人中的少数人；其次你应该认识少数人，特别是认识少数人中的少数人，你就可以走进证券市场，你也可以走出证券市场，走进证券市场你会成功，走出证券市场你也会成功。

我认为少数人应该是这样的人：面带微笑，心存快乐，活在当下。手中有股心中无股，手中无股心中有股，以感谢的心、感激的心、感恩的心面对这个世界、面对证券市场、面对朋友、面对自己；以平常的心、平和的心、平静的心对待世界、对待证券市场、对待朋友、对待自己。他是在不经意中相识，走向永恒，在不经意中放下，走向自在，在不经意中快乐，走向幸福的人，这既是天道，也是人道，还是股道，这就是我能想到的大智慧。

我是一个喜欢喝绿茶的人，喜欢听古典音乐的人，喜欢读《菜根谭》《圣经》的人，喜欢兰花的人。绿茶的清香平常而飘然，古典的音乐平和而忧郁，《菜根谭》和《圣经》的文字平静而深远，兰花的芳香清淡而优雅。做人做事做证券能做到这种境界才是真正意义上的大智慧。

解决大智慧的最好办法就是时间，解决证券市场许多问题最好的办法也是时间。时间才是我们应该永远珍惜、永远善待、永远把握的东西。

我们这一代人经历的东西必须经历，包括快乐和痛苦；我们这一代人拥有的东西必须拥有，包括智慧和大智慧。我们这一代人留给下一代人的不是快乐和痛苦，不是贫穷和富有，而应该是智慧，特别是大智慧。

我在当下等着你

（写于2008年5月10日）

（一）

心中有地狱的人，总是在问：人生的低点在哪里？对地狱感兴趣的是魔鬼，而不是劳苦大众，芸芸众生。

心中有天堂的人，总是在问：人生的高点在哪里？对天堂感兴趣的是圣人，而不是劳苦大众，芸芸众生。

心中有人间的人，总是在问：我还在人间吗？对人间感兴趣的是常人，既不是魔鬼，也不是圣人。

（二）

心中有恐惧的人，总是在问：中国股市的低点在哪里？有恐惧的人问低点，最终会把钱包丢出去。

心中有贪婪的人，也是在问：中国股市的低点在哪里？有贪婪的人问低点，最终看到钱包掉在地上却捡不起来。

有平常心的人，才有心思，才有机会，最终把掉在地上的钱包捡起来。

因为恐惧的人害怕地狱，因为贪婪的人战胜不了地狱，特别是心中的地狱，只有平常心的人才知道，心中没有地狱，就战胜了地狱。回到人间才是正道，才是常道，离人间太远、太久，都不是常道、正道。

（三）

具有平常心的人，既不问中国股市的低点，也不问中国股市的高点，高点和低点都是客观存在；主观决定不了客观。左右不了这个世界，就只有顺从这个世界，这就是做人的生存法则，也是做股票的生存法则。

向往天堂的人是圣人，向往地狱的人是魔鬼，活在当下，活在人间的才是常人，把握当下，善待生命的才是常人。做常人如此，做股票如此。清楚了、知道了、明白了、了解了、感悟到了，就是赢家。

（四）

中国股市真正的赢家具备什么？

1. 化腐朽为神奇。对从地狱到人间的上市公司感兴趣。

2. 化悲痛为力量。对从亏损回到盈利的上市公司感兴趣。

3. 是真正意义的价格发现者，对从高山跌到低谷的股票感兴趣。

4. 是真正意义的一个讲故事者，对市盈率高的股票感兴趣。

（五）

中国股市中，价值可以决定价格，供求可以决定价格，预期可以决定价格，神经也可以决定价格。但真正意义的、最终意义的是时间决定价格，只有时间才是最公开、最公平、最公正、最智慧的东西。

善待时间者，善用时间者，就是做人、做事、做股票的大赢家。善待股市者，善待生命者，把人做好了，把人做长久了，股票也就做好了，盈利也就长久了。

（六）

有没有地狱不重要，有没有天堂不重要，有没有低点不重要，有没有高点不重要，重要的是自己，重要的是当下的自己，重要的是心中的自己。

中华民族上下五千年，走过了就是伟大的。中国股市近 20 年，走过了同样是伟大的。风雨过后，无所谓拥有，萍水相逢，股市给了我们太多，感谢股市、感恩股市，你就快乐。

活在当下的世界，活在当下的中国，活在下当的股市，我在当下等着你。

第二节 读懂自己，才能读懂未来世界

有“血”才有“气”，有“气”才有“命”。要读懂自己，首先要读懂自己的血型，然后读懂自己的生肖，读懂自己的星座，读懂自己的“黄帝内经”。

我是AB血型。

AB血型的人，随着年龄的变化，大都出现戏剧性的性格变化。幼儿和少年时期非常认生，不愿接触人，随着年龄的增长，则变成另外一种人：积极发言，好提意见，交际广泛，对人落落大方，擅长交往。但是，也许是过于自信的缘故，当他们对自己的成绩和功劳自满时，变得傲慢起来。顺利时，洋洋得意，不顺利时，顾虑重重。

AB血型的人，性格优点是机灵敏捷、敏感、亲和、有礼貌、随和、有同情心、富于自我牺牲的精神，具有反省性等。

AB血型的人，性格缺点是性情易变、性急、神经质、闷闷不乐、爱发牢骚等。

AB血型的人，是容易受环境影响的类型，由于周围环境的变化和刺激会发生很大的变化。他们不大考虑别人的言行，所作所为常令人吃惊。AB血型人气质的最大特征，是性格的不统一，自相矛盾。

AB血型的人，感觉敏锐而又慎重，情报处理能力很强。他们的反应像计算机那样敏感，脑子转弯也快，他们的感觉能力是出类拔萃的。

我的生肖属猴。

猴，是一种灵巧而奇异的属相，也是机灵、狡黠的代名词。一般而言，属猴的人都是智者，有足够的才华受人赏识。男性大都英俊帅朗，女性则美丽天真，受人爱慕。他们不但有幽默感，还十分机灵。有敏捷的能力和谋略，表面看似温柔，内心却很刚强，虽然刁钻，却也十分风趣。天性中也有投机取巧的成分，这些都是属猴人的缺陷。

他们掌握世间很多知识，无论他们选择何种职业，将来都能获得极大的成功。他们没有很大的知识障碍和能力方面的困难。

他们的竞争意识很强，但善于隐藏自己的想法，善于背后制定狡猾的行动计划。在寻求生存之道和进行周密的谋划时，能显示自己有力的方面。

出生猴年的人，天生的多面手，他们可以成为优秀的演员、作者、外交官、律师、运动员、股票经纪人、教师等。

属猴的人一般都有管理财务的精明才干，富于实践精神，工业、政治、经济等领域中如果没有这样一些人，是会受些损失的。“猴”的机智，在中国神话传说中是出了名的，但一定要注意，你若与属猴的人一起共事，必须使他们100％地站在你一边，你才能成功。

总而言之，他们热情、自信、责任心强。他们随时会从事艰苦的工作，但必须得到相应的报酬，否则，会连连抱怨，不愿再做。在与他们共事时，不要要弄他们，要守信用，一旦取得属猴人的认同和信任，你得到的将比你付出的多得多。

AB血型的属猴人，其性格特点更为明显。能力卓越，具有正确的判断能力和先见之明。办事能力强，无论做什么都能抓住重点，能有条不紊地把事做好，深受领导和同事们的好评。他们逻辑思维和形象思维都很发达，直觉能力也很强，能预测未来，但缺乏毅力和耐心，常常在成功的前夜停下来，且涣散懒惰。

我是处女座，是只见树木不见森林的完美主义者。

处女座受到“上帝的信使”——水星的主宰，水星赋予了处女座理性分析和逻辑表达的能力，他们有快速的逻辑思维和分析能力，手脚灵活，有“巧手”之称。然而，不同于双子座的理性，他们永不脱离现实，不存幻想，所以既有常识知识又有辨别能力。他们能清晰地分析双子座搜集来的信息。他们无穷无尽的求知欲，使他们有丰富的知识。处女座被现实主义指导，具有高度的实践性，他们飞快运转的神经系统和发达的智力让他们能够迅速辨别、分析、判断，他们的理论来自现实，又为现实服务。他们灵活地适应环境，脚踏实地地生活在现实之中，自然地融入外界。

处女座内在的驱动力在于渴望工作、服务、劳动，在服务的过程中精细地追求完美的标准。他们的完美标准高不可及，这使得他们内心缺乏自信，因此，他们永远被达不到完美的恐惧笼罩，寻求完美的倾向让他们不知疲劳地永生奔忙。他们是勤奋的强制型的工作者，他们衷心地热爱、渴望工作，大多辛勤又可靠，是那种“白日忙得无法做白日梦，晚上累得无法看星星”的人。

他们渴望任何一个提供服务的机会，能完善地负责处理具体事务，为成功铺基垫路。他们不介意甚至乐于做一个在幕后为主角做具体事务的实干家。在生活和工作中他们表现得乐于助人，不热衷于在别人的称赞中生活，没有出现在舞台聚光灯下做中心人物的强烈愿望。大多数处女座的人温和、谦虚、腼腆甚至有些羞怯，作风朴实无华，不喜欢也不善于炫耀自己。

他们善于处理物质世界的任何事物，正确认识现实也适应现实，其处理实际事务的能力，在十二星座中称首。他们不但脚踏实地，而且是个多面手，做事仔细、认真、负责、可靠。他们还有高超的辨别、归类能力，不能够承受混乱、无序、无节奏的环境和工作，表现得有条不紊、一丝不苟，不放过任何细节。由于他们的完美标准和对自己的苛刻要求，经过他们完成的工作，很难找出失误。

物极必反。他们明辨的眼光和细致也导致了他们在视野上可能会“一叶障目，不见泰山”，过于注重小节而看不见大局。严谨和细致会导致他们苛刻、迂腐地遵守原则，往往考虑太多而陷进思维的死胡同之中，不知如何抉择，甚至做出因小失大的选择。对完美的追求导致对别人工作结果的挑剔，这使得处女座的人很难把工作派给别人做。他们要着眼于每一细节，绝不能容忍一丝瑕疵，事必躬亲，常常容易劳碌过度。

对自己过高的要求使他们常常低估自己，神经处于紧张、焦虑状态。在和善下藏着焦虑和怀疑，“神经质”的焦虑和苛刻让他们成为彻头彻尾的批评主义者。他们用挑剔的、找错误的眼光看人看事，缺乏容忍和宽松，为一点小事就喋喋不休地批评、抱怨。纯洁的处女座不能容忍任何瑕疵，他们对身体和卫生要求甚严，注重个人卫生和健康，异常清洁，穿戴整齐，注意饮食，家中总是一尘不染、井井有条。

处女座性格的人有极高的组织和执行能力，善于安排、计划并且贯彻执行，默默地、有条不紊地、不张扬地把事情做好。他们需要生活在有序的、规范的环境中。他们需要随时随地置身于工作当中，乐不可支地进行那些有节奏、有规律、重复性的工作。在别人看来是一成不变的、乏味的、没有新意的生活或工作，对于处女座而言，却可以是接近完美的过程。对被分派的工作，他们的执行效率及完成结果，是十二星座中其他星座不能相比的。

应该利用的处女座性格优势：

踏实可靠、精确细心、追求完美，高效率、条理清晰、谦虚谨慎、实际工作能力强、组织力强、勤奋、可靠、性格温和、有奉献精神、有同情心、善于分析归纳、观察力强、学者气质、乐于助人、为人着想、节约、不出风头。

应该防止的处女座性格劣势：

挑剔、焦虑过多、只见树木不见森林、目光狭小、心胸狭隘、机械教条、卑屈、迂腐、自我否定、叨叨不休、大惊小怪、吝啬、怀疑、小题大做、不随和、拘泥小节。

《黄帝内经》中有关于人的生命周期的一些说法，具体阐述了在人生的某个特定阶段人的血气和行为的某种关联性。

人生十岁，五脏始定，血气已通，其气在下，故好走（跑）。二十岁，血气始盛，肌肉方长，故好趋（快走）。三十岁，五脏大定，肌肉坚固，血脉盛满，故好步。四十岁，五脏六腑十二经脉，皆大盛以平定，腠理始疏，荣华秃落，发鬓斑白，平盛不摇，故好坐。五十岁，肝气始衰，肝叶始薄。胆汁始减，目始不明。六十岁，心气始衰，苦忧悲，血气懈惰，故好卧。七十岁，脾气虚，皮肤枯。八十岁，肺气衰，魄离，故言善误。九十岁，肾气虚，四脏经脉空虚。百岁，五脏皆虚，神气皆去，形骸独居而终矣。

衰老，是人的阳气的衰落，《灵枢·天年》中讲到衰老跟年龄的关系十分密切。人从小孩时的好跑，再到后来的好走、好步、好坐、好卧、言善误，这说明衰老首先是从脚下不灵便开始的，一直往上，这是气的停滞，气停滞在哪里，人就衰老到与之相应的年龄。比如看一个人坐时老喜欢靠背，阳气就衰到背了，在往上走了，该人的生理年龄实际已大于 40 岁了。①

读懂自己，需要一生的努力。自知之明，才是做人的根本。回想自己的一生，读他人读得太多，读自己读得太少。都在为他人活着，为世界活着，为自己活着都是最近的事情。

当开始静下心来，慢慢地、轻轻地读自己的时候，已经 59 岁了。50 岁，肝气始衰，肝叶始薄，胆汁始减，目始不明。60 岁，心气始衰，苦忧悲，血气懈惰，故好卧。

如果能早一点读读自己，早一点做到心平气和，那该多好！早一点懂

① 参见曲黎敏著《生命的智慧》，长江文化出版社 2010 年版。

得心理学、生理学、血型学、生肖学、星座学、《黄帝内经》，人生的风景又不一样!

然而，世间万事万物，根本没有“如果”。过去的，不会再来，再来的，形似神不似。

一切都是自己的性格使然，在悄悄地决定着自己一生的命运。在什么山头唱什么歌，不要去改变大自然的春夏秋冬。你改变不了的东西，就以最诚的心去面对它、接受它。

知道自己能做什么，知道自己不能做什么，知道自己什么都不做，这不是偶然的顺序，也不是巧合的安排，这都是你的命。只能这样一步一步地往前走，直到走不动的那一天、那一刻、那一瞬间，就不走了。

郭熙、郭思在《林泉高致》书中说：山以水为血脉，以草木为毛发，以烟云为神采。故山得水而活，得木而华，得烟云而秀媚。水以山为面，以亭榭为眉目，以渔钓为精神，故水得山而媚，得亭榭而明快，得渔钓而旷落。

山水也是有生命的，珍惜生命、善待生命，就是天人合一。把当下的喜乐过好，你就是仙；把一生的苦累修好，你才能成佛。

再说一件有趣的事情。2008 年 5 月 12 日，四川汶川发生 8 级特大地震时，我正坐在成都市区一幢宿舍 4 楼的房间里，在电脑旁看资料。整幢房子开始摆动，书柜里的书摇摆舞蹈，几本几本地接连掉在地上，凌乱不堪。鱼缸倾斜，水在往外流，一直流，像有看不见的魔手不断掀它。我想往床下躲，但床是实体床，床底下没有我容身的空间，进不去。赶紧往桌子底下躲，桌子也在不停摇摆，如抽风的病人。

那时，我并不知道发生了地震，心底升腾起从未有过的害怕和恐惧。不知道的恐惧才是最可怕的恐惧。几分钟后，我才想起来往外逃，匆匆跑下楼。事后，才知道汶川大地震夺去了那么多鲜活的生命。生命的脆弱，说明活着的不易。这一瞬间，我顿悟到，人生最大的知足，就是你还活着。

当时，乖巧的女儿正在中国人民大学财政金融学院上学。她不停地给我打电话，全国通信线路拥挤，根本打不通。那种牵肠挂肚，那种揪心的痛，那种无助的失落，只有天知道，只有地知道。

很久很久，度秒如年的艰难时刻过去了。电话终于接通。

“爸爸，您在哪里?”女儿几乎是用尽所有气力在喊。女儿的呼唤，带着哭腔，她经历了最恐怖的想象、最绝望的猜测、最心痛的等待。血浓于水，这是生命对生命的强烈呼唤。

“我还活着，女儿。”我大声回答。这是生命对生命的回答。

我还活着，多好啊！即使身如微尘，浮游在这悲喜莫名的人间，但我还能去思索、去体悟、去创造，接受命运的锤炼，享有智慧的快乐，这是多么让人值得庆幸的事！

也许，“唐晓康”这本书，我还远远未读懂、未读透，但不要紧，日子还多，岁月还长，未来我会有很多机会，在行走中慢慢阅读自己。我相信，总有读懂自己的那一天！

第十六章

红豆杉生物制药的美丽传说

茫茫人海，碌碌一生，什么才是人类永恒追寻的主题？富可敌国的财富、高不可攀的权位，还是如雷贯耳的名望……

不！都不是！是健康！

如果没有健康，人生所有的一切都将成为建筑在沙地上的城堡，看似恢宏壮丽，只需一阵海风、一次浪涛，它们就将土崩瓦解。健康才是人类追求的终极目标，是一切理想、抱负、壮志植根的肥沃土壤，拥有健康，我们才能拥有更多，否则，一切都将是毫无根基的空谈。有了健康这个1，后面越来越多的0才有意义！

现代文明的发展和进步，亦是人类健康综合指数不断攀升的过程，人们对健康的认识也更为透彻。世界首富比尔·盖茨和股神沃伦·巴菲特在接受媒体采访时都曾表示：未来的世界，最好的投资就是投资健康。

本章，我要与读者朋友们探讨一个关于“健康投资”的话题，您，准备好了吗?

第一节 金矿近在眼前，福泽子孙万代

我是一个热爱植物的人，早在十几岁“上山下乡”当知青时，就以未达弱冠之龄担任了宜宾江安县一个园艺场的副场长。后来，虽然经历了当兵、转业，在金融行业奋战，在证券市场大展拳脚，但我的内心有个角落，那里始终四季常青，花开不败。

我像唐朝著名诗人元稹一般，痴爱着“不是花中偏爱菊，此花开尽更无花”的秋菊，也像陆游一般赞颂“零落成泥碾作尘，只有香如故”的梅花，更如李清照一样，对“梧桐更兼细雨，到黄昏、点点滴滴”的梧桐怀有深深感情，但我与兼具药用和观赏价值于一身的红豆杉结缘，却又是一个机缘巧合的美丽故事。

很多年前，一位诗人朋友来家里做客，和我聊起唐代大诗人王维的著名诗作《相思》:“红豆生南国，春来发几枝。愿君多采撷，此物最相思。”我们聊天时，家人在一边看电视，音量关得小小的。当时，电视上正在播放一则关于红豆杉的新闻，我指着电视屏幕问这位朋友：这种红豆杉长出的果实就是王维笔下的红豆么?

这位朋友骄傲地嘿嘿一笑：“老唐啊老唐，你还敢说自己是半个园艺专家，连红豆杉都不认识！跟你说吧，红豆是红豆树长出来的，其实和红豆杉毫无关系，红豆杉的果实是浆果，一碰就化了。而红豆树又名相思树，是一种木质藤本的木本科植物，所产果实——红豆，亦称相思子，晶莹红亮，久存而不蛀、不坏，色泽依旧。种子鲜红色，光亮，近圆形，长1.3～

2 厘米。人们历来把它当作‘宝石’，镶嵌在戒指、耳环等饰物上，又用来作镇邪之用。古代青年男女还把它作为珍贵聘物相互馈赠，充当爱情的无价信物呢。”

朋友看我听得津津有味，继续为我传道授业解惑：“这红豆杉啊，为红豆杉科红豆杉属植物，树形美观，是世界著名的珍稀濒危树种和高品质绿化树种。由于它含抗癌活性成分紫杉醇而具有很高的药用开发价值，所以又有‘黄金树’和世界著名‘植物大熊猫’的美称。全世界现有红豆杉属植物共 11 种，其中我国有 4 种 1 变种，即东北红豆杉、中国红豆杉、南方红豆杉、云南红豆杉和西藏红豆杉。而且，红豆杉全身都是宝呢，枝、叶、根须可以生产紫杉醇，树可以净化空气，防风固沙，保持水土。其中，紫杉醇可了不得，它可是继阿霉素、顺铂等抗癌药物应用以来最为广谱的新型高效抗癌药物，被誉为‘人类未来最有效的抗癌武器’和‘晚期癌症的最后一道防线’。”

朋友的话勾起了我浓烈的兴趣，可能是自己“打破砂锅问到底”的个性又起作用了，加上在资本市场沉浮已久，看事物的眼光和敏锐度比较独特，我本能地隐隐感觉面前有一座待挖的巨大金矿。将朋友送走之后，我立即马不停蹄对红豆杉展开了研究。

与健康息息相关的红豆杉，就这样进入了我的视野。我像一个渴求知识的学子，一头扎进了关于红豆杉的无涯学海之中。从各种渠道学到不少关于红豆杉的知识之后，我觉得还是不够。陆游早就说过：纸上得来终觉浅，绝知此事要躬行。我还是迫切希望能有机会一睹红豆杉的“芳容”。

机会果真是为有心人准备的。一次，有幸得以和一位搞生物制药的朋友参观了国家林业局、社科院，真真切切看到了 1994 年加拿大政府赠送给中国政府的国宝——曼地亚红豆杉树苗。

这一生，若说我有什么迷信，那大概就是迷信“缘分”。我迷信人与人之间有气场，脾性相投的人，即使初见亦能肝胆相照，成为朋友；同样，人与物之间也存在秘密关联。有些植物，你是平生第一次用目光细细抚摸，却像在梦中已生长千年，盘根错节，枝叶茂密，深深根植于梦中土壤。我看到红豆杉的第一眼，就无法抑制狂跳的心，仿佛有一个清晰的声音一直在对另一个我说：唐晓康，红豆杉是惠及亿万百姓和子孙后代的大金矿，你一定得好好挖掘啊。

我敏锐的鼻子，嗅到了令人兴奋的最大商机。

我们花钱买了一株16厘米高的红豆杉幼苗带回四川西昌，决定立即潜心研究如何培育、繁殖。

西昌，位于川西高原的安宁河平原（四川第二大平原）腹地，是凉山彝族自治州的州府所在地，南北最长约20公里，东西最宽约43公里，面积2651平方公里。属于热带高原季风气候区，素有“小春城”之称，蕴藏着丰富的气候资源，具有冬暖夏凉、四季如春，雨量充沛、降雨集中，日照充足、光热资源丰富等特点。白天太阳辐射强，昼夜温差大。生长在林间树下的野生植物种类繁多，资源丰富，共有233科、532属、2000余种，其中有国家第一批保护的珍稀植物30余种。这片热土不但有闻名于世的西昌卫星发射中心，更有碧波荡漾的邛海、郁郁葱葱的泸山。

刚开始，当我们像捧宝贝般带着红豆杉去西昌时，还有不少熟人笑话我们脑筋短路，很多人认为，这红豆杉很难适应西昌的自然环境！

其实，当时我们两人的心里也没底，但我就是这样的人，只要有一线希望，就会尽力去尝试，哪怕最后结果是失败是碰壁也无妨。此后，我和朋友商定，不再理会耳边的闲言碎语，小心翼翼地将红豆杉植进了西昌的土壤。

虽然过去的几十年里，我遭遇了太多的不公和磨难，历经坎坷，但老天总算待我不薄！在四川省林科院专家和相关部门的大力帮助下，红豆杉试验种植获得成功！

由此看来，曼地亚红豆杉非常适宜西昌的气候、土壤、湿度，丝毫没有出现“水土不服”的状况，长势十分喜人。经检验，仅其三年红豆杉枝叶的紫杉醇含量就达 280ppm，根系含量则更高，确认西昌周边海拔在 2200～3000 米的高山区为其最佳适生区。

试种成功！没多久，西昌的红豆杉基地建设项目被正式纳入了“四川省安宁河流域农业综合开发世行贷款子项目”，我的“红豆杉之梦”越来越近。不但国家有政策进行扶持，所遇的有缘伙伴也络绎不绝，“红豆杉产业化”不再是纸上谈兵的美梦，它就落地于美丽的西昌。眼看着红豆杉从一棵棵小树苗长成大树，基地建设快马加鞭，紫杉醇精加工厂不断扩大，我的心情无比高兴。

中国是一个讲究传承的国度，历代祖先传承下来悠久灿烂的历史、馨香厚重的文化、谦和礼让的做人美德，这些留给子孙后代的宝贵财富，绝对比金山银山、万贯家财更令人振奋，而我兴致勃勃投身于“红豆杉事业”的原因亦在于此。作为善于思考的人类成员之一，我们并不是“孤立”地生存于这颗蓝色星球之上，在地球上生活的数十年，我们不断向大自然索取，那么，我们是不是也应该仔细思考：我们能为地球留下什么、能给子孙留下什么？

是乱砍滥伐而带来的沙尘暴，是肆意污染环境带来的雾霾，是触目惊心的肮脏河流？当然不是！我们要传承给子孙后代的应该是生机盎然的绿色，与大自然和谐相处。因为唯有如此，才能让这颗蓝色星球更加健壮美丽，也才能让人类变得更为富足健康。

随着对红豆杉的了解逐渐深入，我后来发现，除了能帮助人类对抗癌症外，红豆杉还有其他许多没被重视的价值。具体有以下几方面：

1. 环保价值。红豆杉被称为“呼吸树”，它的一个重要作用便是净化空气，改善环境。当前，我国空气环境污染严重，北京等特大城市近年也经常被雾霾包围，对人们的健康危害是显而易见的，而红豆杉能吞噬室内90％的苯、86％的甲醛等有害物质。

2. 绿化价值。红豆杉为常绿树种，树形美观，适于盆景栽培，成熟后，红果与绿叶相映成趣，是珍贵高档绿化树种。

3. 收藏价值。红豆杉树干材质坚硬，密度高，木质细腻，原木呈橘红色，有一种自然怡人的清香，可作为高级家具和工艺品特种用材。另外，这种树根部造型奇特，可以制作成美轮美奂的根雕，再加上红豆杉极其耐腐，外形稳定，不易变形，因而备受收藏爱好者的青睐，收藏价值和观赏价值极高。

4. 养生价值。根据红豆杉含有紫杉醇的特性，可以用红豆杉的提取液制成红豆杉酒。红豆杉酒不仅具有醇和浓郁、口感舒适的特点，同时又保留了红豆杉植物中的药用成分，具有抗癌、健胃、降血糖、降血压、消炎、清凉等强身健体功效，是一种新型的保健佳品。用红豆杉叶子做的枕头清新淡雅，安神醒脑，防止失眠多梦。

我认为，若能精心对红豆杉进行开发利用，不仅是对这一濒临灭绝物种的有力保护，也是对人类文明作出的巨大贡献，更是一件功德无量的善事。我必须承认：自己已经走到了一座金矿面前，也看到了它不可估量的价值，但靠一两个人的力量，或许难以完全撬动这座沉甸甸的“金球”。

第二节　收益1万倍的致富良机触手可及

大胆投身于红豆杉产业，并不是我一时兴起的“拍脑袋”决定，亦非“天降灵感”。熟悉我的朋友都知道，我身上虽然带有一些浪漫的感性因子，但我能实现人生三大自由，更多还是靠的理智成熟的稳健思考。

当然，还有一个事情，也促使我下定决心要做好做大红豆杉产业。

20世纪90年代初，一个老家的远房亲戚不幸患了癌症，在省城成都住院期间，我常去探望。每当看到他瘦骨嶙峋的样子、孤独无助的眼神，我的心都很痛，但又无可奈何。没几个月，病魔无情地夺走了他的生命，看着他丢下的孤儿寡母撕心裂肺哭天抢地的情景，不亲身经历的人难以体会那种难受。当时，我就想，人的智慧是无穷的，既然早已能上天入海，为什么就不能研究出一种对抗癌症的药物呢？没想到，多年以后，随着现代医学快速发展和红豆杉的功效逐渐得到认识，我终于看到了希望。

美国《2015年癌症统计》显示，从20世纪80年代以来，各种抗癌产品、技术的发展，直接让癌症患者的生存机会大幅提升。自1991年至2011年，美国的癌症发病率和死亡率呈逐年下降的趋势，癌症死亡率由1991年的215.1人/10万人下降至2011年的168.7人/10万人，累计下降了22%，超过150万癌症病人免于死亡。这一变化，归功于现代医疗医药技术的发展，其中靶向肿瘤药物及生物抗癌药物居功至伟！特别是1992年问世的天然抗癌药——紫杉醇，更是让无数绝望的生命重新焕发了光彩。20多年过去了，现在，紫杉醇已经成为治疗癌症的必备药，对乳腺癌和肠道癌疗效特别明显，紫杉醇注射液也因此在2012年被列入基本药物目录。

世界卫生组织最新发布的《全球癌症报告2014》指出，新增癌症病例有一半出现在亚洲，大部分来自中国，中国新增癌症病例数量位居世界第一。全国肿瘤登记中心发布的《2012中国肿瘤登记年报》显示，我国每天新增肿瘤病例约为8550例，每一分钟就有6人被诊断为癌症。

《全球癌症报告2014》分析了全球180多个国家的28种癌症的总体情况和流行趋势，并对未来世界癌症发展的趋势做了预测，认为到2035年，世界癌症患者会增加1000万。

因此，我国医疗市场对紫杉醇的需求量增长非常快，而且在今后的20年内仍将保持20%以上的增长速度。据统计，全球每年紫杉醇的需求量为4800千克，而目前年销售量不到1000千克，产品供求矛盾非常突出。紫杉醇价格昂贵，每千克纯品(即精品）的国内市场售价一般为100万～120万元人民币，国际市场售价则可高达200万元人民币以上。

我国实际生产紫杉醇注射液产品的企业并不多，多为进口半合成原料药，产品的质与量均与欧洲进口产品有较大差距，所以目前仍以进口药为主。

以红豆杉树为原料提取的紫杉醇具有天然、稳定、效果好等特点，但由于红豆杉树中紫杉醇含量低，无法满足市场需求，缺口较大。中国红豆杉、西藏红豆杉、云南红豆杉、东北红豆杉及南方红豆杉树根及皮中的紫杉醇含量平均为0.006%～0.013%，而且提取紫杉醇就意味着对红豆杉树种进行毁灭性砍伐，红豆杉资源储量越来越少，濒临灭绝。所以，化学合成紫杉醇的研究一直在进行并且取得了一定的成功，全合成紫杉醇目前还没有实现，但半合成紫杉醇——多烯紫杉醇已经研发成功并开始推广使用。多烯紫杉醇与紫杉醇结构非常接近，药效也相近，但效果还是有一定的差别，我国众多药企生产的紫杉醇注射液均为进口多烯紫杉醇原料药制成的。

曼地亚红豆杉是东北红豆杉与日本红豆杉的杂交品种，属灌木，其最大的特点是枝、叶、皮、根中均含有紫杉醇，且含量高达0.03%～0.06%。每年可以通过修剪枝、叶获得提取紫杉醇的原料，不再是毁灭性砍伐，有利于林业资源保护和生态环境保护。

从国内情况来看，自20世纪90年代起，红豆杉人工种植产业已初露端倪。国家林业局于2004年9月发布了《〈关于促进野生动植物可持续发展的指导意见〉的通知》。这个指导意见对红豆杉人工培植产业和紫杉醇提取加工产业的阶段性发展起到了积极的推动作用。

目前，我国红豆杉人工种植及相关企业约300家，树龄6年以上并已形成规模的红豆杉人工定植面积约5万亩，基本发展状况呈逐年增长态势。全国有近50%的省份开展了红豆杉人工种植项目，其中，四川等地区的种植面积较大。据初步统计，全国千亩以上初具产业规模的种植基地有20多个，而实际规模在万亩以上的却极为少见，其中，四川西昌的红豆杉人工培植基地排名全国前列。

然而，由于缺乏行业管理基础和资源整合条件，导致红豆杉种苗资源流失严重，市场竞争混乱无序。人工培育的红豆杉种苗资源保有量虽然相对较大，但实际可用于紫杉醇提取加工的成品苗定植总量还不足1亿株。

当前，在癌症治疗中所采用的化疗效果不佳，三尖杉碱的毒副作用很大，其他新的替代药品又未开发出来，只有紫杉醇的治疗效果相对较好。进一步的深入研究还发现，紫杉醇除了对癌症有特效外，对艾滋病和其他部位的一些炎症也具有显著疗效。由此，国内权威专家预测，国内外市场对紫杉醇原料药的需求量在20年内将呈持续扩大态势。但是，受原料匮乏的限制，加之提取分离的技术难度大，市场供求矛盾十分突出。

目前，在A股市场医药类公司中，虽然有几家具有癌症治疗药物概念，但真正研究成功的寥寥无几，毕竟攻克这一世界性难题有不小的难度。那么，未来在生物制药领域有无可持续上涨百倍甚至千倍的超级大牛股呢？答案是肯定的。尤其在癌症药物开发方面，谁能最先拿下这一战略制高点，面对的市场将是全球，而不是仅仅限于某个国家。

反观国内，随着老百姓生活水平的提高，人们也越来越重视健康服务业，生物制药的巨大市场前景是毋庸置疑的。

接下来，一个很有意思的问题出现了。既然生物制药行业的发展前景十分明确，那么，能否涌现出眼光独到、信念坚定、极具耐心，能把回报做到可能高达千倍甚至万倍的股权投资人呢？答案也是肯定的。我认为，这是大势所趋，亦是历史的必然。

答案既然是肯定的，那么寻找答案的路径就在我们脚下，我们必须运用超级大智慧，用法眼也用慧眼去仔细寻找这颗价值连城的“明珠”，而寻找的范围，不能仅仅是上市公司，更要扩展到非上市公司。

随着个人资产股权化时代即将悄然到来，投资方式也变得日益多样化。一些嗅觉灵敏的人，已经和我一样，勇敢地站出来担当“历史创造者”，亲手创造奇迹。这是一个最好的时代，财富传奇每天都在发生，借用著名魔术师刘谦的口头禅：“接下来就是见证奇迹的时刻！”

可能有人要问，为什么我对西昌的红豆杉产业如此充满感情亦满怀信心？这是因为，西昌曼地亚红豆杉基地位于四川省凉山州西昌市开源乡古鸠莫村，距凉山州首府西昌市区20千米，西昌独特的日温差大、月温差小，冬无严寒、夏无酷热的气候条件，正是植物的干物质积累的最佳选择区域。

而且当地的土壤主要由花岗岩发育而成，土层厚度40～80厘米，腐殖质含量丰富，pH5.5～6.0，微酸性。自然植被，乔木以云南松、滇桤木、山杨为主，灌木以杜鹃、山茶花、马桑为代表，草本植物则以蕨类、禾草居多。按照生物生态条件相似论原理综合分析，项目区与原产区及首引栽培地的生态条件相似，是曼地亚红豆杉引种的最佳适生区，其生长量和各类药物有效成分的含量均超过原产地和其他地区，降低了培育和萃取成本。

除了绝佳的自然环境，当地的交通、通信等基础设施也十分完善，商品流通快速方便。目前，成都到西昌的高速公路已经通车，西昌也有供大型飞机起落的青山机场。成昆铁路是我国西南地区一条重要干线，纵贯川滇两省，全长1100千米，现已实现电气化。由此可见，正是基于具有如此多的主客观条件，红豆杉产业化的做大做强，乃至做成世界第一，引领健康风潮，可能性正变得越来越大！

这个世界，最大的不变就是变化。如今，时间车轮已经悄然驶入2015年，有缘读到本书的朋友，面对这个时代赋予的历史机遇，我们必须坚定自己的投资决心，运用法眼和慧眼去看“未来大牛股”，用耐心去栽培理想的花朵，找到开启金矿的钥匙。

成为获益可能上百倍乃至万倍的股权投资人，其实并不难。有时，一个充满智慧的伟大决定，就是对瞬间真相的顿悟，然后坚信自己的投资眼光和理性判断，静心、从容地等待财务自由的繁花盛开，进而实现人身自由、灵魂自由。

可以设想一下：一旦人生三大自由得以顺利实现，此生何等壮美，此生还有何憾?

跋

活到快一个甲子了，人间繁华见过，落寞尝过，山珍吃过，辛酸咽过，我开始追问：自己到底是什么？想了很久，我终于承认，我就是天地之间一粒微尘，轻轻而来，轻轻又去，挥一挥衣袖，带不走一片云彩，可我至少能留下一瞬间的美丽和一刹那的智慧。

这智慧，是我穷尽半生的精神财富，其中有血有泪有悲有欢，也曾长夜歌哭，也曾年少轻狂，也曾返璞归真。这智慧是如此迷人，它让我不敢专美，愿剖开自己不甚完美的灵魂，与您一起分享。

（一）

2013 年 4 月 20 日早晨 8 时 2 分左右，四川雅安芦山县发生了 7.0 级地震，成都震感强烈，我和家人匆匆跑出房间，看到街道上到处都是黑压压的躲避地震的人群。这一瞬间，让我感触良多。人与人的和谐，人与社会的和谐，人与自然的和谐，最终都落实在如何善待自己的生命、善待他人的生命，如何尊重大自然、敬畏大自然，如此才能大道自然，一切安好。

当时，我还有感而发地写下了一首小诗：

瞬间就是永恒

无论我这一生多么贫穷和富有，
能活多久都是不确定的，
而且在世界的天空里都是一瞬间的光阴，
在历史的长河里都是一刹那的事情。
因此我必须时常告诉自己，
要珍惜自己，
要善待自己，
要用一生的快乐把这不经意的一瞬间，
一刹那活好，
让瞬间的美丽和智慧永恒！

正因为珍惜自己，善待自己，想要从过往的岁月中打捞出一个真实而不矫饰的“唐晓康”，我决定迎难而上，完成这部书稿的创作。

（二）

为什么说我写书是“迎难而上”呢？因为当下中国，人心浮躁，能平平静静坐下来写书和看书的人着实不多，而要在虚岁60的年龄，完成这部作品，对我而言，是吃力不讨好的事。人，永远不能逃过自然规律的影响，60岁的眼神，不能和20岁相比，长时间戴着眼镜敲打键盘，到了晚上，眼睛肿胀，直流眼泪，身体一次又一次向我提出抗议。

我的不少老朋友对我“老来写书”都感到万分奇怪，他们已经顺理成章地颐养天年，或者含饴弄孙，享受儿孙绕膝的退休生活；或者执着养生，为自己严格规定作息时间和健康食谱。他们不理解我为什么放着轻松日子不过，又要创业，又要写书，将自己累得像个陀螺?

我的回答很简单也很任性：我愿意。

千金难买“我愿意”。我愿意自己的人生不是到了60就乖乖退休，从此隐居山林，安心等死；我愿意我越长一岁，我的世界就越广博盛大一分，而不是越活越缩回去；我愿意真诚而冷静地剖开我半生经历，让您看到我的挣扎、奋斗、碰壁、溃败、坚持、崛起，让您也能从一个平凡的唐晓康身上，感受他用血泪织就的智慧。

我愿意，接受读者最挑剔的目光检阅，无惧袒露自己的过往。如果我的文字，能带给您一点点关于智慧的思索，我已心甘如饴。

（三）

是的，智慧。是智慧带我走入了奇妙的资本世界，也是智慧令我真正实现了人生可贵的三大自由——身体自由、灵魂自由和财务自由。智慧是我暗夜的明灯，雪中的炭火，受难时的慰藉。如果没有智慧，我注定走不了这么久，更走不了这么远。

狄更斯在《双城记》中一开头就深刻地写道：“这是最好的时代，这是最坏的时代；这是智慧的时代，这是愚蠢的时代；这是信仰的时期，这是怀疑的时期；这是光明的季节，这是黑暗的季节；这是希望之春，这是失望之冬；人们面前有着各样事物，人们面前一无所有；人们正在直登天堂，人们正在直下地狱。”

这个时代，也许会有人拼爹拼妈，拼权势高位，以为这样便能呼风唤雨，抢占时代的头筹。但是，这远远不如拥有智慧更安全、更美好、更持久、更保险。

智慧是从您头脑中生长出来的“亲儿”，是从您的经历经验中获取的“财富”，是让您的生命之泉更有活力的“圣水”。拥有智慧的人，才能真正去拥有“最好的时代”。

如果，通过阅读我的书，让您得到一点点关于智慧的启迪，这将是我莫大的幸福和光荣。

（四）

我要感谢的人，太多太多。我要感谢三顾茅庐“逼”我出山的好友罗大威，我们不但是儿时好友，如今亦是事业搭档。我要感谢我的女儿、女婿和爱人，家人对我的包容、鼓励和支持是我最坚强的后盾，令我永无后顾之忧，勇往直前。

我更要感谢年轻有为，才华横溢的姚茂敦和何竞夫妇。他们其中一位是财经作家，已著书两本，现为某全国性专业财经日报编辑，另一位是在多家期刊辟有专栏的知名情感作家，省级文学杂志编辑，是他们两位，在我写作本书过程，帮忙搜集整理资料，认真润色修改，没有他们，我无法完成如此浩瀚细致的工作。同时，还要感谢四川人民出版社王定宇主任。

当然，我还要感谢可亲可敬的读者朋友们，你们每一次阅读，都是对我极大的肯定。通过文字，来梳理唐晓康的人生过往，来触摸唐晓康的所思所想，来感受唐晓康的起落沉浮，这让我十分感动。

与你们在文字之中相遇和相知，是今生难得的缘分。

最后，衷心祝愿你们能实现身体自由、灵魂自由和财务自由，拥有智慧和财富的幸福人生。

为方便广大读者朋友交流、指正，现一并将我的联系方式公布。座机：028－61302560，手机：13668266899。

唐晓康

2015年7月于成都

INSTANTANEOUS
CAPITAL
WISDOM

[瞬间的就是永恒的
大道的就是自然的
智慧的就是正确的]